VOYAGE

SUR LA SCENE

DES SIX DERNIERS LIVRES

DE

L'ÉNÉIDE.

SUIVI

De quelques observations sur le LATIUM moderne.

Par CHARLES VICTOR DE BONSTETTEN, Ancien Baillif de Nion; de l'Académie Royale des Sciences de Coppenhague, et de la Société de Physique et d'Histoire-Naturelle de Genève.

A GENÈVE.

Chez J. J. PASCHOUD, Libraire.

AN XIII.

VOYAGE
DANS LE LATIUM.

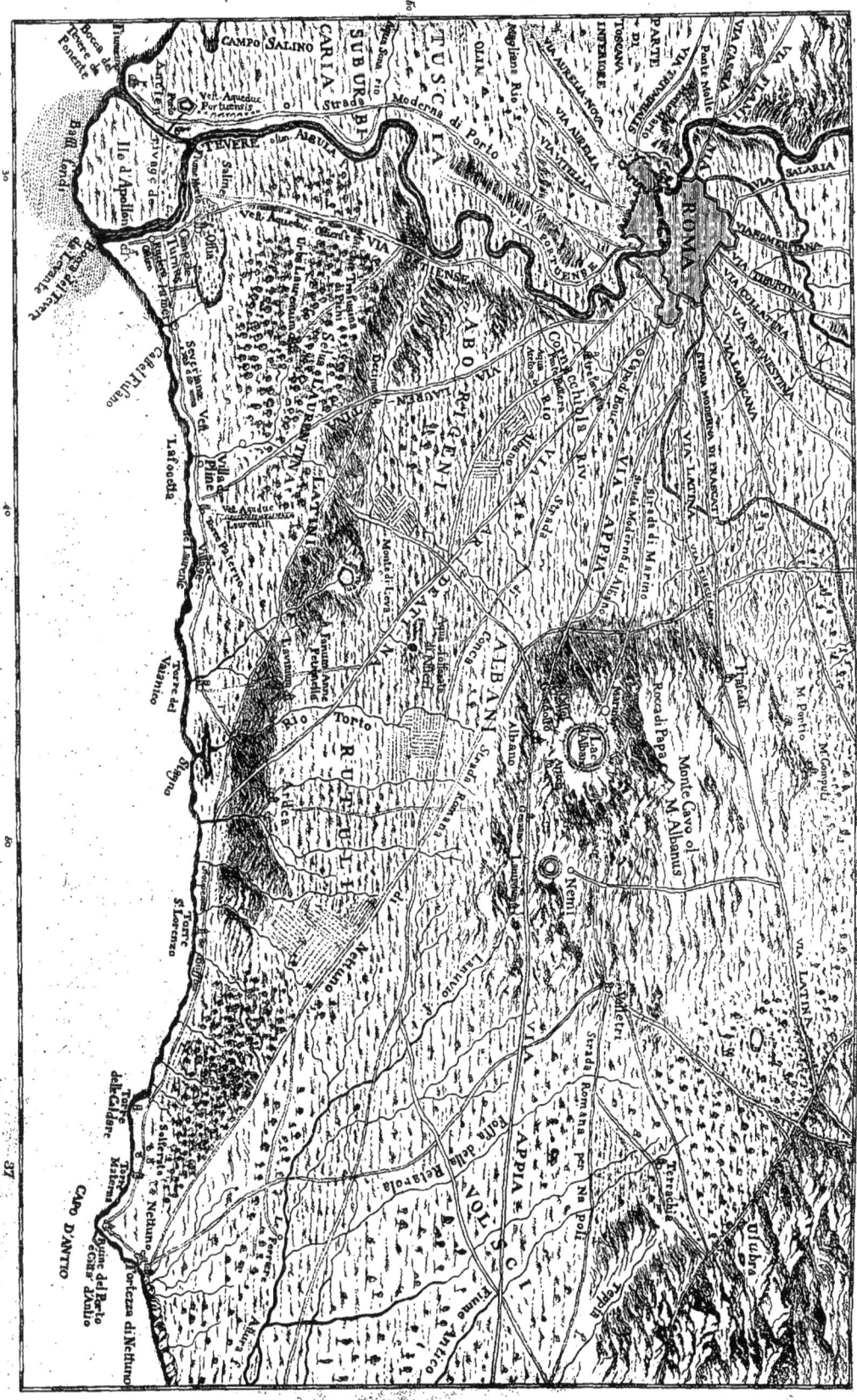

INTRODUCTION.

Le Latium, aujourd'hui campagne de Rome.

L'on a fait de grands et pénibles voyages pour étudier les lieux de la scène de l'Iliade d'Homère. A Rome je me voyois à cinq ou six lieues de Laurente, de Lavinie, d'Ardée du camp des Troyens, et j'aurois pu en deux jours parcourir la scène des six derniers livres de l'Enéide. J'en mis quatre à faire ce voyage, et dans une course que je fis à Antium, j'eus occasion de m'arrêter à Ardée.

Juste Lipse, Cluvier, Kircher et Volpi, avoient fait le même voyage, mais il faut avoir été sur les lieux, pour voir combien l'esprit d'observation étoit rare alors chez les érudits proprement dits, c'est-à-dire chez les hommes qui, sans penser eux-mêmes, n'avoient fait que rédiger les pensées des autres. L'absence totale de toutes les connoissances de physique et d'histoire naturelle les privoit pour ainsi dire de tous les sens; et si les sciences *matérielles* n'avoient d'autre utilité que celle de nous donner des yeux pour voir, elles seroient déjà d'un prix infini pour l'homme. (1)

Juste Lipse a particulièrement été frappé dans son voyage de tout ce qui servoit à prouver l'immensité et la grandeur de Rome ; les autres n'ont vu que ce qui avoit rapport aux savantes controverses de leur temps ; nul d'eux n'a senti cette nature qui nous parle à chaque ligne dans Virgile, et qui, quoique défigurée, existe encore dans le paysage, et pour ainsi dire dans les décorations du magnifique drame des six derniers Livres de l'Enéide.

Tout ce pays de Latinus et des Rutules est aujourd'hui si pauvre et si désert, que le pain qu'on y trouve vient de Rome. Dans la saison brûlante du mauvais air, trois femmes gardent, comme un corps mort, l'affreuse ville d'Ostie, la capitale du désert, et il est à parier

---

(1) Un de ces savans, raconte gravement d'après Servius, que le Numicus n'existe plus, parce qu'il avoit été épuisé pour le culte de Vesta, auquel ses eaux étoient particulièrement consacrées, et Kircher nous apprend d'après Pline, que les cailles arrivent en si grande quantité sur la côte de Laurente, que les vaisseaux en sont quelquefois renversés. Telle étoit la manière de voir de ces hommes si respectables d'ailleurs par leur vaste érudition.

que sur trois hommes que l'on rencontre sur cette côte, deux au moins sont fugitifs pour cause d'assassinat. La peste seule vient habiter ces déserts pendant les grandes chaleurs de l'été ; en hiver la pluie les inonde quelquefois, et il n'y a qu'un moment au printems pour y aller avec des provisions de bouche, et des recommandations pour quelque prêtre, afin de ne pas être pris pour un voleur.

Telle est aujourd'hui cette vallée du Tibre, autrefois si superbe que Pline assure que ce fleuve se voyoit orné de plus de palais, qu'il n'y en avoit dans le reste du monde ; telle est cette Ostie de quatre-vingt mille habitans, placée tout à côté de la ville de Port-Trajan, où les richesses de l'univers arrivoient de partout ; et ces deux villes n'étoient qu'un fauxbourg de Rome! La magnifique côte de Laurente se trouve aujourd'hui comme tachetée de collines souvent entourées d'arbres fruitiers ; ce sont les ruines d'autant de maisons de campagnes, qui, contiguës en quelques endroits, formoient comme autant de villes. Plus loin, près d'Antium, la terre ne suffisant plus à ces maîtres du monde, on voit dans le fond de la mer, le long du rivage, des palais si parfaitement conservés dans leurs fondemens, que l'on semble avoir dessiné sous les eaux des plans d'architecture, tandis que la terre, aujourd'hui couverte de sable, laisse partout entrevoir d'autres ruines de ces immenses palais.

Au tems d'Enée, cette magnifique côte avoit des beautés plus touchantes encore. Au lieu de palais, ce climat délicieux étoit embelli par l'antique forêt, à demi-défrichée par un peuple agricole et berger, et cette nature, aujourd'hui même si belle dans sa difformité, brilloit alors de tout l'éclat de sa première jeunesse. Plus anciennement, cette terre de Saturne, si riche et si magnifique, avoit été trouvée digne d'être la scène du siècle d'or, qui, chanté par les poëtes de tous les pays, n'a réellement existé qu'en Ausonie.

Tout ce que la puissance de la barbarie est en état d'entreprendre, est aujourd'hui consommé sur cette côte, où les oiseaux ont disparu avec les végétaux, et où l'homme même n'existe que mourant. Le ciel, la mer, les montagnes avec leurs teintes brillantes, en un mot, tout ce qui est hors de la portée de l'homme, vous parlent encore de Virgile et des tems qui ne sont plus, tandis que tout ce qui peut être atteint par la barbarie n'est jamais épargné.

VIRGILE.

Ce n'est pas sans raison qu'on a comparé les six premiers Livres de l'Enéide à l'Odyssée d'Homère, et les six dernirs à son Iliade.

… Le drame des six derniers Livres de l'Enéide se passe presqu'en entier sur une lieue quarrée de terrein, qui comprend le camp des Troïens, et la ville de Laurente. Mais on aime encore à connoître Ardée et Lavinie qui sont sur la même côte, on se plaît à suivre Enée chez Evandre, et à retrouver chaque pas de Nisus et d'Euryale.

Virgile est non-seulement excellent poëte, il est de plus l'historien des plus antiques peuplades du Latium, dont il nous a laissé un tableau du plus grand prix.

Nous autres modernes nous sommes trop accoutumés à séparer la poésie de l'histoire, et la fiction de la vérité. Il en résulte que notre poésie est sans foi, et quelquefois sans vérité, et que nous sommes mal disposés à rendre justice aux anciens poëtes, qui dans les récits qu'ils faisoient des événemens, que tous les peuples de leur temps regardoient comme véritables, se croiyent de bonne-foi historiens. La poésie et l'histoire ont l'une et l'autre originairement puisé dans les mêmes sources, et Homère, Herodote ou Diodore de Sicile, méritent la même croyance dans ce qu'ils nous racontent des temps les plus reculés.

Cela est si vrai, que Pline, le grave, le savant, l'honnête Pline, est dans l'indignation contre Sophocle pour avoir osé dire que l'ambre provenoit des larmes d'un oiseau de l'Inde, qui, à cause de ses pleurs versés sur la mort de Méléagre, portoit le nom de Méléagride. Est-il possible, s'écrie le naturaliste, que Sophocle, ce premier des tragiques, cet homme accoutumé à la gravité du cothurne, cet homme probe, issu d'une famille illustre, Sophocle, né à Athènes, fameux par ses exploits, que lui général d'armée, ait osé avancer un fait sans vérité comme sans vraisemblance ! Les oiseaux pleurent-ils donc ! pourroient-ils verser de telles larmes ? Quel scandale !

Vitruve n'est pas moins choqué de voir les peintres de son temps abandonner la nature pour représenter des hommes dansants sur des tiges de fleurs, ou des éléphans emportés par des mouches. Ce goût des Arabesques avoit, sous Auguste, succédé au goût du véritable paysage, et cette mode nouvelle faisoit l'étonnement et le scandale des amans de la nature et de la vérité.

La poésie, chez les anciens, étoit si peu faite pour mentir qu'elle étoit au contraire comme une révélation de faits trop éloignés pour être apperçus par les yeux du vulgaire. Et comme la religion payenne semble avoir un fondement tout historique, ces faits chantés par les Poëtes, formèrent dans la suite la religion du peuple. Les muses qui ne sont plus pour nous que des êtres fantastiques, à la naissance de la poésie, étoient des Divinités réelles, et comme les Déesses de la mémoire, des souvenirs, et des plus saintes vérités.

On étoit bien loin alors de faire une analyse des différentes facultés de l'âme, et d'établir une distinction entre l'imagination et la mémoire. On parloit pour dire vrai, on chantoit pour dire plus vrai encore. Les sujets chantés par les poëtes étoient des traditions, des croyances universellement adoptées par le peuple, c'est-à-dire partout le monde. La poésie ne faisoit que donner du corps et des couleurs à des opinions, vénérées ou faites pour l'être. La religion même étoit la plus sublime des poésies, elle prêtoit aux arts une gravité, une vérité, un poids, et leur donnoit une force, un élan, qui, dans la langue la plus harmonieuse du monde, produisit ces accens d'Homère, de Pindare et de Sophocle, qui, à travers tant de siècles, ont rétenti jusqu'à nous.

DE LA VÉRITÉ POÉTIQUE.

Tout ce qui plaît dans un tout, ce qui va au but, est vrai en poésie, tout ce qui n'y tend pas, cesse de l'être. Il n'y a entre la vérité réelle de l'intelligence, et la vérité poétique de l'imagination, d'autre différence, que dans la fin que l'une ou l'autre se propose. La vérité de l'intelligence tend toujours aux idées générales ; la vérité dans les arts cherche toujours à plaire ; l'une et l'autre ont pour principe la plus grande des jouissances, vers laquelle l'être sentant gravite sans cesse, celle que donne l'activité de l'âme développée dans sa plus grande étendue. La science cherche cette jouissance dans la généralisation des idées, qui leur permet d'en embrasser à la fois un grand nombre dans un point unique ; les beaux arts la cherchent dans cet autre foyer, dans lequel un sentiment ou un fait unique rayonne à la fois de mille rapports sensibles, tous compris dans ce seul point. La marche, je dirois presque le jeu ou le méchanisme de la faculté de penser et de celle de sentir, (par conséquent le principe des beaux arts et celui des sciences,) semblent avoir une grande analogie entr'eux. L'un et l'autre cherche un point central duquel tout émane, et auquel tout converge. Dans les beaux arts ce point central est ce que nous appelons *unité d'intérêt*, foyer actif de tous les sentimens subordonnés; dans les sciences, c'est cette *généralisation des idées*, qui, d'un point unique, semble verser à la fois des torrens de lumière sur les plus sublimes conceptions, et dévoiler à nos regards les lois de l'univers.

Mais revenons à la vérité poétique. Dans l'ignorance profonde de l'homme sur ce que la nature est en elle-même, la vérité est toute intérieure, toute renfermée dans nous-mêmes, concentrée dans notre propre clavier. Tout ce qui éclaircit les idées en les généralisant, est vrai pour l'être intelligent; et tout ce qui, dans un tout donné, tend à produire le plus grand effet possible, est poétiquement vrai. Mais ce vrai poétique sera toujours très imparfait sans le sentiment de l'harmonie de nos idées avec ce que nous appelons la *nature*, c'est-à-dire, avec ce que nous sentons et croyons exister réellement hors de nous-mêmes.

Le même sentiment qui nous fait rejeter un fait comme faux, (parce qu'il ne se trouve pas d'accord avec les faits fondamentaux qui font la base de notre croyance,) le rend dès lors indigne de la poésie, puisque nous ne refusons de *croire*, que parce que nous avons un sentiment de disconvenance dans le jugement, qui, dans la sensibilité, produira toujours un faux accord, contraire aux premières règles des beaux arts.

Le poëte doit donc, pour être poétiquement vrai, se trouver d'accord, non-seulement avec lui-même, mais encore avec la nature. La poésie toute fictive peut bien nous bercer pour un temps, et, si elle est bonne, nous faire dormir. Mais la véritable poésie, celle de l'homme fait, et de l'homme éveillé, cherchera, comme Homère et Ossian, la vérité dans toute son énergie, dans toute son harmonie avec la nature, je dirai presque dans toute sa sainte et pure naïveté.

Ce sentiment du vrai, si énergique et si fécond, est, ce me semble, un des grands avantages de la poésie des anciens sur celle des modernes. Le scandale de Pline sur le mensonge d'un poëte, prouve que les anciens pensoient et sentoient sur ce point bien différemment, et si j'ose dire, bien plus poétiquement, que les modernes.

Il faut donc avoir plus de respect que l'on n'en a communément pour les tableaux que nous ont laissés les anciens poëtes, qui, heureusement pour la poésie, se croyoient toujours liés à la vérité. Delà vient que la moindre épithète de Virgile est en quelque sorte historique et sacrée. Il en résulte aussi que les plus petits détails que nous retrouvons dans la nature qu'il avoit sous les yeux, semblent à leur tour prêter de la vie et des couleurs aux tableaux qu'il en a fait.

La ligne de séparation que nous autres modernes avons tracée entre la fiction et la vérité, n'a pas peu contribué à donner à notre poésie, ce vague qui ne peut servir qu'à l'affoiblir. Régle générale : plus nous séparerons l'imagination des autres facultés de l'âme, plus nous l'affoiblirons. Au premier coup-d'œil elle semble, comme la liberté politique, s'accroître en raison des liens dont on la débarasse, et cependant c'est tout le contraire; l'une et l'autre trouvent leurs forces dans ces liens mêmes, qui ne font que les enchaîner aux lois et aux régles sans lesquelles il n'y a ni poésie, ni liberté.

VÉRACITÉ DE VIRGILE.

Toutes les nations qui ne sont pas errantes et sauvages, ont conservé quelques souvenirs de leur histoire, témoins les poëmes d'Homère et d'Ossian (1) qui contiennent le

---

(1.) Je ne répéterai point ce qu'on a déja dit en faveur de l'authenticité des poëmes d'Ossian, j'ajou-

récit fidelle des événemens les plus mémorables de l'antiquité, rapportés tels qu'on les croyoit de leur temps. Mais ce qui prouve encore mieux cet amour inné de tous les peuples pour leur histoire, ce sont les *Sagas* ou traditions des Scandinaves, qui de père en fils avoient conservé dans leur mémoire des récits en prose, mais surtout en vers, assez volumineux, pour qu'on en ait rempli des bibliothèques, lorsque l'art d'écrire fut dans la suite devenu commun en Scandinavie. Notre vie sociale disperse tellement nos facultés, que nous n'avons pas d'idée de la mémoire de ces hommes demi-sauvages, qui, n'étant distraits par rien, mettoient leur gloire à réciter en vers les hauts faits de leurs ancêtres. Cet amour de l'histoire est inné chez tous les peuples, et l'on conserve à Copenhague un ancien manuscrit contenant les traditions des habitans du Pérou. Il y a dans plusieurs villages de Suisse des traditions sur leur origine, et j'ai trouvé parmi d'anciennes

---

terai ce qu'ignorent ceux qui ne connoissent pas la littérature islandoise; c'est ce que l'on retrouve dans l'histoire du Nord les héros d'Ossian avec mille détails qui ne sont point dans le poëme. Voyez la savante histoire de Suhm, qui, traduite en françois, dévoileroit à l'Europe comme un monde nouveau,

chansons nationales danoises, une conformité avec la chanson du village de Hassly, en Suisse, où l'on ne peut méconnoître l'identité des faits qu'elles contiennent l'une et l'autre. Les poésies d'Ossian et celles d'Homère sont des fragmens de ces temps historiques qui ont existé chez toutes les nations un peu libres; mais qui ont péri partout où l'art d'écrire n'a pu ni les recueillir ni les conserver (1).

Nous entrevoyons dans Virgile, que ses héros se faisoient, comme les Scandinaves, quelque mérite à savoir leur histoire. Evandre et Enée se trouvent parens à la première entrevue, et Latinus prouve aux députés des Troïens, qu'il connoît très bien l'histoire de Dardanus, dont Enée fait, comme lui, gloire de descendre; chaque guerrier qui meurt se trouve dans Virgile, comme dans Homère, avoir son histoire.

Il y a tant de traditions sur Enée, que l'on ne peut douter que Virgile n'ait composé son Enéide d'après la légende, qui avoit cours de

---

(1) Le mot grec, fable, *muthos*, dans son sens primitif ne signifie que *tradition*. Voyez Heine disquisit. *Fabula* en latin veut dire *récit d'une action*. — *Didaskein* chez les Grecs, signifie *chanter et enseigner*. Ces faits déposent tous en faveur de la gravité et de la sainteté de la poésie.

son temps, et dans laquelle Didon et Enée se trouvoient contemporains. Tout le calandrier Romain étoit plein de ce héros, et les fastes d'une religion toute terrestre ne pouvoient qu'être historiques. Les miracles dont Virgile fait mention, étoient fondés sur la foi des peuples. Encore dans le siècle d'Auguste on montroit les reliques d'Enée et des Troïens, ses Dieux et les pourceaux sacrés. Denys d'Halicarnasse avoit vu à Ostie le camp d'Enée, à Rome ses Dieux Pénates, à Lavinie le tombeau de ce héros entouré d'arbres vénérables. L'on montroit dans la capitale du monde, le vaisseau qui avoit apporté en Ausonie la destinée et la gloire des Romains, *famamque et fata nepotum*. La Grèce, quelques îles, et plusieurs promontoires de l'Italie, se glorifioient des monumens que les Troïens y avoient laissés.

Ce que nous autres modernes prenons pour des miracles faits à plaisir, étoit fondé sur la foi des peuples; par exemple, l'on voit dans Pline qu'une grappe d'abeilles placée dans une maison ou dans un temple, étoit, comme celle de Laurente, le présage des plus grands événemens, *sæpe expiata magnis eventibus*. Le même Pline raconte que Mézence avoit été engagé par Turnus à s'allier à lui, par la promesse qu'il lui avoit faite de lui donner toute la recolte de vin que l'on feroit dans le pays ennemi.

Tout cela ne semble-t-il pas prouver que l'on avoit des mémoires historiques de ces tems éloignés ? Virgile rapporte le traité conclu entre Enée et les Latins. Les vaisseaux changés en nymphes ont trop peu d'intérêt, pour être de l'invention de Virgile; non plus que Turnus sauvé par Junon sur un vaisseau qui va tout seul à Ardée. Ces faits, rapportés dans une traduction qui n'est pas celle de Delille, semblent déparer Virgile, mais il faut voir la magie dont il les recouvre, pour sentir qu'il n'y a rien que son pinceau ne vienne à bout d'anoblir.

L'histoire de l'embuscade, où Turnus alla se placer pour surprendre Enée, ne me paroît point une simple ruse de Virgile, pour éloigner ses héros jusqu'au dénouement du drame. Elle a trop peu d'intérêt poétique pour n'être pas fondée sur quelque tradition, et j'avoue que la parfaite conformité d'un petit vallon que j'ai vu derrière Lavinie, aujourd'hui Pratica, avec la description que fait Virgile des lieux par où Enée devoit passer, et le plateau où Turnus se mit en embuscade, achève de me le persuader.

Il y a une magie dans la poésie de Virgile, qui fait que, sans mentir dans les faits essentiels, il sait agrandir son sujet. Qui ne croiroit, en lisant superficiellement l'Enéide, que les combats qui s'y livrent sont des batailles entre de grandes armées ; et cependant, en lisant ce poëte historien avec la critique avec laquelle on liroit une gazette, on voit qu'Enée, avec ses trois à quatre mille alliés, n'avoit tout au plus que cinq à six mille hommes à opposer à Turnus ; car Latinus, dans son grand conseil, propose de renvoyer toute la colonie troïenne sur vingt vaisseaux, (1) et tous les alliés d'Enée étoient arrivés sur trente bâtimens. On voit un fonds historique, très probable, à travers la magie imposante de la poésie de Virgile ; et tout, jusqu'à la mesure du petit terrein de la scène de l'Iliade Latine, semble s'acorder avec les faits que nous présente ce poëme.

Enfin, Varron, que Cicéron apelle le plus savant des antiquaires, Varron, l'oracle de tous les Romains de son temps, raconte l'histoire d'Enée telle que Virgile la rapporte.

---

(1) La flotte d'Enée brulée par Turnus avoit été de vingt vaisseaux.

Mais

Mais venons au théâtre de cette guerre des Latins avec Enée, si magnifiquement décrite par Virgile, guerre qui décida peut-être de l'existence de la première nation du monde, et par elle de la destinée de l'Europe, depuis les Romains jusqu'à nous.

SOL DE LA COTE DE LAURENTE.

Le beau rivage de Laurente, entre Ardée et le Tibre, a été formé par les alluvions de ce fleuve et de la mer. Ce pays parfaitement uni, s'allonge dans la largeur moyenne d'une petite lieue entre le rivage de la mer et une suite de collines volcaniques. Sur ce sol fertile, illustré par Pline le jeune, et surtout par Virgile, vous trouvez près d'Ostie, dans une des courbures du fleuve, le camp d'Enée; à une petite lieue de là, au pied des collines, non loin de ce qui reste encore du marais d'Ostie, la ville de Laurente; à deux lieues plus loin, sur un plateau élevé, la ville de Lavinie; et à deux autres lieues encore plus au sud, l'antique Ardée, bâtie sur une pelouse unie, supportée par des rochers taillés à pic par l'art et la nature.

La file des collines qui bordent cette côte basse est toute volcanique. J'ai jugé son élévation moyenne de trois à quatre cens pieds ; la grande plaine qui est à l'est de ces collines, est au moins de cent pieds plus élevée que la côte de Laurente, et la chûte des eaux, prouve qu'elle va s'élevant de plus en plus jusqu'aux montagnes de la Sabine, placées à quarante milles de la mer.

Quand on réfléchit à la durée des volcans, à la prodigieuse quantité de matières qu'ils entassent dans leur domaine, on ne peut pas douter que la lave qui fait la base du Latium ne soit partout au dessous du niveau de la mer, et qu'avant l'empire du feu, les eaux n'eussent formé un golfe de toute la grande plaine volcanique qui porte aujourd'hui le nom de Campagne de Rome.

Ce théâtre de tant d'exploits fameux une fois sorti des eaux de la mer par l'action des feux souterrains, le Tibre, issu des montagnes de l'antique rivage coula pour la première fois sur une terre nouvelle, et trouvant à Monte-Decimo un nouveau rivage, il commença à y former ses dépôts.

Ce fleuve constamment bourbeux, nourri, selon Pline, par quarante-deux rivières ou ruisseaux composés chacun de sources nombreuses, ne cesse depuis des milliers d'années, de porter à la mer des terres enlevées au sol volcanique. Les inombrables eaux qui le composent, ne coulent point comme dans les Alpes, sur des roches dures ou sur des graviers lavés par les siècles, mais, sillonnant et creusant partout des terres profondes argilleuses ou végétales, ce grand fleuve ne cesse point d'être chargé d'un limon qui lui arrive de toute part; et de ce limon est sorti, comme du cahos, cet Univers de l'Enéide, devenu si magnifique sous les pinceaux brillans de Virgile.

PREMIERE PARTIE

VOYAGE

A

OSTIE LAURENTE ET LAVINIE.

DÉPART
DE ROME POUR OSTIE.

Le 27 mars, je partis en chaise, du jardin de Maltha, où je logeois. Dans la cour extérieure, je traversai le troupeau de chèvre qui paissoit autour de ma champêtre demeure; puis, quittant la douce solitude qui entouroit mon hôtel, je descendis le mont Pinciano, au bas duquel commencent les rues de Rome.

Il étoit six heures et demie. Le beau monde invisible sous ses lambris dorés, dormoit paisiblement, tandis que les artisans travailloient dans les rues; car à Rome, tous les ouvriers dont l'attelier se transporte facilement, travaillent devant leurs maisons. Là, le savetier vient poser sa petite table à côté du tailleur son voisin; derrière eux les enfans en chemise paroissent sous la porte de leur chambre qui est souvent celle de leur maison, tandis que la femme qui laisse au mari le soin du ménage est encore au fond de son lit. Ces lits très-vastes contiennent toute la famille chez la moitié des habitans de Rome qui ont dequoi se coucher; ils y dorment, dit-on, tous nuds. C'est encore en public que le peuple prend ses repas, et déjà, avant sept heures, toutes les cuisines sont en activité. Vous voyez çà là des boutiques en forme de grandes tables placées dans les rues et garnies de poisson frais, le peuple passe en procession devant les plus achalandées, et mange ce qu'il a fait frire en sa présence.

C'étoit le moment du repas des mendians, que l'on ne voit jamais manger aux heures où le beau monde passe : on les voyoit porter en offrande à la poêle à frire les aumones de la veille, et quand ils avoient fini leurs fritures, ils passoient chez le boulanger, et puis chez le vendeur de vin. Ces gens, autrefois mendians par oisiveté, le sont aujourd'hui parce qu'ils meurent de faim. Les véritables pauvres et les paresseux, confondus les uns avec les autres, présentent à la fois dans cette ville, tous les résultats d'une mauvaise police. Il seroit curieux d'avoir des détails sur les mendians de Rome, qui forment une tribu qui a ses lois et ses règles; car chacun y jouit, comme d'un héritage, de quelque coin de carrefours, dont ils ne s'écarte guère, tous sont instruits du lieu du moindre rassemblement de gens riches, il ne se donne pas un concert, pas une assemblée, où il n'y ait quelque détachement de cette troupe toujours alerte pour demander, et toujours paresseuse pour gagner sa vie. Outre les mendians de profession, la moitié des habitans de Rome ne se fait aucune peine de demander l'aumône partout où ils espèrent de l'obtenir; et un étranger ne sauroit regarder fixement quelqu'un dans les rues, sans lui faire lever le chapeau ou la main pour demander la charité.

Vers les sept heures, les énormes chars à deux roues, que l'on dit inventés par Michel-Ange, faisoient trembler le pavé, et il falloit être très attentif à éviter ces lourdes masses avec notre frêle cabriolet. Nous passons sous le grand escalier du Capitole, qui jadis, placé sur le mont Viminal, avoit porté Numa au temple de Quirinus, et qui aujourd'hui, transporté au Capitole, conduit au couvent des moines mendians qui ont osé prendre la place de Jupiter; au de là des grands escaliers du Capitole nous avions à notre gauche, derrière les maisons, la continuation de cette fameuse colline, que l'on n'eut jamais appercue sans la gloire de son nom. Un très petite espace sépare son pied du Tibre qui servoit de barrière à la première ville. Là, du tems d'Evandre, trois ou quatre cens ans avant Romulus, étoit placée la porte Carmentale entre le fleuve et le Capitole (1). Ce fut par cette porte, devenue

_____
(1) Eneid. Liv. VIII. v. 335.

fameuse dans la suite, que sortirent les Fabius, cette famille de Héros, qui seule alla combattre les Veiens, et qui périt près du petit ruisseau de la Cremera.

Plus loin, nous passames entre le petit temple rond de *Vesta*, et le temple carré de la *Fortune virile* bâti par Servius Tullius, tout près du balcon, où, dans le moyen âge, Rienzi, ce restaurateur de la République Romaine, haranguoit quelquefois le peuple; tous les siècles semblent réunis dans ce quartier de la ville.

Près du grand cirque finissent les lieux habités de Rome. Nous voilà sous l'Aventin, non loin de ce Tibre si bourbeux et si illustre, qui forcé de changer sa direction sous cette colline, cause quelquefois ces grandes inondations, qui, selon Horace, renversèrent le temple de Vesta et les monumens des Rois. Ces débordemens ont, dans tous les tems, causé des ravages funestes dans la vallée fameuse qui sépare le mont Palatin du Capitole; vallée qui réunit les lieux les plus célèbres de l'ancienne capitale du monde.

L'Aventin, la plus haute des sept collines après celle du Janicule, est très escarpé du côté du fleuve, et entre sa pente verte et roide, et la rivière, il n'y a de place que pour le grand chemin. Dans le lieu le plus étroit de ce passage, étoit la porte Trigemina, où Coclès défendit autrefois le premier pont de la ville, qui séparoit les Romains du camp de Porsenna et de l'armée de Tarquin. Là, ce Héros, en sauvant la République, fixa par son courage la destinée de Rome naissante, et celle du monde sa future victime.

Bientôt je vis un vaisseau Russe remonter le fleuve, et, ce que je puis à peine croire encore, vu la rapidité de son cours, je le vis le remonter à voile. Sans doute ce vaisseau chargé de blé venoit de la Crimée. Il y a trois ou quatre mille ans que l'on faisoit des poëmes épiques à la louange d'Agamemnon d'Enée ou plus anciennement de Jason, pour avoir fait la guerre au de là de leur petite mer, et aujourd'hui, l'on va sans gloire de la Colchide à Rome. Si l'on peut remonter le fleuve à voile, Enée eût pu arriver sans miracle auprès d'Evandre, et le bon Tibérinus n'eut pas eu besoin d'arrêter le cours de ses eaux pour faire parvenir son protégé au mont Palatin, sous lequel étoit la modeste demeure du vieux et vertueux Evandre et de son fils chéri, destiné comme Achille à une mort prématurée mais glorieuse.

Le triple concours de la marée (1), du

---

(1) Les marées sont très sensibles dans la Méditer-

vent d'Ouest qui fait refluer les eaux du fleuve, et en même tems avancer les vaisseaux qui le remontent, peut rendre le voyage à voile possible. Mais d'ordinaire les vaisseaux remontent tirés par des buffles, espèce de taureaux amphibies, toujours féroces, et d'une force au moins double de celle de nos bœufs, mais admirables pour traîner un fardeau dans des chemins fangeux, où au besoin ils savent tirer à la fois avec les pieds et les genoux.

Rien de plus singulier que le commerce de cette vieille capitale du monde Chrétien. Les vaisseaux qui amènent des vivres à Rome, n'ont pour retour que des haillons, dont la destinée est brillante ; car les Génois les portent aux pieds de leurs orangers, où ils font naître des fleurs, des fruits, et des parfums délicieux. La pouzzolane, cette terre volcanique qui rend le mortier presqu'indestructible, compose, avec les haillons et les antiquités, l'unique exportation de Rome. Le tems présent est le seul qui ne rende rien à cette ville, dont la moitié des habitans ne vit que des ruines des siècles passés, tandis que l'autre fait le commerce exclusif de la vie future.

---

ranée. J'en fus convaincu à Nettuno où je me baignois dans la mer ; une partie de mes habits que j'avois posée sur un petit mur fut couverte par le flux.

L'antique porte trigemina, une des premières de Rome naissante, s'appelle ajourd'hui St. Léoné. L'on croit voir encore près de là quelque reste de fondement du pont d'Horatius Coclès. Depuis cette porte intérieure de St. Léon, jusqu'à celle de St. Paul, la ville ressemble à un village abandonné. Les grands chemins dans ces déserts étoient autrefois ombragés par des ormeaux; mais le dernier Pape, Pie VI, s'étant avisé de faire don à un couvent de Religieuses de tous les arbres à ombrages, seuls et précieux ornemens des lieux solitaires de Rome, tous les arbres de l'Aventin, et tous ceux du Campo vaccino, l'ancien forum des Romains, ne sont plus que des troncs arides, et un monument vivant de la barbarie des tems modernes.

En parlant d'une ville, l'on se représente des rues, des maisons, des familles, mais à Rome il faut se dépouiller de toutes ces idées vulgaires. Je me rappelle de m'être promené une heure dans son enceinte, sans y avoir vu une seule maison habitée, ni d'autre homme qu'un moine blanc, et il y a dans la ville merveilleuse, une rue sans maisons, uniquement composée d'Eglises et de Couvens, dont la plupart sont abandonnés.

Nous approchons de la pyramide de Cestius. Ce tombeau est le mieux conservé qu'il y ait à Rome, et l'on diroit que le don de l'éternité est attaché à la forme pyramidale. Ce monument majestueux orne singuliérement tout le paysage, il fait point de vue dans le grand chemin et ramène l'imagination au tems de l'antiquité. Dans cette partie de la ville, des régions très étendues, qui faisoient portion de l'ancienne Rome, sont à peine apperçues par les voyageurs. D'un côté du chemin, il y a derrière le mont Aventin, le quartier appelé *Entre les monts*, Intermontium, vallée assez spacieuse, où habitoit autrefois le petit peuple de Rome; de l'autre, on trouve entre la pyramide de Cestius et le Tibre, des jardins, des prairies, des ruines, enfin une petite province, qui contient dans son enceinte ce mont testacé élevé à l'égal des plus hautes collines de Rome. Cette petite montagne n'est cependant qu'un tas de pots cassés. Pour expliquer ce phénomène, unique dans son espèce, il faut se rappeler que les Romains ne conservoient leur meilleur vin que dans des amphores d'argille, qui égalant presque nos futailles de bois, étoient sujettes à s'éclater dans le four. Quand on réfléchit au luxe de l'ancienne ville de Rome, et au prodigieux nombre d'amphores, rangées dans toutes les caves des plus riches particuliers de la terre, l'on conçoit, que quelques siècles ont pu suffire à élever le mont Testacé. Ces cruches cassées, fidèles à leur destination, servent aujourd'hui de caves excellentes, où une température toujours égale maintient le meilleur vin que l'on boive à Rome. Ces celliers bâtis dans une grande prairie, près de l'ombrage de quelques arbres encore respectés, sont en automne, le rendez-vous du peuple de Rome, qui y fait des parties de plaisir. Derrière le mont Testacé, l'on apperçoit les ruines de quelques magasins à blé, bâtis par Dioclétien, et ce fut près de là, que les Romains conservèrent long-tems le vaisseau sur lequel Énée étoit venu en Italie, portant avec lui, la gloire et les destinées de sa race future,

Famamque et fata nepotum.

C'est devant le tombeau de Cestius que les Protestans sont enterrés aujourd'hui, dans le coin d'une prairie, où l'on voit de petits monumens en marbre, élevés par des étrangers. L'humilité de ces tombeaux contraste étrangement avec la superbe pyramide de Cestius. Ces marbres mutilés ou renversés, il y a quelques années, par le peuple de la ville enivré de vin et de liberté révolutionnaire, sont devenus à leur tour un triste monument de l'envie, que l'on retrouve chez toutes les nations, et qui ne peut être réprimée que par la force des lois.

C'étoit dans ces quartiers obscurs de l'ancienne Rome, que vivoit, sous Néron, le petit peuple ; l'on y voyoit sur le grand chemin, beaucoup de pauvres cabarets, et beaucoup de mendians qui avoient leur poste sur le grand chemin. Là vécurent dans l'obscurité les premiers Chrétiens, occupés à vendre des corbeilles, et du foin, dont il y a encore aujourd'hui des magasins dans le voisinage. St. Pierre et St. Paul y furent décapités, sans doute, pour en imposer aux habitans des fauxbourgs, et voilà pourquoi, quand la Religion Chrétienne fut devenue la religion dominante, les plus fameuses églises se trouvèrent placées dans ces quartiers, si obscurs pendant la vie des premiers martyrs, et devenus si glorieux depuis leur mort. Sous les premiers Empereurs, des portiques embellissoient ces régions maintenant désertes, et il y avoit comme aujourd'hui des magasins de bois dans le voisinage du fleuve. Cette partie de l'ancienne Rome, dont je viens de parler, est à peine apperçue par les étrangers, et cependant, il y auroit là de la place pour plusieurs villes.

CAVERNE DE CACUS.

L'on a trop exclusivement cherché l'explication de l'antiquité dans les monumens écrits. Il y en a de plus certains et de mieux conservés que les pierres et le bronze, c'est la nature même, ce sont les lieux de la scène des grands événemens. Je me suis dit quelquefois à Rome : ces murs, ces ruines ne sont plus les objets que Virgile, qu'Horace, Cicéron, César ou Tacite, avoient devant les yeux ; mais cette nature, ce majestueux mont Albane, cette chaine des montagnes de la Sabine, ce Soracte d'Horace, isolé dans la plaine, ce Tibre, ce Janicule ; ce ciel, enfin, cette terre et ces mers sont les mêmes encore, et tandis que tout ce qui est de l'homme a croulé, le grand théâtre des événemens est resté tout entier. L'étude de cette scène immuable, peut répandre quelque jour sur l'histoire et la poésie des anciens.

Il n'y a plus de caverne de Cacus, mais la caverne de Virgile a certainement existé dans les environs de Rome. J'en connois une, non loin de l'Aventin, de l'autre côté du Tibre à monté Verdé, à-peu-près telle que Virgile a décrit celle de Cacus. Le Gouvernement l'a fait fermer pour qu'elle ne servit pas de retraite aux Cacus modernes, c'est-à-dire, aux voleurs.

L'on a dit, que la fable de Cacus, avoit pour fondement historique le souvenir d'un volcan, mais Céculus fondateur de Preneste, et comme Cacus, fils de Vulcain, a aussi fait des miracles avec du feu, sans que pour cela l'on puisse soutenir qu'il y ait eu un volcan à Preneste. Il n'y a aucune probabilité qu'il y en ait jamais eu sur l'Aventin, le local y répugne absolument; et si l'histoire de Cacus n'atteste que l'existence générale d'un volcan dans le voisinage de Rome, nous n'avons besoin d'aucune fable pour nous en convaincre. Le véritable moyen de connoître les volcans du Latium, est de composer peu à peu, une carte topographique qui indique les cratères, les différentes espèces de laves et de cendres qu'on y trouve, et conduise ainsi à la vérité, par des faits incontestables.

St. PAUL.

C'est le malheur de ceux qui écrivent sur l'Italie de se répéter dans leurs récits, ce qu'ils font sans se copier, parce que tous se suivent à la piste dans le même sentier. Je tâcherai d'en sortir, et de ne pas dire ce que tout le monde sait.

La Basilique de St. Paul, est un bâtiment placé à l'entrée du désert. Ces vastes temples, toujours abandonnés, ajoutent au sentiment de solitude que l'on éprouve dans ces lieux. L'homme y annonce sa présence par son ouvrage, mais l'homme qui élève des temples, qu'est-il devenu? Des pigeons nichent dans la silencieuse enceinte de cette basilique; l'on y entend jusqu'au bruit de leurs aîles, ils y vivent librement comme dans leur domaine. Une porte de bronze apportée de Constantinople, contient des inscriptions grecques et arabes, qui vous rappellent des tems qui ne sont plus. Elle s'ouvre sur une enceinte fermée de murailles; c'est un cimetière, dit-on, mais ici, il n'y a plus de morts parce qu'il n'y a plus de vivans, et quelques prêtres qui murmurent la messe, ne vous rappellent à la vie que pour vous dire que bientôt elle ne sera plus!

St. Paul est à un grand quart de lieue de la porte de Rome. Entre cette Basilique et la ville, il y a des maisons de campagne abandonnées par leurs maîtres. Il y a çà et là quelques fermiers qui y séjournent le moins qu'ils peuvent; on frappe, on heurte, on crie à beaucoup de portes, et personne ne vient les ouvrir.

Les anciens Romains avoient coutume de placer leurs tombeaux le long des grands chemins ; ces monumens assez vastes pour servir quelquefois de forteresses, ressemblent à des palais ou à des temples. Ils étoient revêtus de marbre, entourés de riches colonnes, décorés de statues, et la plupart à plusieurs étages. Du temps de la splendeur de Rome, ces demeures des morts étoient comme les fauxbourgs de celles des vivans, et les deux villes réunies couvroient une vaste étendue de pays. La voie Appienne, abandonnée aujourd'hui dans la partie qui conduit de Rome à Albane, sur une longueur de trois lieues, n'est plus qu'une ligne droite, tracée par deux files de tombeaux ruinés, qui semblent se toucher. J'en connois qui sont devenus des cabarets où l'on boit et danse, un grand nombre servent de caves ou d'écuries, où des animaux immondes habitent avec les cendres des maîtres de la terre.

Les anciens, pour former les grandes masses de leurs bâtimens, élevoient un double mur dont ils remplissoient les vides avec du mortier mêlé de pierres ; ce sont ces noyaux informes qui subsistent encore, parce qu'ils n'ont pas valu la peine d'être volés.

ROCHER DE St. PAUL.

Presque vis-à-vis de St. Paul s'élève un rocher rougeâtre; j'y monte, la vue y est ravissante. L'on y voit l'Aventin qui, se séparant en deux pentes divergentes, forme un vallon autrefois habité par le petit peuple de Rome. Sur les hauteurs de la colline, l'on reconnoît dans les églises de St. Saba et de S^{te}. Balbine, le temple de Junon et celui de Diane, où le dernier des Gracches alla inutilement chercher un asile.

Rien de plus majestueux que les sinuosités de ce Tibre que Virgile avoit raison d'appeler *flexuosus*. J'en ai suivi le cours depuis l'ancienne Fidène, aujourd'hui *Serpantare di spada*, jusqu'à la mer. Ses rives si fameuses dans les premiers tems de la République, traçant sur la plaine de grandes courbes, semblent l'image de la volonté toujours libre. Là où il est forcé de se détourner de son cours, comme à Aqua acetosa, à Monte Mario, et près de l'Aventin, il a l'air de le faire encore de plein gré, et fier de ne se courber que devant la capitale du monde.

COMMENCEMENT DU DÉSERT.

Au delà de St. Paul, tous les objets vivans disparoissent peu à peu à mesure qu'on avance dans le désert; le mouvement même semble s'éteindre insensiblement pour faire place au silence et aux souvenirs. Chaque ruisseau, chaque masure a sa renommée dans ces lieux solitaires, voilà pourquoi je dirai tout ce que j'ai vu.

Bientôt on traverse l'Almo, petit ruisseau sorti du valon, et en partie de la grotte appelée d'Egérie, qui n'est qu'un reste de Nymphée, ou grotte artificielle d'une villa romaine dont les ruines sont au-dessus de la grotte. Sa réputation usurpée lui a valu l'honneur que Charles V. y dina avant de partir pour l'Afrique. La véritable grotte d'Egérie, il faut la chercher près de Nemi, où Hippolite, aussi cher à Diane qu'il l'avoit été à Phèdre, vécut après sa mort dans les belles forêts consacrées à la Déesse.

Les arbres mêmes deviennent rares et disparoissent enfin tout-à-fait; tous les objets inspirent de l'intérêt et sont remarqués quand on les a perdus. ces derniers arbres étoient encore sans feuillage, le mois de Mars alloit finir, et on avoit eu des jours assez chauds.

En comparant les hivers du Danemarck à celui que je venois de passer à Rome, j'étois étonné de voir ces arbres encore sans feuillage. Je suis persuadé qu'en transportant en Danemarck les jours chauds que j'avois éprouvés à Rome, on y eut fait pousser tous les arbres. Il semble que dans les climats du Nord les végétaux fassent leurs fonctions vitales avec une chaleur moindre que dans le Midi.

Déjà la vue de deux paysans, qui alloient vendre à Rome des petits fromages de buffle, étoit une apparition remarquable dans ces lieux solitaires, où l'on ne voyoit plus même des arbres. Un peu au-delà de S.t Paul la route à gauche mène à Ardée.

Nous avions à droite le Tibre, qui tantôt s'éloignant de la route et tantôt revenant à nous, traçoit des courbes majestueuses; à notre gauche, des suites de collines formoient des arcs de cercle dont les extrémités se rapprochoient du fleuve, et nous passions successivement par de petits vallons demi-circulaires, émaillés au printemps de marguerites blanches, et brulés en été.

Nous traversons le ruisseau de la Cornacchiola autrefois Aqua Ferentina. Près de là étoit la forêt consacrée à Herilus, fils de Féronia, à qui Evandre avoit arraché les trois âmes renfermées dans son corps.

Et regem hac Herilum dextra sub tartara misi,
Nascenti cui tres animas Feronia mater
(Horrendum dictu) dederat, terna arma movenda
Ter læto sternendus erat.

On peut deviner la longueur de chaque vallon par la grandeur du ruisseau qui en découle. La Cornacchiola contient les eaux de l'émissaire du lac d'Albe, qui perce la base du cratère qui compose le bassin visible de ce lac. Cet ouvrage nous rappelle le siége de Veïes. On est étonné de la hardiesse des travaux des Romains, qui exécutoient les pensées que les autres nations eussent à peine osé concevoir. L'audace qu'ils déployoient à la guerre sembloit se communiquer à toutes leurs entreprises. Mais, de cette audace même, qui rendit nécessaire une force réprimante, naquit le despotisme qui mit fin à toutes leurs vertus, et éteignit enfin le courage même.

Tous ces ruisseaux de la campagne de Rome se traînent péniblement à travers la terre volcanique, qu'ils charient à chaque pluie qui les fait enfler. Près de la Cornacchiola est une espèce de cabaret. Il faudroit une autre terme pour peindre une maison où il n'y a ni vivres, ni paille, ni foin, ni chambre, ni écurie; mais tout au plus du vin, de l'avoine; rarement du pain toujours apporté de Rome, un abri infect pour les hommes et les chevaux ; et c'est là le seul asile que l'on trouve dans ces déserts, à plusieurs lieues à la ronde ! Quand on voit ces mazures privées d'ombres dans ce climat brûlant, placées au milieu de la boue et des immondices, il ne faut pas aller chercher bien loin les causes de la mortalité de la campagne de Rome.

Sur toute cette route, jusqu'au-delà des collines près d'Ostie, il n'y a aucun marais. A Torre di Valle, nous vîmes les premiers champs ensemencés; ils le sont tous les trois ans sans engrais. Il y avoit long-temps que nous avions quitté le fleuve. A Torre di Valle, il semble revenir pour ranimer la nature. La masse et le mouvement uniforme et majestueux de ses eaux, présentent à la pensée la marche victorieuse des légions romaines, allant d'un pas égal à la conquête du monde. Le fleuve coule encore, mais ses légions ont passé sur une autre rive.

Le rivages escarpé du fleuve avoit dans ce lieu environ quinze pieds d'élévation au-dessus de ses eaux; un sable gris mêlé d'un peu de limon forme la pente de son encaissement. Le chant des oiseaux avoit disparu avec les arbres; des croix élevées au souvenir des morts, marquoient les lieux où l'on avoit assassiné des voyageurs; et dans ces lieux inhabités les sons mêmes sembloient s'éteindre. Tout-à-coup nous vîmes un bateau tiré par des hommes remonter le Tibre. Çà et là l'on voyoit sortir de terre une portion de l'ancienne voie romaine. Ces grands chemins n'avoient guères plus de quatorze pieds de largeur, ils étoient tous pavés de grandes pierres brunes d'une lave dure appelée *Selci*. Dans ces régions volcaniques, on ne marche partout que sur les traces du feu, et sur les débris de siècles antérieurs à l'histoire de l'homme.

Plus loin il y a de belles prairies le long du fleuve. Une cabane de roseaux, placée sur une colline, attire les regards. Nous voilà à Val di Decimo. Déjà, je croyois voir et entendre Enée, les Troyens, les Rutules, et le bon Latinus, qui n'étoient qu'à une lieue de là. Dans cette immense solitude où rien n'occupe que les souvenirs que l'on porte avec soi, où la nature même est devenue muette, l'on n'est plus entouré que de ses propres pensées, qui, comme des ombres silencieuses, semblent errer autour de nous.

LES AQUÉDUCS.

Au bas du Mont Decimo, est le pont della Refolta; l'on y voit des restes d'une muraille antique, faite de grosses pierres cubés. Auprès du pont, sont les ruines d'une ancienne villa (1); mais ce pont est aussi le commencement d'un aquéduc qui, perçant la montagne, alloit à Ostie. L'on en a suivi les traces de l'autre côté de la petite montagne.

- Chaque ville de l'Empire romain avoit ses aquéducs artificiels quand les eaux naturelles ne suffisoient pas. Le luxe le plus étonnant de ces vainqueurs du monde, étoit le luxe des eaux. Les étrangers admirent les restes de ces aquéducs, que l'on voit converger de toutes parts vers Rome, comme vers le centre du monde. Ces superbes arches, souvent posées l'une sur l'autre, ces ponts jettés dans les airs par-dessus la vaste plaine de Rome, sont moins étonnans que les aquéducs souterrains. L'aqua Claudia traverse près de Tivoli une montagne que l'on peut comparer au Jura; et déjà cinq siécles avant Claude, Rome naissante avoit fait percer une partie du mont Albane (2).

---

(1) *Villa* est un mot qui manque à la langue française; villa n'est ni une maison de campagne ni un jardin, c'est l'un et l'autre. Pline dit que ce mot vient de *vehere*, charier, parce qu'on avoit fréquemment occasion d'aller à ces villas avec des chars.

(2) « Agrippa, pendant son édilité, ajouta l'*eau vierge* à ces quatre ruisseaux; car en les fesant corriver de

Il faut voir à Villa-Médicis, les cent vingt-quatre marches qui conduisent à un bout d'aquéduc souterrain, où plusieurs ruisseaux passoient autrefois sous une grande voute. A Nettuno à Antium et Astura, chaque grande villa de particulier, paroît avoir eu son aquéduc souterrain, dont quelques-uns vont chercher l'eau à plusieurs lieues de distance. Les Romains non-contens de commander sur la

---

distance en distance, il en forma ainsi sept-cents bassins, cent-cinq fontaines, et cent-trente regards; chacun de ces ouvrages est accompagné d'embellissemens magnifiques; on y compte jusqu'à trois-cents statues de marbre ou d'airain, et jusqu'à quatre-cents colonnes de marbre, *et tout cela fut fait en un an.* — Il fit construire cent-cinquante bains, dont le nombre s'est depuis augmenté à l'infini à Rome. »

« Cependant aucun canal n'égale la magnificence du grand ouvrage de ce genre, commencé par Caligula et achevé par Claude, car il commençoit à quarante milles de Rome, et sa source est si élevée, que dans toutes les montagnes de cette ville on puise de cette eau. — Si quelqu'un fait attention à l'abondance de l'eau amenée artificiellement dans la ville pour le service public, pour les bains, les viviers, les maisons, les abreuvoirs, les jardins, les maisons du fauxbourg, et les maisons de campagne, aux aqueducs élevés qu'il a fallu percer, aux bas-fonds qu'il a fallu exhausser, il avouera que le globe terrestre n'offre rien de si merveilleux. » Pline L. 36. Chap. 15.

terre, s'étoient créés comme un empire souterrain. Ce n'est pas ce luxe, ce n'est pas l'abus des eaux que je regrette, mais bien l'usage complet d'un élément dont aucune nation n'a su s'emparer en entier.

Chaque pays s'est saisi d'une partie de cette conquête. Le Piémont et la Lombardie connoissent la distribution systématique des eaux prises à de grandes hauteurs, pour être, par des nivellemens savans, versées sur tout un pays dont elles doublent la valeur. Cette méthode suppose une législation qui en écarte les obstacles; et comme le concert de tous les propriétaires n'est jamais à supposer, ce qui est impossible aux particuliers devroit être ordonné ou exécuté par le gouvernement. Tout ce qui passe le domaine de la volonté individuelle, appartient de droit à la volonté générale, à la loi.

Sans un système de canaux souterrains, le plus riche pays du monde, celui des mille et une nuits, la Perse, seroit un pays aride et presque désert. Si le Nil appartenoit à une nation industrieuse et savante, nous verrions renaître les miracles qui nous étonnent dans Diodore et dans Hérodote. La Hollande a su dompter la mer, qui mugit sans cesse autour des remparts que l'on ose opposer à ses efforts, et les eaux nuisibles des marais bataves sont devenues des routes commodes. Les Anglais ont trouvé dans les canaux de navigation, des mines plus riches que celles du Potosi. La Suisse a quelques fois enchaîné, par des moyens faciles et peu couteux, ces torrens des Alpes, si terribles dans leurs ravages. C'est en Suisse encore qu'il faut chercher l'emploi bien entendu des petites sources, pour l'arrosement des prairies.

On a des ouvrages savans sur la conduite des eaux, mais ce qui manque partout, c'est *la législation des eaux*, partout des moulins et des droits abusifs en arrêtent l'usage. On laisse dans tous les pays l'imbécille race humaine mourir de la fièvre auprès de marais infects, sans lui commander d'attaquer ces ennemis, et de s'enrichir de la plus noble des conquêtes, de celle qui n'est faite aux dépends de personne. On ne sauroit arroser une prairie sans s'exposer à un procès. Il y a partout dans les lois des obstacles à lever, partout une législation à trouver, qui mette en mouvement les forces individuelles, que l'inertie, l'ignorance, le manque de concert ou de moyens tiennent enchaînées. Pourquoi des armées nombreuses, dont l'existence pèse à la patrie, ne seroient-elles pas quelque-fois employées à faire fleurir la nation qui les paie, et à réparer pendant la paix une partie des malheurs de la guerre? Dans tous les grands états une commission permanente, composée de jurisconsultes, et de physiciens bien entendus dans tout ce qui tient à la conduite des eaux, devroit être en activité constante, pour asservir peu-à-peu un élément qui contient plus de véritables richesses réelles que l'or et l'argent, qui n'en seront jamais que la représentation.

PASSION DES ROMAINS POUR LES VILLAS OU MAISONS DE CAMPAGNE. — TOMBEAU DE SOCRATE ASTOMACHUS.

Une des plus fortes passions des Romains, devenus les maîtres du Monde, étoit celle qu'ils avoient pour leurs villas. Leur goût pour la campagne ressembloit aussi peu au nôtre, que nos maisons de plaisance ressemblent peu aux maisons de Pline, dont cet écrivain nous a laissé la description dans ses lettres.

Les jardins sont pour nous une parure, qui est plus ou moins de bon goût, selon la mode. Le meilleur goût fait de nos jardins, d'agréables paysages, de charmans tableaux où la première pensée du maître est l'effet qu'il produira sur le spectateur, ou l'idée qu'il donnera de la richesse et du goût du propriétaire. En un mot nous nous plaçons toujours en pensée hors de nos jardins, comme le peintre se place hors du tableau qu'il compose. Les anciens au contraire se plaçoient eux-mêmes dans leurs villas, leurs points de vues n'étoient jamais pris au dehors de leurs jardins, mais dans le centre de tout. Ils arrangeoient leur campagne entièrement à leur goût, et l'effet de l'art sur les passans, étoit une idée secondaire pour eux. Voilà pourquoi leurs maisons de campagne étoient l'image réfléchie de leurs mœurs, de leurs goûts, de leurs habitudes personnelles. Les campagnes que Pline nous a décrites en détail, portent partout l'empreinte d'un homme studieux, d'un amant vrai de la nature, qui ne la met jamais en décoration, parce que la dernière chose qu'on met en décoration est ce que l'on chérit véritablement.

S'il est vrai que nos plus douces jouissances viennent de la nature, les anciens qui ont su l'approcher de plus près que nous, savoient aussi l'aimer mieux que nous ne l'aimons; mais chez les anciens chacun l'aimoit à sa manière, Pline l'aimoit en homme d'esprit, en homme sensible, en homme studieux. Sur la route d'Ostie, l'on a trouvé le monument d'un sot, qui ne l'aimoit qu'avec sensualité.

En 1797, l'on déterra sur la grande route d'Ostie, un tombeau placé au centre d'un petit bâtiment; ce tombeau contenoit un sarcophage orné de bas reliefs; l'on y trouva une statue consulaire sans tête, une tête d'amazone, un petit Bacchus, avec deux statues apparemment les portraits des habitans du sarcophage; l'on y découvrit de plus de riches colonnes tout auprès de ces ruines. Le grand bâtiment faisoit partie d'une villa, et déjà depuis long-temps, l'on y avoit trouvé un pavé à la mosaïque, qui fait partie de l'imense pavé de S.ᵗ Paul.

Voici l'inscription du sarcophage: « Moi qui sans voix vis dans ce marbre, j'étois né à Tralles; j'ai souvent visité les bains de Bajes, et les côtes de la mer si pleines de délices; et afin d'éterniser une *si honorable vie*, j'ai assigné cinquante mille sesterces pour élever ce temple des mânes; passant qui lis ces lignes, demande aux Dieux que la terre soit légère à Socrate Astomachus. »

L'impudeur des modernes, iroit-elle jamais jusqu'à appeler *une vie honorable*, une vie passée à aller d'une campagne à une autre. Et c'est à cette morale, produit nécessaire de la monarchie universelle et du despotisme qui en est la suite, que l'on doit le phénomène d'un sol fertile, changé en déserts hideux, et frappé de mort et de stérilité.

Le voluptueux Horace tenoit extrêmement au plaisir de vivre dans chaque saison dans le climat le plus agréable ; Il aimoit en été Preneste ou Sabinum, en hiver Tarente, Bajes ou le rivage d'Ostie. Quand on le dérangeoit dans ses plans de séjour, on le mettoit de bien mauvaise humeur. Son épitre à Mécène, décèle partout cette humeur contre ce ministre qui l'avoit pressé trop vivement de se rendre auprès de lui : « Que vos bontés, lui » dit-il, ne ressemblent pas aux instances de » ce Calabrois, qui vous offre de ses poires. » — Mangez-en, mon ami ; — je n'en puis » plus ; — mettez-en dans vos poches : — » j'en ai suffisamment, — prenez-en donc » pour vos enfans ! — Je les tiens pour reçues. » — Comme il vous plaira ; mais je vous » assure que si vous ne les prenez pas, je » vais les faire donner à mes pourceaux. » — Ce sont les sots et les prodigues, ajoute Horace, qui donnent ce qu'ils méprisent, et de pareilles bontés n'ont jamais produit que des ingrats. Telle est sa réponse aux invitations de Mécène ! Quel poëte de nos jours s'aviseroit d'adresser cet apologue au second personnage de la terre ?

COUP-D'ŒIL SUR L'ANTIQUITÉ DE CETTE COTE.

Au-delà des ruines du pont della Refolta, on passe une colline, c'est la seule montée sensible depuis Rome. J'arrive sur le sommet de la petite montagne : tout-à-coup je vois devant moi Ostie, plus loin la mer resplendissante de lumière, à ma gauche le rivage de Laurentum, à ma droite le fleuve qui s'étoit souvent dérobé à mes regards, près d'Ostie un lac, tout autour un désert inculte et quelquefois marécageux.

Hæc fontis stagna Numici, hunc Thybrim fluvium.

De l'autre côté du Tibre on distinguoit encore les marais salans d'Ancus Martius, aujourd'hui fort avant dans les terres.

A Rome les siècles sont entassés *sur les siècles*. Les décombres de Rome dévastée par les Gaulois couvrent l'ancien sol humide dont Ovide a dit :

Ubi nunc fora sunt, udæ tenuere paludes,

et la Rome des Césars repose à son tour sous tous les débris du moyen âge, recouverts eux-mêmes par les ruines des temps plus modernes.

Sur les rivages d'Ostie, au contraire, les

siécles sont *à côté des siécles* ; on les voit placés bout à bout l'un devant l'autre. Près d'Ostie, à cinq cent pas de la mer, étoit le camp d'Enée; tout le pays que je vois au-delà est donc l'ouvrage de trois mille années. De l'autre côté du Tibre ces marais salans d'Ancus Martius ne sont plus aujourd'hui proche de la mer; tout le pays au-delà est donc l'œuvre de vingt siécles. Mais au temps d'Enée ce rivage sablonneux, cette langue de terre placée entre cette chaîne de collines et la mer, existoit déja depuis long-temps, car les Sicules, les Aborigénes, les Pélages avoient précédés les Latins dans ce pays. En comparant l'ouvrage des trois mille années que j'ai devant les yeux, au temps qu'il a fallu pour former cette côte étendue, que de siécles je retrouve encore ! Mais les collines volcaniques que je foule aux pieds, (car ces collines ont existé avant la formation de la plaine de Laurente,) étoient l'ancien rivage de la mer. Que de milliers d'années il a fallu pour élever des décombres d'un autre monde, ces collines, ce Latium, et cette vaste campagne de Rome que les volcans ont fait sortir du sein de la mer, et ce mont Albane, où près de trois mille pieds sont élevés grain à grain par la poussière des volcans. Pour savoir le nombre de ces siécles, on n'a qu'à prendre pour échelle l'ouvrage de l'Etna ou du Vésuve. — Et ces éjections si anciennes des volcans, sont elles-mêmes des parcelles d'un monde encore plus antique ! L'imagination entasse conjecture sur conjecture, on remonte le torrent des siécles, mais on n'arrive nulle part à sa source. Je me perds dans l'immensité, et revenant à moi-même, j'ai peine à retrouver les temps historiques de l'homme depuis le point le plus reculé de l'histoire jusqu'au moment passager de mon existence ; temps qui, auprès de la nature, n'est encore qu'un point, dans lequel la vie de l'individu cesse absolument d'être appercevable.

TABLEAU DU PAYS,
TEL QU'IL ÉTOIT DU TEMS D'ÉNÉE.

J'aime à me retrouver aux premiers temps de l'histoire, et à contempler le pays tel qu'il étoit lorsqu'Enée y aborda. Aujourd'hui l'Isola-Sacra, qui divise le Tibre à une lieue au-dessus de son embouchure, avance dans la mer : au temps d'Enée tout ce rivage se prolongeoit sur une ligne droite, et ce qui sort aujourd'hui de cette ligne, faisoit alors partie de la mer.

Enée venoit de Gaéte ; il cherchoit un port, il n'y en avoit point sur toute cette côte, (car les ports d'Antium et d'Astura sont artificiels) l'embouchure du Tibre en peut tenir lieu ; voilà pourquoi les Troyens y entrèrent, après une navigation au clair de lune, par une de ces nuits délicieuses d'été, plus belles que le plus beau jour.

Adspirant auræ in noctem, nec candida cursus
Luna negat, splendet tremulo sub lumine pontus.

C'étoit au mois de Juillet ; la nuit il y a toujours une brise légère, mais vers le matin le vent d'Est souffle de la terre, et il est prudent d'aborder. Déja l'aurore coloroit la surface de la mer, lorsque le vent du Sud qui avoit soufflé la nuit cessa, ce qui arrive toujours par le beau temps. Les Troyens furent obligés de prendre la rame.

In lento luctantur marmore tonsæ.

Tout-à-coup Enée apperçut un fleuve poussant devant lui les tourbillons de ses ondes jaunissantes et troublant au loin le calme limpide de la mer. Un bois de chênes verds, entremêlé de figuiers et d'oliviers sauvages, et, près des eaux, des peupliers ombrageoient la bruyante embouchure du grand fleuve. Les oiseaux, habitans nombreux de ces ombrages, fesoient retentir l'air de leur chant matinal, et voltigeoient dans l'antique forêt.

Près de l'embouchure du fleuve, un lac entouré d'un marais s'étendoit dans la plaine sabloneuse. Ses humides rivages se joignoient au grand fleuve. Ce fut là qu'Enée plaça son camp à cinq cents pas de la mer; il avoit à sa droite, et un peu devant lui, le fleuve, le lac derrière lui, et un terrain marécageux très étroit entre le lac et le fleuve, devant lui à cinq cents pas la mer. Cette position étoit admirable, la forêt lui fournissoit les moyens de se fortifier : on aborde, on dîne sur le gazon; une partie de la forêt est abattue, le camp s'élève comme une ville naissante. Mais qu'étoit le pays où les Troyens abordèrent?

À une lieue de la mer s'élève une chaîne de collines volcaniques de quelques cents pieds d'élévation; entr'elles et le rivage de la mer s'étend une plaine basse et fertile, c'est le théâtre des six derniers Livres de l'Enéide, que je vais décrire tel que j'aurois pu le voir du tems d'Enée : à mes piés j'apperçois à l'Ouest une plaine à demi cultivée, et l'antique forêt partout éclaircie; un petit lac bleu est entre moi et la mer. Je me tourne, et je vois à l'Est un grand ceintre de montagnes entourer une plaine immense. Les collines aujourd'hui nues, étoient alors ombragées par l'antique forêt qui, dans un pays à demi cultivé, portent l'empreinte majestueuse de la nature dans sa force native, non encore défigurée par l'homme.

A une demi lieue de moi, je vois dans la plaine entre la mer et la colline, à ma gauche, une ville, c'est Laurente; près de la ville, du côté de la mer, j'apperçois une plaine verte, un champ de Mars où s'exerçoit la jeunesse, non loin du lac bleu qui s'étend vers le fleuve. Derrière la ville un palais, celui de Picus, s'élève sur cent hautes colonnes de bois; du côté des collines il est ombragé par l'antique forêt qui domine majestueusement dans le paysage, et s'étend au loin du côté du mont Albane. L'on apperçoit dans la plaine, au milieu des bois à demi-coupés, des champs et des prairies, et partout l'on voit des traces de culture tout au travers de la grande forêt. Là, des chevaux paissent dans la prairie, plus loin, des cabanes rondes, couvertes d'un toît de roseaux très élevé, sont entourées de nombreux troupeaux. Un peuple guerrier, moitié pasteur, moitié agricole, habite ces fortunés rivages. Le grand fleuve n'est apperçu que çà et là à travers les bois touffus qui en ombragent les bords.

La forêt n'est point comme nos forêts communes, composée d'une même espèce d'arbres. Le long du fleuve, dominent les peupliers et les chênes; dans la plaine s'élève le grand pin, qui dépassant comme un nuage les arbres de la forêt, ombrage de son parasol léger les sommités des arbres les plus élevés. L'orme à tête arrondie, est à côté des cyprès élancés, et le verd grisâtre de l'olivier contraste avec le feuillage foncé du chêne verd, ou avec l'éclat du laurier odorant : le frêne n'y étoit pas rare.

Partout des ruisseaux ravivent la verdure, les uns s'écoulent dans le lac, les autres dans le fleuve, la plupart dans la mer.

Tel étoit du tems d'Énée le pays charmant des Latins, tel que je l'ai vu dans Virgile et sur les lieux mêmes.

L'HESPÉRIE MODERNE.

Je reviens à mon voyage. Je descendis la colline; à un quart de lieue de là, une haie de bois sec formoit la vaste enceinte d'une espèce de forêt, appelée *Macchie*. Or rien de plus singulier que ces macchies, qui ne sont ni *selva* forêt, ni *bosco* bois. Ces macchies sont le résultat de la plus mauvaise police, ce sont des arbres, des arbrisseaux, des buissons coupés, taillés, brisés à toutes les hauteurs, et la hache du charbonnier y est toujours en combat avec la nature la plus féconde, qui, partout où l'on cesse de la tourmenter, s'élance et reprend ses droits et sa beauté. Cette forêt, en un mot, c'est l'image de la nation Italienne, que l'on tourmente sans cesse, et qui, à chaque occasion favorable, semble dépasser toutes les nations.

La porte de bois de la forêt s'ouvre ; nous entrons. Je vois à ma gauche une cabane de joncs enfumée, à demi-pourrie, et près de là, un couple affreux aux corps livides et prodigieusement enflés, que le vent qui soulevoit quelques haillons, mettoit presqu'à nud. La face maigre, l'œil enfoncé, les dents blanches, le teint de la famine et de la mort, en faisoient des spectres hideux. La voiture alloit assez vîte, et ces tristes ombres restoient aussi immobiles derrière moi, que mes regards sans cesse fixés sur eux. Tout-à-coup j'entends à côté de moi des cris perçans, c'étoient ceux d'une mère mourante de faim, tenant dans ses bras un enfant livide. Voyant la voiture prête à disparoître, elle demandoit la charité en poussant des hurlemens et des cris de désespoir : je lui jetai quelque argent. Ces scènes d'horreurs n'étoient pas nouvelles pour moi.

Rien de plus affreux que cette vaste étendue de broussailles sur un sol infect et marécageux, où des troupeaux sauvages, à demi-cachés dans les épines, s'avançoient de tout côté comme pour se défendre contre un objet nouveau. Ces grands corps grisâtres à longues cornes ne mugissoient point, mais de leurs larges naseaux ils souffloient sur moi. J'apperçus près d'eux des ossemens blancs d'animaux qui avoient péri dans le désert. — L'épine blanche fleurissoit partout, et ne rappeloit le printems que pour faire sentir, que, dans les régions de la mort, il n'y a jamais qu'une saison, celle de la douleur. Le croassement universel des grenouilles remplaçoit partout le chant des oiseaux dans ces régions infernales.

Nous roulions sur un pavé antique si parfaitement conservé, que, par réflexion, l'on étoit effrayé de l'absence de la vie ; l'image de la mort sembloit s'y présenter sous une forme nouvelle.

J'étois si ému à la vue de tant de misère que j'avois oublié Virgile, Enée, et Laurente qui étoit à ma gauche au de là du marais. Une fouille récente de ruines attira mes regards ; d'ouvriers il n'en étoit pas question, car excepté les malheureux que je venois de quitter, je n'avois rencontré personne, et j'avoue que je redoutois plus l'aspect des hommes que celui des troupeaux sauvages. Une inscription de marbre étoit près de la fouille, c'étoit les ruines d'une villa ; près de là on voyoit à fleur de terre un aquéduc dans des buissons ; des tuyaux de chaleur tirés en quantité de ces ruines, et entassés sur la terre, fixèrent mes regards. Ces tuyaux me rappeloient la campagne de Pline, qui n'est pas loin de là.

Nous atteignîmes bientôt un pont antique très long et très bas, sur lequel nous traversâmes le marais devenu lac ; au delà de ce pont étoit la ville d'Ostie.

L'OSTIE DES ANCIENS.

Ostia, signifie embouchure : l'ancienne Ostie, fondée par Ancus Martius, étoit près de la mer, dans l'angle formé par la mer et le Tibre. Cette colonie, le pyrée de Rome, eut toutes les destinées de la ville mère, elle grandit, s'embellit, et tomba avec elle. Le nombre de ses habitans s'étoit accru jusqu'à quatre-vingt-mille. Près d'Ostie le fleuve se divise à Capo di Ramé, et ses deux bras forment l'*île sacrée* d'Apollon, aujourd'hui Isola sacra. L'embouchure de la gauche du fleuve, apparemment la plus ancienne, s'étant un peu ensablée, l'Empereur Claude, puis Trajan

bâtirent un port et une ville sur le bras droit
du Tibre, qui coule dans un lit plus droit et
de moitié moins large que le fleuve gauche;
cette seconde ville appelée Port de Trajan,
étoit encore une ville magnifique. La rive
du Tibre, entre Rome et la mer, étoit couverte de jardins et de villas, qui dominoient partout sur ces collines, et, tantôt s'approchoient et
tantôt s'éloignoient du fleuve; mais le rivage de
la mer, plus recherché à cause de la douceur
de son climat, étoit bordé de maisons de campagne plus magnifiques encore, où les Romains
les plus riches venoient jouir de mille manières
du spectacle de la mer, alors peuplée des
vaisseaux de toutes les nations connues. D'Ostie à Antium, il y a environ douze lieues d'une
côte unie, un peu sablonneuse, mais fertile.
Pline, qui avoit sa maison de campagne à Laurente, nous peint ce long rivage comme bordé de maisons de plaisance, qui en quelques
endroits se touchoient, et présentoient le magnifique tableau d'une seule ville, placée le
long de la mer. A Antium la côte s'élève,
des roches coquillières rougeâtres s'avancent
dans la mer. Cette côte élevée étoit l'emplacement des plus magnifiques palais, du temple fameux de la Fortune, de la villa de Néron,
et de celle de Poppée. Ces palais, bâtis en partie sur la côte élevée, et en partie dans la mer,

contenoient les merveilles et les dépouilles du Monde. Je vais plus loin le long des côtes, et je ne trouve aucune fin à ce brillant rivage. Au delà d'Astura, sous les marais Pontians même, étoit la campagne de Lucullus ; j'arrive à Formie, à Gaéte, enfin à Bajes, au centre du luxe et de la volupté, et cette file de palais ne finit point encore. Je reviens par mer, et le long de ce rivage enchanteur, j'apperçois des ruines dans le fond des eaux. Il falloit bien que les dépouilles et les richesses du Monde se retrouvassent quelque part. Aujourd'hui des collines de décombres, des sables mouvans, des forêts, enfin la solitude, l'abandon et le poids de quinze siècles, pèsent sur cette terre désenchantée, et la mer roule ses ondes par dessus les fondemens de ces palais dessinés dans le fond des eaux, avec autant de détails et de précision que sur les cahiers d'un architecte.

OSTIE MODERNE.

J'étois curieux de voir enfin la capitale du désert ; j'entre par une grande porte, je l'avois à peine passée, que j'étois à l'autre bout de la ville ; quatre ou cinq maisons sans fenêtres, placées vis-à-vis de deux tours à demi-écroulées, entourent une petite place, au milieu de laquelle est une petite église, assez laide, dédiée à S^te. Monique, mère de St. Augustin. Ce tas de maisons étoit comme emboîté dans des murs élevés, mais tombans. Quelques soldats pâles et affamés, employés à la garde de cent trente prisonniers invisibles, et quelques misérables cabaretiers, qui vivent du pain et du vin apporté de Rome, qu'ils vendent aux prisonniers, composent toute la population d'Ostie. L'on n'entendoit dans la ville que le cliquetis des chaînes, le hurlement du vent et le croassement universel des habitans du marais; de tems en tems des hirondelles de mer jetans des cris lugubres sur ces régions de douleur, avertissoient du voisinage du fleuve et de la mer. En été, les prisonniers sont transférés ailleurs; et trois femmes gardent la ville.

J'avois une lettre pour l'archiprêtre logé dans une maison qui appartient au Cardinal Albani; il nous céda sa chambre. Nous trouvâmes du poisson à acheter; l'archiprêtre qui vit seul dans sa maison, et qui n'avoit rien à nous donner, eut la bonté de l'apprêter lui-même. Il ne voulut jamais recevoir aucun argent, ni pour son lit, ni pour ses peines. Dans ces affreux déserts, nous avons trouvé chez le peu d'habitans, qui y vivent encore, une hospitalité, un désintéressement, et des bontés, pareilles à celles que l'on trouve quelquefois dans les lieux les plus écartés des Alpes. Ne semble-t-il pas qu'à mesure que l'homme s'isole il devient meilleur ? Ou, seroit-ce que l'homme devenu un objet de curiosité pour l'homme, lui devient, par-là même, un objet agréable ?

Je sortis dans l'intention d'aller voir le château et les prisonniers, mais la fièvre des prisons régnoit dans les cavernes empestées des deux tours. Chose presque incroyable ; mais vraie, je tiens le fait du curé, la fièvre des prisons apportée depuis peu par les galériens de Civita-Vecchia, concentrée dans l'air infect des prisons où naguères il n'y avoit qu'une fenêtre, (il y en a deux aujourd'hui,) activée par le méphitisme du marais qui baigne les murs du château, avoit acquis une telle putridité, que trois prisonniers envoyés le matin à l'ouvrage, furent enterrés le soir du même jour ! J'en vis un porté par ses camarades, qui étoit sorti le matin, et dont le prêtre n'osoit suivre le corps, de peur d'en être empesté. A un grand quart de lieue d'Ostie il y a une église dans le marais; dans cette église, dédiée à St. Sébastien, est un creux profond où l'on jette les morts comme dans un puits. Cette Eglise quoiqu'à un quart de lieue d'Ostie, placée dans une vaste plaine sans arbres et sans abri, toujours balayée par le vent, exhaloit néanmoins une odeur si fétide, que, quoique logés à l'autre côté de la ville, nous n'osions pas ouvrir la fenêtre du côté de l'église empestée. Pour achever le tableau d'Ostie, comme j'étois sur la petite place de la ville, un coup de fusil abattit près de moi un chien enragé qui avoit mordu tous ceux de la ville. Je conseillois de tuer sur le champ tous les chiens mordus. On me répondit qu'on avoit un remède infaillible contre la rage; c'étoit de couper une croix sur la tête de l'animal malade. Ainsi trois monstres: la peste, la rage plus affreuse encore, et la famine, habitent aujourd'hui cette terre jadis si fameuse par la magnificence de ses rivages, par la richesse de ses palais, et la douceur de son climat.

LES GALÉRIENS.

Il semble qu'il est du devoir du voyageur qui cherche à s'instruire, d'aller visiter les prisons, et de ramener sans cesse sous les yeux de la puissance, la misère et le malheur, si aisément oubliés. Le public n'a, comme l'individu, qu'un seul point de vue favori, toujours borné par l'intérêt du moment. Dans les temps de malheur, le bien ne se fait pas, parce qu'on n'a ni le temps ni les moyens de le faire, et dans la prospérité on ne le fait pas parce qu'on l'oublie.

Le corps politique n'a pas, comme le corps humain, le sentiment universel de son état; il y a au contraire une paralysie perpétuelle sur toutes les parties éloignées de la tête. Tout ce qui n'approche pas de la puissance, et tout ce qui n'ose pas lui parler, est bien vîte sujet à être négligé, ce qui occasionne des maladies qui bientôt deviennent fatales au corps entier de l'Etat !

Quelle reconnoissance l'humanité ne doit-elle pas au courage de Howard, qui le premier a su rendre les hommes attentifs au sort des prisonniers, et attirer les regards des gouvernemens bienfaisans, sur ces régions de pleurs, de désolation, et quelquefois d'injustice.

Le Pape avoit autrefois cinq galères, et il étoit prouvé que ces galères ne suffisoient pas à la quantité de forçats que l'on avoit alors ; depuis la révolution leur nombre a considérablement augmenté, et au lieu de cinq galères il n'y en a plus que trois ! Dans une représentation faite au Pape à ce sujet, on a prouvé géométriquement qu'il n'y avoit d'espace dans les galères que sept palmes de long, et une et demie de large, pour chaque prisonnier, c'est-à-dire qu'en les rangeant bout à bout, et l'un à côté de l'autre, il n'y avoit pas place pour se coucher. Sur cette représentation, on transféra à Ostie quarante galériens de Civita-Vecchia ; ils y portèrent la fièvre des prisons, qui avoit régné à Civita-Vecchia, à un tel point que, sur trois-mille galériens huit-cents périrent dans très peu de jours. Cette fièvre acquit dans les cachots étroits et mal aérés, au milieu de l'air déja empesté des marais d'Ostie, une putridité dont il n'y a peut-être pas d'exemple dans les annales de la médecine. Les fumigations de gaz acide nitreux, étoient encore inconnues à Rome, où la police des pharmaciens semble être au niveau de celle des galères.

La nourriture des esclaves est de trois livres de pain (de douze onces) et d'une livre et demie de fèves par jour : quand ils sont à l'ouvrage, ils ont de plus environ cinq sols pour acheter du vin. Les mois de prison sont de vingt jours, grace illusoire ou absurde, puisqu'on augmente d'autant le nombre des mois, ou qu'on cesse de proportionner la peine au délit.

Et qui sont ces hommes condamnés à un supplice pire que la mort ? Ces hommes ne

E

seroient-ils pas le résultat nécessaire et malheureux de la police de Rome, où l'on punit arbitrairement l'assassinat que les lois favorisent ?

Chaque hôtel d'ambassadeur n'est-il pas l'asile du crime protégé par le souverain que le ministre représente ? Chaque temple n'est-il pas un asile doublement sacré pour un gouvernement qui réunit à la fois la puissance temporelle et spirituelle; et tous les déserts d'Ostie ne sont-ils pas l'asile protégé par le cardinal Albani, propriétaire de cet antique paradis ? Ces soins si tendres pour les assassins *vicient* l'opinion publique, au point que, dans les assassinats qui se commettent journellement à Rome, l'intérêt du public est toujours pour l'assassin et jamais pour la victime. Ces coups de couteaux sont devenus des espèces de duels, où l'honneur dit-on est intéressé, duel auquel pour être honorable, il ne manque que la justice et le courage ; car les coups sont, autant que possible, donnés par derrière, où quand l'adversaire se trouve hors d'état de se défendre.

Durant dix-huit mois de gouvernement révolutionnaire, il n'y eut, après les premiers châtimens, pas un seul assassinat à Rome, et cette colère si terrible des Romains, devint, même dans le vin et dans la licence révolutionnaire, si douce et si prudente, que les bras armés du couteau restoient suspendus, au souvenir de *Spinelli* maître de police. *Se non fusse Spinelli*, si Spinelli n'étoit pas ! disoient les meurtriers en remettant prudemment leur couteau dans la poche.

La révolution finie les assassinats recommencèrent, et les lois les plus barbares reprirent leur ancienne vigueur. (1).

Une autre source de crimes aussi féconde à Rome que les asiles, c'est l'abandon des pauvres. La charité romaine, qui donne sans distinction, nourrit moins le pauvre que la pauvreté qu'elle éternise. Le nombre infini des mendians rend la véritable bienfaisance impossible, le cœur se ferme à la vue de tant de maux sans remèdes, et l'âme devient atroce sous des loix qui paralisent la commisération et la pitié.

Et c'est encore là le cas de dire que les

---

(1) La jalousie des ambassadeurs, dont aucun ne veut céder son droit d'asile, est peut-être la véritable cause que les hôtels des ministres sont encore à Rome, le refuge du crime. Ne seroit-il pas digne de la nation qui, par sa valeur, s'est mise au-dessus de tant de nations, de renoncer à se droit d'asile, et de prouver par là, que la véritable dignité de la puissance, est de n'avoir jamais recours à l'injustice ?

mauvaises lois, corrompent les mœurs : mais comment espérer de remède à la mendicité, dans un pays où la mendicité des hommes les plus vigoureux est un état constitutionnel, honorable, protégé, je dirai même, sans exagération, souvent adoré. Si-l'on vouloit conserver les ordres mendians, ce ne seroit qu'en les ramenant à l'esprit de leurs fondateurs, en les obligeant à cultiver eux-mêmes leurs terres, et à cesser d'être à charge à la charité déja accablée par des demandes plus pressantes.

Il y a plus : à Rome les lois punissent l'industrie, qui ne va pas de pair avec la fainéantise universelle, à laquelle tant de jours de fêtes, condamnent une nation déja portée à l'oisiveté par son caractère et par tant d'institutions propres à la perpétuer.

Ce n'est pas tout : l'homme qui travaille la terre dans le Latium n'est jamais propriétaire ; il ne vit que par grâce, et jour à jour ; la moindre distraction, la moindre maladie, le met dans l'impossibilité de nourrir sa famille ; sans pain, sans abri, et ce qui pis est, sans espérance et sans courage, toujours errant ; il ne trouve d'asile nulle part sur une terre qui lui est toujours étrangère, jusqu'au moment où elle s'ouvre pour l'engloutir.

HISTOIRE D'OSTIE ET DE SES ENVIRONS.

Ostie plus éloignée de Rome que le Pyréc ne l'est d'Athènes, étoit l'unique port de la capitale du monde ; son histoire se compose de l'histoire de Rome, et de celle du fleuve qui lui sert de port.

Les ruines de l'ancienne Ostie sont à une demie-lieue de l'Ostie moderne. Florus dit, qu'Ancus Martius bâtit Ostie *in ipso maris fluminisque confinio*, dans l'angle que forme la mer avec le fleuve.

Comme les dépôts du fleuve sont assez uniformes, tant à l'égard de la nature même des matières qu'il charie, qu'à l'égard de la vîtesse de son mouvement, ce fleuve peut servir en quelque sorte de chronomètre.

L'histoire naturelle présente à chaque pas des faits propres à répandre du jour sur l'histoire de l'homme ; et si l'on n'a pas encore tenté d'expliquer l'une par l'autre, c'est que les physiciens s'occupoient peu des antiquités, et les antiquaires encore moins de physique. Les sciences une fois développées, il naîtra de leur rapprochement des résultats impossibles à prévoir.

Virgile avoit sur l'Italie au temps d'Enée, peu de monumens historiques bien certains,

Un foible souffle de renommée a percé jusqu'à nous, dit-il.

Mais il y a dans les apperçus nombreux de l'histoire de ces temps-là, une harmonie de faits qui nous permet de juger par le tact, là où les preuves rigoureuses nous manquent. L'histoire très-ancienne, il faut la voir à distance comme les dessins en mosaïque, qui, vus de près, disparoissent entièrement. Il faut surtout renoncer à la chronologie rigoureuse, partout où un hasard singulier ne présente pas à un grand nombre de nations à la fois, une mesure de temps commune. L'on ne s'étonne pas assez sur le nombre de hasards qu'il a fallu pour réunir pendant un grand nombre de siècles, l'attention de plusieurs peuples sur un fait unique.

L'Italie, au temps de la guerre de Troie, paroît avoir été à peu près au même point de civilisation que la Grèce d'alors (1). Pour

---

(1) Les gouvernemens des peuplades du Latium ressembloient tout-à-fait à ces petites monarchies grecques, dont nous voyons dans Homère un tableau si naïf. Latinus ne fait rien d'important sans son conseil, et ce conseil c'est l'assemblée des notables, et presque celle du peuple. Nous entrevoyons dans l'histoire de Mésence, et dans celle de Métabe, père de Camille, chassés, tous deux, par le parti populaire;

la connoissance de ces temps-là, Homère est le premier des historiens, parce qu'il a peint, mieux que personne, les mœurs des peuples dont il parle. Or aucun monument n'est plus précieux que la fidelle peinture des mœurs, qui se composent à la fois de tous les élémens moraux et physiques, et semblent être le dernier résultat de l'histoire de l'homme.

Virgile est par son tact un historien toujours d'accord dans les faits qu'il présente. Le tact qui le rend historien est le même qui le rend poëte, car le génie des beaux arts se compose d'une suite presqu'infinie d'apperçus rapides et justes sur ce que nous *sentons*, et suppose la même logique que celle que nous employons à développer et à rédiger nos connoissances. Ces raisonnemens me permettent de renvoyer à Virgile, pour l'histoire du temps d'Enée.

---

que ces monarchies démocratiques étoient aussi communes en Italie qu'elles l'étoient alors en Grèce. Le vieux Latinus est forcé de céder à la fougue du peuple, échauffé par Turnus, d'abandonner les rênes du gouvernement, et de se retirer dans son palais. On est trop disposé a croire que Virgile a tout pris dans Homère, sans réfléchir que le poëte latin avoit trouvé quelquefois dans le Latium, les mœurs et les usages de l'Odyssée et de l'Iliade.

Le camp d'Enée, que Virgile appelle *urbs*, a subsisté plus de mille ans sous le nom de Troja, sans doute plutôt comme monument que comme habitation. J'ai demandé, si quelque lieu dans le voisinage s'appeloit Troja, mais je n'en ai pu trouver aucun qui eut du rapport avec ce nom, ce qui n'est pas étonnant, puisque toutes les petites propriétés sont depuis mille années englouties par les grandes terres, et ont par conséquent cessé d'avoir des noms particuliers. J'ai néanmoins recueilli deux faits singuliers.

Une espèce de petites felouques, dans les environs d'Ostie, à Antium et à Nettuno, s'appelle *Troja*. L'autre fait le voici : Je m'étois donné ce problème à résoudre : quel est l'emplacement de Laurentum, qui s'adapte à la fois à tous les passages de Virgile? J'avois changé trois fois d'avis; enfin je trouvai cet emplacement un peu au-dessus du Laurentum de Pline, du côté des collines de Décimo, à une petite distance du marais. Ce travail, fait d'après la lecture réitérée de Virgile, j'allai consulter la carte, et j'y vis précisément à la place de mon Laurentum, le nom de *Selva Laurentina*, et tout près de là, du côté de la colline le nom de *Picus*, dans celui de Trafusina di Picchi.

Il faut se rappeller que la religion des

Payens, étant pour ainsi dire toute locale et terrestre, a mieux que la nôtre conservé les noms des lieux consacrés partout à quelque Divinité.

> Tectum augustum ingens, centum sublime columnis
> Urbe fuit summa, Laurentis regia Pici,
> Horrendum sylvis et religione parentum,
> hoc illis curia templum.

Ce temple de Picus aura été long-temps en vénération chez les habitans du pays, et le nom en a pu arriver jusqu'à nous aussi bien que celui d'Ardea, de Rome ou d'Albe. Le souvenir des anciennes superstitions est si vif chez le peuple, qu'aucun des habitans du monte Circello n'oseroit entrer dans la belle grotte que l'on trouve au haut de la montagne, et que le peuple croit avoir servi de demeure à la *Maga*, ou magicienne Circé.... Ayant proposé à quelques paysans des environs de Circello de m'accompagner dans la grotte, tous me refusèrent; lorsqu'un soldat à grande moustache étant venu à nous, je leur dis : *en voilà un qui ne me refusera pas;* mais l'homme aux moustaches ayant appris de quoi il étoit question, s'enfuit à la seule proposition, de me suivre chez Circé, tant les souvenirs se prolongent chez les peuples !

Virgile, qui fait venir les Estrusques avec une flotte au secours d'Enée, est d'accord avec Diodore de Sicile, qui dit que les Estrusques étoient puissans sur mer.

Les Salines paroissent avoir donné de l'importance aux environs d'Ostie. La *Via Salara*, qui est entre Rome et le pays de Sabins, peut-être plus ancienne que Rome, avoit son nom du sel que les Sabins alloient chercher près de l'embouchure du Tibre, et qu'ils faisoient sans doute remonter le fleuve jusqu'à Rome. Il est probable que les Veïens y avoient aussi des Salines, puisque dans leurs guerres avec Rome, il est parlé d'une forêt Mesia, située dans les environs d'Ostie, qui servoit aux Veïens à faire du sel.

Ostie, une fois bâtie, s'accrut avec Rome, et quand le bras gauche du fleuve se fut un peu ensablé, Trajan acheva le port de Claude, et bâtit une seconde ville sur le bras droit du Tibre, appelée *Port de Trajan*, par les anciens Romains, et *Porto* par les modernes.

Sous les Césars, Ostie et Port-Trajan eurent une importance plus grande qu'au temps de la République. Quand la liberté fut perdue, le nom du peuple romain restoit encore, et ce nom fut de quelqu'importance, jusqu'à la fin de l'Empire. Le peuple de Rome est le seul peuple qu'on se soit donné la peine de nourrir dans l'oisiveté. Accoutumé par les Empereurs à recevoir annuellement le prix de la liberté qu'il leur avoit jadis vendue, il falloit bien continuer à nourrir une populace élevée à l'oisiveté et dans les jeux du cirque. Dès lors, le soin d'approvisionner ce monstre à cent mille bouches, toujours plus oisif, et toujours plus affamé, devint un des soins les plus importans de l'Empire; et comme l'Italie dévoroit tout sans rien produire, la sûreté du trône, et l'existence de l'état dépendit bientôt des magasins d'Ostie, et de Porto, des vents et de l'arrivée des vaisseaux d'Egypte, d'Afrique ou de Sicile.

Rutilius dit que dans l'année quatre cent vingt, le fleuve gauche, abandonné par les vaisseaux, n'avoit plus d'autre gloire que celle d'avoir porté Enée. Encore aujourd'hui le fleuve droit est le seul employé, et la petite ville de Fiumicino, placée près de la mer, à une demi-lieue de Porto, tient la place d'Ostie et de Port-Trajan, qui, réunies ne contiennent pas trente habitans.

On ne sait point quand la magnifique ville de Trajan, ni la superbe Ostie, qui n'en est séparée que par l'île sacrée, ont péri. Nos connoissances historiques sont si *fragmentaires*, que les rivages les plus riches de l'Univers, qu'une file presque contigue de jardins et de palais qui tenoit près de cent lieues de côte, à disparu sans que l'histoire fasse mention de cette chûte si mémorable dans l'histoire des arts et dans l'histoire de l'homme. La destruction commença sans doute avec les invasions des Goths, au commencement du cinquième siécle, mais surtout en 455 au temps de Genseric (1) et des Vandales, et ce qui avoit échappé au pillage des Vandales, ne fut point épargné par les Sarrasins, qui séjournèrent quelque temps sur cette côte.

Mais, en lisant attentivement Gibbon, le plus philosophe des antiquaires, l'on croit apercevoir que les étrangers ont bien moins détruit de monumens, que les habitans même de Rome et de ses environs. Le fanatisme des chrétiens, et le goût barbare, suite naturelle de leur horreur pour les chef-d'œuvres de l'art, qu'ils appelloient l'œuvre du démon, renversèrent les temples et les statues; l'avarice des habitans de Rome, et puis les petites guerres dans le moyen âge, détruisirent les monumens d'architecture qui avoient été respectés par les Barbares. Il a

_____

(1) Cassiodore qui vécut dans le sixième siécle, appelle Ostie et Portus, les deux yeux de Rome. Il paroît que ces deux villes même alors avoient peu souffert. — Propositi nostri est nova construere, *sed amplius vetusta servare*, dit le bon roi Théodoric.

fallu des ordonnances pour défendre, mais trop tard, de convertir en chaux les statues de marbre. Et n'avons-nous pas vû tout dernièrement les habitans de Rome, faire plus de dégat à la ville que les ennemis mêmes. Ce ne furent ni Genseric, ni Bourbon, ni Massena, qui détrusirent les édifices de Rome, mais les Romains plus barbares que les Vandales. Les ruines modernes de cette ville ne sont point l'ouvrage des François, mais celui des habitans de Rome, qui, tantôt par avarice, et tantôt par fanatisme, ont dans tous les siécles détruit ou défiguré les monumens qu'avoient respecté les envahisseurs.

VUE DU PAYS PRÈS D'OSTIE.

En sortant de la porte d'Ostie, je crus revoir les plaines du Danemarck. Cà et là des flaques d'eau, une assez belle verdure, un peu de marécage, peu ou point d'arbres, un horizon brumeux, et enfin le vent qui, comme un second Océan, domine partout, quand rien ne lui fait obstacle (1). Une portion de la

---

(1) Plus on avance vers le Pôle, et plus les vents sont forts et fréquens. En Danemarck, il y a neuf jours venteux sur un de calme. Ayant demandé à un Islandois quelle différence il trouvoit entre le climat d'Is-

tour des prisons étoit tombée dans le fossé de la ville, et la terre, qui avoit rempli le vide de la tour, et s'y étoit comme moulée, restoit en l'air, prête à tomber avec la sentinelle qu'on y avoit placée. Non loin de la ville, des collines de gazon s'élevoient hors de terre; j'appris ensuite que toutes ces collines étoient des ruines. Des tombeaux, des marécages, le sifflement du vent, le croassement universel des conquérans modernes de ces lieux fameux, enfin la solitude, et d'immenses souvenirs, tel est le tableau des environs d'Ostie.

TROJA OU LE CAMP D'ENÉE.

Le Tibre même a ses ruines; on me fit voir un ancien lit du fleuve appelé *Fiume Morto*. Cet ancien lit, comme on peut voir sur la carte, s'avance davantage vers le lac, que ne le fait le fleuve moderne. Au temps où le Tibre couloit dans son ancien lit, que je parcourus, il étoit à-peu-près réuni avec le lac marais, qui, sans doute, tient ses eaux en partie du fleuve, et en partie des sources qui découlent des collines. Il y a environ cent toises entre le Fiume-Morto et le marais-lac, ces cent toises de plaines,

---

lande et celui de Copenhague; il me répondit : c'est qu'à Copenhague il n'y a pas de vent.

entre un fleuve et un marais, étoient sans doute impraticables du temps d'Enée, et le sont encore aujourd'hui, puisqu'on arrive à la ville par un pont. C'est dans l'angle, que formoit le fleuve avec le lac, tout près de la nouvelle Ostie, que je place le camp d'Enée. Dans cette position, les Troyens avoient le fleuve à leur droite, le lac derrière eux, et la mer en face un peu à leur droite, et selon Dénys d'Halicarnasse à cinq cent pas du camp. Cette position étoit excellente et du temps des forêts, moins malsaine qu'elle ne le seroit aujourd'hui. On n'a qu'à lire Virgile, et tous les détails d'attaque et de défense, la sortie du camp de Nisus et d'Euriale ; le débarquement de Tarchon, et toutes les descriptions du poëte qui viennent s'adapter à cette hypothèse. Le passage suivant en est comme la démonstration. L. 9. v. 467.

AEneadæ duri, murorum, in parte sinistra
Opposuere aciem, nam dextera cingitur amni.

Les Troyens remontent le fleuve *et lœtus fluvio succedit opaco.* En abordant sur la rive droite du fleuve, il est clair qu'ils avoient le fleuve à gauche, et cependant Virgile dit qu'ils l'avoient à droite ! Avant d'aller à Ostie, je ne pus nullement me rendre raison de ce fleuve, placé, tout-à-coup, à la droite des Troyens, après l'avoir eu à leur gauche en y arrivant. Mais quand j'eus été sur les lieux, je compris parfaitement le sens de Virgile. Un camp fait toujours face au point d'attaque. Énée qui étoit défendu à-peu-près sur trois côtés, avoit tourné son camp au Sud-Ouest, un peu vers la mer, et avoit dès lors le fleuve à sa droite.

Mais pourquoi le point d'attaque est-il à la gauche du camp, et non du côté de la mer? C'est que le fleuve, en se courbant, venoit couvrir une partie du front de l'armée troyenne (1).

Jamais les Latins ne pensent à attaquer le camp d'Énée du côté de l'Est, vers le chemin moderne de Rome, parce que de ce côté là le camp se trouvoit défendu par le marais (2). Même Nisus et Euryale, quand

---

(1) Turnus Paulatim excedere pugna
Et fluvium petere, ac partem *quæ cingitur amni*.

Ce passage peint parfaitement la courbe que faisoit le fleuve sous le camp d'Enée où Turnus avoit été enfermé. Cette courbe du fleuve étoit peut-être le fiumé morto.

(2) Voyez liv. 9. v. 56. Turnus cherche partout un passage pour arriver au camp des Troyens.

Huc turbidus atque huc
Lustrat equo muros, aditumque per avia quærit.

ils

ils vouloient se rendre chez Evandre ; au lieu où Rome fut ensuite bâtie, sortirent par la porte qui donnoit sur la mer; c'est qu'ils étoient obligés de faire le tour du marais, ce qui est parfaitement conforme au local d'aujourd'hui. Volcens, qui les rencontra, venoit de Laurente. Quand il les apperçût ils étoient déja sortis du camp de Turnus, et avoient pris à gauche ; *cum procul levo flectentes limine cernit.* C'est que Nisus et Euriale cherchoient à gagner les bords du marais, pour faire le moins grand détour possible.

On voit que le camp de Turnus, lorsqu'il assiégeoit les Troiens, s'étendoit du marais à la mer ; ce qui obligea Nisus et Euriale à le traverser.

Ce local, une fois développé, on trouve dans Virgile une parfaite connoissance du terrain, et les six derniers Livres de

---

Muros ce sont les retranchemens, *aditus per avia* ne peut être que le marais qui étoit derrière le camp. Encore aujourd'hui on ne peut arriver à Ostie par le chemin de Rome que par dessus un pont très long que les anciens Romains ont bâti sur le lac, et qui arrive jusques tout près de la porte de la ville. Le camp d'Enée devoit être à-peu-près à la place de la moderne Ostie.

F

l'Eneide semblent acquérir un jour nouveau.

Virgile avoit dans ses descriptions de combats, un avantage qu'on n'a, ce me semble, pas assez remarqué; c'est que voyant fréquemment mourir dans l'arène de l'amphithéâtre, il a une manière savante de faire tomber ses guerriers, dont la vérité est, heureusement, un peu perdue pour nous, mais que l'on prend occasion de remarquer quand on se familiarise avec les statues et les bas-reliefs de Rome (1).

LE NUMICUS DE VIRGILE.

Qu'on étoit heureux, il y a cent ans, de se disputer sur un passage de Virgile ou d'Horace, et de dépenser la partie controversante, je dirais presque haineuse de l'âme, à des sujets qui ramenoient sans cesse aux beautés de ces poëtes. J'eusse prouvé alors que tout le monde avoit tort dans l'emplacement qu'on donne au fleuve Numicus.

---

(1) Voyez, par exemple, dans le dixième Livre, la mort de Camille.

Labitur exsanguis ; labuntur frigida lætho
Lumina ; purpureus quondam color ora reliquit.
        Tum frigida toto
Paulatim exsolvit se corpore, lentaque colla
Et captum lætho posuit caput, arma relinquens.

Les uns le font couler près d'Ardea, les autres, appellent Numicus le ruisseau du moulin de Pratica, autrefois Lavinie.

Ce fleuve n'existe plus, mais Virgile existe encore, et il est important de ne pas lui prêter des absurdités.

Qu'on se place un moment au temps où il n'y avoit point de carte, au tems où l'Océan, comme une vaste ceinture, entouroit la terre, recevant chaque soir les astres dans son sein. Enée arrive dans l'embouchure d'un fleuve inconnu, il aborde sur une terre inconnue, que les Dieux ne lui font connoître que par un mot de son fils Jule, sur les gâteaux qu'ils venoient de manger ; c'étoit là sa carte. Comme dans cet univers de merveilles, tout devoit avoir de l'intérêt pour des hommes enfans ! On va reconnoître le pays le plus voisin, tous les objets qu'on rencontre sont inconnus. Les Troiens et les Latins parloient grec, on apprend que ce fleuve s'appelle le Tibre, cette ville, que l'on pouvoit voir au-delà du lac, s'appelle Laurente, cet autre fleuve, Numicus. On pouvoit voir tous ces objets à-peu-près depuis le camp.

Postera, cum prima lustrabat lampade terras
Orta dies, urbem et fines et littora gentis

Diversi explorant. Hæc fontis stagna Numici
Hunc Thybrim fluvium, hic fortes habitare Latinos.

Et l'on veut que les Troiens ayent le même jour, *postera die*, couru au-delà du pays des Latins, chez les Rutules, demander le nom d'un petit ruisseau presqu'invisible ! Le Numicus étoit sans doute entre Laurente, le Tibre et le marais, au bas des collines, car toujours Virgile, en parlant du Numicus, parle aussi du Tibre.

Hæc fontis stagna numici, hunc Thybrim fluvium.

Et ailleurs :

Qui saltus Tyberine tuos sacrumque Numici
Littus erat.

Ou bien : Apollon ordonne qu'on aborde sur les rives du Tibre et du Numicus.

Jussisque ingentibus urget Apollo
Thyrrhenum ad Thybrim, et fontis vada sacra
(Numici.

Toujours le Tibre est réuni au Numicus, et toujours le Numicus l'est au marais.

Enée, dit-on, fut noyé dans le Numicus, qui formoit un petit lac; apparemment une flaque du marais d'Ostie ?

Les Vestales, dit sérieusement Servius, avoient épuisé le Numicus, dont les eaux étoient consacrées au culte de Vesta. Mais les sources disparoissent sur le sol volcanique plutôt qu'ailleurs.

PROMENADE
AUX RUINES DE L'ANCIENNE OSTIE.

Rien de plus remarquable que les petites collines que l'on rencontre en allant du côté de l'ancienne Ostie. La plupart sont entièrement couvertes de gazon, et j'avoue que je ne me doutois pas alors, que ces collines fussent des palais ou des rues, que le tems et la terre ont couverts de leur ombre.

En approchant davantage des ruines de la ville même, les murs, et des restes de forme de bâtimens percent à travers la terre, ou s'élèvent au-dessus de sa surface. La plus grande ruine qui soit hors de la terre, s'appelle la Tour-brisée. Ce sont les restes d'une maison ou d'un temple, où l'on distingue encore deux fenêtres, et une niche entre deux pour y placer une statue ; car il y avoit des statues partout, et le peuple de marbre devoit presqu'égaler en nombre celui des habitans. Les fondemens de beaucoup de bâtimens et de tous les temples étoient voûtés, et le soin qu'avoient les Romains d'écarter l'humidité de leurs maisons, mériteroit d'être imité par les modernes. Les dépenses qui, servent à garantir l'homme des maux physiques semblent de première nécessité. Les Romains sont de tous les peuples celui qui a porté le plus loin ce luxe de santé, le plus raisonnable de tous, que les modernes négligent également dans leur manière de se vêtir, de bâtir et de vivre, préférant l'ennui, les maladies et le vide de l'âme, à un corps sain et à une âme pleine de vie et de jouissances. Nous n'avons, ni l'usage régulier des bains, ni celui des exercices du corps; nous dédaignons dans nos climats froids, les soins que les Romains prenoient dans le plus beau climat de l'Europe, pour jouir à la fois de l'air et d'une température constante, par le moyen des tuyaux de chaleur. Nous enlaçons notre âme dans mille petits liens factices, qui en empêchent l'essor, et, sacrifiant partout l'être au paroître, nous parvenons enfin à dépouiller la vie de la réalité même. Telles étoient les réflexions que je faisois en allant au lieu où les galériens, semblables aux anges qui doivent ranimer un jour la poussière des morts, fesoient sortir de terre des Dieux et des héros de marbre, ensevelis depuis tant de siècles. Rien de plus intéressant que la résurrection de ces hommes et de ces Dieux, avec lesquels nous avons passé notre enfance.

La plupart des murailles de ce que nous appelons rez-de-chaussée, ou souterrain, sont parfaitement conservées, et l'intérieur les chambres est d'une sécheresse remarquable. Là, chaque poignée de terre contient quelque fragment d'antiquité ; j'y ai trouvé du verre, et des verres de vitres changés en nacre de perle du plus grand éclat, qu'un souffle dissipoit en poussière ; des débris de vases, quelquefois d'une grande beauté ; les amphores brisées sont ce qu'il y a de plus commun dans ces fouilles.

L'architecture des anciens ressembloit peu à la nôtre. Ils avoient une quantité de petites chambres, et les beaux appartemens bâtis en rotonde, (comme on peut le voir au mont Palatin) ne recevoient de jour que par en haut. Sans doute qu'il faut chercher la raison des petites chambres, dans les mœurs de l'ancienne Rome, et de toute la Grèce, où les hommes étoient tout le jour dans la place publique. Ce que nous appelons *assemblées* étoit inconnu aux anciens, et les femmes vivoient retirées dans leur *gynécée*. Jusqu'au temps des Césars, il étoit dangereux d'avoir une belle maison à Rome ; et l'envie, passion dominante dans les républiques, avoit appris aux Romains à rechercher dans leurs bâtimens plutôt l'utilité que l'éclat extérieur. Mais ces mêmes mœurs produisirent la magnificence dans les bâtimens publics ; et cette architecture simple et sublime, à laquelle il faudra toujours revenir.

Un bon observateur qui suivroit le travail des fouilles, trouveroit à faire des observations utiles sur la manière dont ces bâtimens sont enterrés. Je suis persuadé qu'une étude suivie de ce genre de mine, enseigneroit à deviner l'architecture des palais enterrés, et les places où l'on pouroit espérer des richesses, c'est-à-dire des statues. Tous ces travaux faits par des esclaves, dirigés par un paysan Napolitain devenu caporal, et surveillés par quelque homme de Lettres de Rome, peu observateur, et qui ne va à Ostie que le moins possible, se font sans intelligence.

Quand on réfléchit au nombre prodigieux de ruines qu'il y a sur cette côte occidentale de l'Italie, on ne désespère pas entièrement d'y trouver un jour le plus grand des trésors, celui des productions de l'esprit des anciens. Et pourquoi, parmi tant de chances de conservation, renoncer à l'espérance de trouver des manuscrits dans ces vastes décombres ?

Pour favoriser les artistes vivans, l'on a défendu à Rome l'exportation des antiques, qui faisoient concurrence aux modernes. L'idée d'arrêter ou de pousser l'industrie par des prohibitions d'importation ou d'exportation, est une des premières idées qui se présente ; cependant pour faire bien aller une montre, il ne suffit pas d'en avancer ou reculer l'aiguille avec le doigt ; c'est dans son ensemble qu'il faut chercher sa perfection. On devroit, à Rome, étudier l'art d'excaver les antiques, et favoriser cette exploitation plus riche que celle d'aucune mine de l'Europe.

Il y a un métier profitable à Rome, assez inconnu ailleurs, c'est celui de restaurateur de statues; rien de plus singulier que ces atteliers de restaurateurs, on y marche sur des corps brisés et mutilés, la terre y est jonchée de membres comme un champ de bataille : là sont des amas de têtes, la plupart sans nez, ici des troncs mutilés, là des bras ou des jambes cassées. Plus loin des corps, réunis par l'artiste, semblent revivre sous les mains du rhabilleur; le Consul reprend sa gravité, Pallas sa fierté, Vénus ses graces, et Jupiter ses foudres. La création achevée, arrive l'heure du baptême ; tel, dit-on, sera Brutus, tel autre Scipion, Jules César ou Agrippine, et tous s'en vont avec des nez, des bras et des jambes d'emprunt, mais avec des noms illustres. Nous connoissons si peu la physionomie des grands hommes, qu'il y a controverse parmi les antiquaires pour savoir si un des plus fameux Cicérons n'est pas un Marius. Mais ces statues, une fois vendues et placées, acquièrent un nom, comme les madonnes arrivées dans leur niche acquièrent une renommée, qui bientôt les élève au-dessus de tous les traits de la médisance. Ce métier de restaurateur devroit être encouragé. Leur ouvrage peut bien nuire aux artistes médiocres ; mais un Canova redouteroit à peine la concurence d'un Phidias, et pourvu que l'homme de génie s'élève, qu'importe à l'état en quel endroit les Dieux que l'on vend à Rome ont pris leurs membres ? Les fouilles sont très propres à faire fleurir l'art du restaurateur par le grand nombre de statues mutilées que l'on y trouve. Et le restaurateur feroit fleurir à son tour l'art des fouilles, en rendant, pour ainsi dire, la vie à tant de membres inutiles.

L'énumération et la description des objets précieux de l'art, trouvés à Ostie, feroient le sujet d'un ouvrage. On y a trouvé deux têtes peintes en fresque, parfaitement conservées, ce qui prouve l'art des anciens de préserver leurs bâtimens de toute humidité. J'ai vu chez le restaurateur Franzoni, un grand nombre de divinités égyptiennes, trouvées à Ostie. L'affreux Myrtha fut trouvé à cinquante palmes sous terre ; sans doute que le culte de ce Dieu de destruction se faisoit dans les ténèbres. Un énorme Priape, avec des aîles étendues, n'étoit pas la divinité la moins fêtée par ces maîtres du monde, condamnés par leurs richesses excessives, à tous les vices avilissans.

Rien de plus affreux que la représentation des Dieux de ces Romains, dépravés par l'empire du monde. Ces hommes, dégoutés du beau par la satiété des plaisirs sensuels, préféroient les Dieux égyptiens ou Persans, à tête de tigre ou de chien, enveloppés de serpens, ou rongés par des scorpions dans les sources de la vie, à tous les Dieux de Phidias ou de Praxitèle. Le sentiment du beau suppose un calme dans l'âme, une harmonie dans les sensations, qui ne semblent donnés qu'à la vertu. La ligne des désirs et des sentimens naturels une fois dépassée, il n'y a plus au-delà que confusion, et le flambeau du beau s'éteint avec la vigueur des sens et avec cette harmonie de l'âme, sans laquelle il n'y a plus ni beauté ni vertu.

La manière de fouiller à Ostie est à la fois couteuse et peu utile. Il faudroit employer des machines, des grues, par exemple, pour sortir les terres, qui ensuite serviroient à la culture; les tuiles payeroient une partie des frais ; et il faudroit lever le plan de chaque bâtiment, et ensuite celui des villes ; rien de tout cela ne se fait

Les ruines les mieux conservées sont près du fleuve. On y distingue des collines en demi-cercle, qui semblent indiquer de grands portiques ou des magasins. Il ne paroît pas que depuis dix-sept ou vingt siècles le Tibre ait élevé ses bords dans cette partie de son rivage. Les murs bâtis sur le fleuve lui ont sans doute servi de digue. Des excavations profondes, faites près du rivage, sans y trouver de l'eau, prouvent que l'argile mêlée au sable du Tibre forme un fond impénétrable à l'humidité

Je fis connoissance avec le caporal inspecteur des fouilles; cet homme né à Aquila dans les hautes montagnes du royaume de Naples, où la neige se conserve toute l'année sur les points les plus élevés, avoit présidé pendant trente années à toutes les fouilles qui se sont faites sur ce rivage. Cet homme plein de sens venoit au printems faire sa campagne d'Ostie, et s'en retournoit en été dans sa patrie. Je lui demandai pourquoi il préféroit cette vie de galérien à la vie saine et libre qui l'attendoit dans ses montagnes. Il me répondit, qu'obligé à payer les impôts dans un pays sans argent, il falloit, pour conserver sa propriété, en aller chercher ailleurs. C'est le cas de mille journaliers, qui viennent trouver la mort à Rome, plutôt que de faire naître l'argent chez eux par l'industrie qu'ils y feroient fleurir. Mais les mauvaises habitudes des Etats, ne se corrigent pas mieux que celles des particuliers.

Cet homme intelligent et honnête me fit connoître mieux que personne l'immensité des mines, et des richesses de l'art enfouies sur cette côte. Il me fit voir que chaque élévation de terrain, que j'avois prise quelquefois pour de petites collines, étoit un monceau de ruines, souvent couvert par le gazon. J'eus un plaisir infini à m'entretenir avec lui. J'ai toujours senti que l'habitude de chercher l'homme sous toutes les formes étend infiniment nos jouissances sociales. L'idée étroite que l'on ne peut vivre qu'avec une seule classe d'hommes, cette sécheresse de l'âme, qui ne sait reconnoître les idées et les sentimens d'autrui que sous une seule forme, est la marque infaillible d'une âme étroite. Le fruit le plus beau de l'amour des sciences est de nous inspirer de l'intérêt pour tout ce qui en mérite, et de nous attacher par cet intérêt même à tous les hommes, à toutes les classes, et à toutes les nations...

Je m'arrêtai, pour voir la vue, sur une des ruines les plus élevées, proche du Tibre. Je vis de loin l'embouchûre du fleuve, et au-delà la mer. Le cours du Tibre depuis là où j'étois, jusqu'à la mer, n'est point droit, comme il est indiqué dans les cartes, mais tortueux. Les rivages nuds sont presque sans oiseaux : cependant l'air étoit comme rempli du chant de l'alouette, de ce chant qui, des bords de la Méditerranée jusqu'à la mer glaciale, charme le voyageur, et semble remplir d'harmonie l'immensité et la solitude des Cieux.

Je me rappelai l'arrivée d'Enée sur ce même rivage, et les épaisses forêts qui bordoient le fleuve, enfin, ces oiseaux.

Variæ circumque supraque
Assuetæ ripis volucres et fluminis alveo
Æthera mulcebant cantu, lucoque volabant.

C'étoit le temps du passage des étourneaux, dont les troupes nombreuses voltigeoient devant moi, sur le peu de buissons qui restoient encore, ou bien se promenoient gravement sur le gazon. Les autres habitans des bois avoient disparus avec la forêt, et ce sol des tyrans du monde sembloit frappé d'une mort universelle.

Il y a sur le Tibre des magasins de sel abandonnés avec les salines, et ce genre de fabrique de première nécessité, assez facile pour ne pas échapper à Ancus Martius, est échangé aujourd'hui contre le monopole d'une société de marchands qui font venir le sel de Drepani.

Les rues d'Ostie sont déssinées sur le terrain par des files de collines qui se suivent avec régularité, et sont particulièrement visibles le long du fleuve. Le gouvernement auroit dû faire lever le plan d'Ostie. Mais Rome, qui ne vit que de ruines, n'a jamais saisi l'esprit de son commerce.

LE DÉBARQUEMENT DE TARCHON.

A Ostie nous traversâmes le bras gauche du fleuve pour passer à l'Isle-d'Apollon, appelée Isola-sacra. Pour arriver à un petit bateau de pêcheur qui devoit nous passer, il fallut descendre le bord escarpé du fleuve, et je comptai douze pas sur ce talus ferme, quoique sâbloneux, qui conduisoit au bateau.

Ceci rend sensible le tableau du débarquement des Etrusques qu'Enée venoit d'amener au secours des Troiens. L. X. v. 287.

Je ne sais si le passage suivant a été compris par Servius, dont l'autorité est irréfragable quand il est question de langue latine, mais qui ne s'étoit jamais avisé de prendre la nature même pour interprète de Virgile.

> Interea Eneas socios de puppibus altis
> Pontibus exponit.

Il paroît que chaque vaisseau, ou chaque division, cherchoit à aborder à sa manière. Enée, comme plus avisé, et plus savant dans l'art de la guerre, débarque ses troupes sur des ponts qui, depuis les vaisseaux, alloient au rivage.

> Multi servare recursus.
> Languentis pelagi, et brevibus se credere saltu.

D'autres mieux avisés guétoient le moment où la vague se retiroit afin de s'élancer dans les lieux où ils pouvoient sans danger, escalader le rivage.

> Per remos alii.

D'autres se glissoient par dessus les rames dont le bout touchoit le fond. Il est absurde de croire que les Etrusques se soient servis de chaloupes pour faire deux ou trois pas. Avoient-ils des chaloupes ?

> Speculatus littora Tarchon
> Quo vada non spirant, nec fracta remurmurat unda.
> Sed mare inoffensum crescenti allabitur æstu,
> Advertit subito proras, sociosque precatur;
> Nunc, o ! lecta manus validis incumbite ramis,
> Tollite, ferte rates, inimicem findite rostris
> Hanc terram, sulcumque sibi premat ipsa carina.

Tarchon, comme marin, choisit au contraire les places où l'eau profonde n'est pas agitée, comme le sont toujours les bas-fonds, et où il pouvoit espérer de pénétrer à force de rames à travers les sables, jusqu'à toucher le haut du rivage avec la proue. Il faut observer que les Troiens avoient choisi la marée montante pour entrer dans le Tibre, qui, quoique peu sensible dans la Mediterranée, ne laisse pas de l'être un peu.

Il n'y a rien de plus prosaïque que de lire *quo vada non sperant*, au lieu de *spirant*. *Spirant* peint le mouvement de l'eau, et *sperant* ne peint rien. Ce qui rend souvent la poésie françoise prosaïque, c'est qu'au lieu de peindre un objet, elle saute tout-à-coup de l'objet, à ce qui se passe dans l'âme du spectateur ou du poëte. Le secret de l'art est de nous transporter entièrement dans l'objet dont on nous occupe, de nous identifier avec lui. Les retours continuels sur nous-mêmes sont froids, et divisent, c'est-à-dire anéantissent l'intérêt. En poésie comme en morale, la réflexion et les retours sur nous-mêmes sont la mort de l'imagination et du sentiment exalté.

Le *nec fracta remurmurat unda* prouve encore mieux qu'il faut lire *spirant*; cette conjonctive qui lie des idées hétérogènes seroit tout-à-fait déplacée.

Plus bas (au vers 362. L. X.) Virgile dit que les pierres roulantes, ou des rochers, avoient empêché les Arcadiens de combattre.

At parte ex alia, qua *saxa rotantia* late
Impulerat torrens, arbustaque diruta ripis
Arcadas, insuetos acies inferre pedestres
Ut vidit Pallas Latio dare terga sequaci.

Le Tibre n'a jamais roulé des rochers ; je ne sais ce qu'il peut avoir fait dans de grandes inondations, mais je n'en ai jamais trouvé dans le talus de ses bords escarpés. Il me semble que son cours tortueux, et l'égalité de sa pente, rendent absolument improbable qu'il ait charié de grandes pierres. Du moins, n'en ai-je jamais apperçu aucune, ni dans les vides de son lit, quand ses eaux étoient basses, ni autour de son rivage, et dans cette course à Ostie et Pratica, dans un espace de près de soixante milles, je n'ai pas apperçu une seule pierre qui n'eut été apportée par les hommes, ou détachée de quelque rocher volcanique très voisin.

L'invraisemblance de cette partie du récit que Virgile fait du combat donné au débarquement de Tarchon, n'est appercevable que pour le peu de physiciens qui peuvent avoir été sur les lieux. Elle n'est d'aucun effet dans le tableau, et sans la lithologie dont on s'occupe maintenant, elle eut sans doute échappé à tous les yeux.

L'ILE SACRÉE D'APPOLON.

Le Tibre peut avoir, à l'ancienne Ostie, la largeur du Rhin à Bâle. Il n'est pas moins rapide que le Rhin, mais il n'a pas, comme ce fleuve des Alpes, des eaux cristallines ; au contraire, toujours bourbeux, il couvre le fond de son lit mystérieux, d'une nuit éternelle. Il étoit profond là où je l'ai passé, car une rame de dix pieds de longueur n'en pouvoit atteindre le fond que très près du rivage.

Des pêcheurs nous avoient passés à l'autre bord, où j'apperçus quelques ruines enterrées, apparemment les restes d'un pont. Mais comme ce fleuve dépose sans cesse, il recouvre aussi ce qui peut se trouver sur le talus de ses bords.

L'île sacrée qui peut avoir trois quarts de

lieue de large, sur une et demi de long, n'est qu'une plaine sabloneuse, mêlée d'argile, formée entièrement des dépôts du fleuve; elle appartient à un négociant de Rome, connu par sa bienfaisance et ses vertus. Pour aller à Porto il fallut la traverser dans sa plus grande largeur. Non loin du rivage nous apperçumes une misérable cabane de pêcheurs, qui fut, avec l'habitation du vacher, près de Porto, le seul bâtiment que nous vîmes sur toute notre route. On me dit que plus bas il y avoit encore quelques cabanes de bergers. L'île est presqu'entièrement dénuée d'arbres.

Le sol de l'île étoit couvert de marguerites blanches, de coquelicots rouges, et surtout d'asphodèles, plante bulbeuse, haute de trois piés, dont l'île est presqu'entièrement couverte. Cette belle plante, qui porte une tige et des fleurs semblables à la hyacinte, n'est d'aucune utilité pour le bétail qui n'y touche jamais, ses fleurs inodores, blanches et rayées de rose, sont d'un bel effet. Une variété de cette plante est, dit-on, le fameux *moly*, donné à Ulysse par Mercure pour se garantir des charmes avilissans de Circé.

On assure que les oiseaux de passage, à leur retour d'Afrique, portent quelquefois des graines, et par elles des plantes étrangères dans cette île. Je ne sais ce qui en est, mais je ne doute pas que cette côte, où tant d'oiseaux de passage abordent chaque année, et qui jadis, fut couverte de jardins, ne contienne des plantes rares.

J'ai pris quelques informations sur les oiseaux de passage, et voici le résultat de mes notes. La grue (1) ouvre la marche des oiseaux voyageurs; après les grues viennent les oies sauvages, puis les étourneaux, arrivés cette année vers le vingt-sept de mars. L'hirondelle aborde au commencement d'avril; viennent ensuite en été les rois de caille, et peu après les cailles. En octobre passent les grives ; les ramiers (palumbé) ferment la marche.

Les habitans d'Ostie avoient consacré à Apollon cette île alors petite, mais que le fleuve agrandit sans cesse. Deux ponts sur les deux bras du fleuve la réunissoient à Ostie et à Porto, dont elle étoit sans doute comme le fauxbourg. C'étoit dans cette île sacrée que l'on fêtoit chaque cinquième année les jeux *portumaux* ou *Appollinaires*,

---

(1) Je trouve au lieu de grues, des cygnes dans mes notes. Je ne sais qui a raison de mes hôtes ou de ma mémoire. Je laisse ce point à éclaircir aux voyageurs qui me suivront.

par des combats de lutte ou de pugilat, et par des courses à pied, à cheval, en chariots à deux ou à quatre chevaux, ou en bateaux sur les eaux du fleuve. Apollon même avoit dans l'île un temple fameux.

L'ARCHITECTURE DU SIÉCLE D'OR DE SATURNE.

L'archiprêtre d'Ostie, chez lequel nous avions passé la nuit, avoit pris la fièvre et avoit quitté à la hâte sa demeure empestée. Nous ne pouvions compter que sur notre panier de provisions, et nous ne savions encore où passer la nuit. Pour épargner nos vivres, nous demandâmes du lait, et ce fut un grand hazard d'en trouver sur cette côte abandonnée, comme nous eûmes occasion de le remarquer dans la suite.

Nous vîmes bientôt à l'autre bout de l'île des troupeaux de vaches, et tout auprès une maison de berger très-élevée, bâtie en rotonde sur des ruines, et un laitier arrangé dans une voute antique souterraine, probablement les restes du temple d'Apollon.

Nous entrâmes dans la maison des bergers, que nous trouvâmes en foule assis autour d'un feu fait dans le centre du bâtiment, immédiatement sous l'ouverture circulaire du toit. Ce bâtiment singulier étoit une rotonde d'environ soixante pieds de diamètre, pavée de pierres plattes prises dans les ruines du temple. Une parois circulaire de huit à neuf pieds d'élévation étoit tapissée de lits pour cinqante bergers, au-dessus de chaque lit étoient des planches pour y poser le peu d'effets des habitans de la cabane. Le toit de roseaux appuyé sur la parois étoit un cône tronqué, de quarante ou cinquante pieds d'élévation au-dessus du pavé.

Je décris en détail cette cabane, parce que je suis persuadé que sa forme est de la plus haute antiquité, et la même que celle que Virgile avoit dans l'esprit dans ces deux passages. L. IX. v. 388. *stabula alta Latinus habebat.* L. VII. v. 512. *ardua tecta petit stabuli*, par *stabulum*, j'entends la demeure des bergers, il n'est pas probable que l'on eut tenu alors les troupeaux enfermés. Virgile ne donne pas des épithétes oiseuses, et comment expliquer ces *toits élevés* qu'en admettant, ce que nous voyons dans tous les pays, que la forme ancienne des bâtimens rustiques s'étoit conservée chez les Romains.

Ces mêmes rotondes se trouvent tout le long de cette côte, et il est à présumer que c'est là la forme des bâtimens (1) la plus antique. Le grand roseau (arundo donax), qui croit dans le Latium, et qui sert à tant d'usages, étoit un toit frais, léger et commode, qui ne coutoit que la peine de le placer, et que l'on pouvoit recouvrir de paille. Dans les climats chauds on aime les toits élevés, on aime la fraicheur et l'obscurité; Or cette forme de cabane réunissoit tous ces avantages. On conçoit qu'une nation simple et ignorante dans les arts, ait pu atteindre aisément à cette forme d'architecture, que l'on pouvoit faire avec de la ramée et des roseaux.

Il est inconcevable combien l'homme, qui semble aimer le changement, invente peu; il faut des efforts de méditation pour faire un seul pas dans une carrière nouvelle, et les nations ne font jamais ce pas que forcées par la nécessité. La charrue du Latium d'aujourd'hui, est la même qu'il y a deux mille ans. L'architecture de tous les pays est la

---

(1) J'ai vu ensuite dans une autre cabane, bâtie sur le même modèle, un double fond, ou une double parois concentrique, entre lesquelles on conserve le peu de provisions que l'on a. D'autres ont un avant-toit à l'entrée, ou espèce d'atrium, c'est-à-dire, un toit posé sur quatre appuis de bois.

forme primitive des cabanes, agrandies, développées et embellies, mais c'est toujours l'idée primitive qui domine partout. Les Scandinaves avoient une manière de bâtir dont on retrouve des vestiges dans quelques maisons longues et étroites de Copenhague, et cette forme primitive est d'ordinaire déterminée par les matériaux que l'on a sous la main, ou par le modèle que l'on cherche à suivre. Les cavernes volcaniques donnèrent sans doute l'idée de la voute, les roseaux apprirent aux habitans du Latium à bâtir les rotondes, et il n'est pas hors de toute vraisemblance que la forme superbe du palais des Césars ne soit une suite de l'architecture des anciens pâtres du Latium.

Si vous voulez voir, dit Ovide, les palais de nos premiers Rois, voyez nos cabanes de chaume et de roseaux.

Quæ fuerit nostri si quæris regia nati
Aspice de canna straminibusque domum.

Ovidi fast. K. III. v. 179.

LA LAITERIE DE L'ISLE D'APOLLON.

Nous avions demandé du lait, le chef des bergers (Capo Vaccaro) nous invita à passer dans sa maison de pierre, bâtie à la moderne, et placée près de la cabane : ce berger est ce que Tite-Live appelle *Magister pecoris*; le nôtre nous rappella le bon Faustulus, il eut certainement recueilli Romulus et Remus s'il eut trouvé ces enfans sur les bords du fleuve.

Le lait et le beurre étoient excellens, il nous servit du pain venu de Rome, avec une cordialité et une bonté rare. — Quand je voulus le payer, il se trouva blessé de mon offre, je voulus tenter un des maîtres valets qui étoit de la maison, et qui me refusa de manière à n'y plus revenir. J'allai chez les bergers ou ouvriers de la cabane, qui acceptèrent avec reconnoissance.

Le troupeau de ce gouverneur de bétail consistoit en deux cent cinquante vaches à lait, dont le produit est employé à faire du beurre. Le berger fut fort étonné d'apprendre qu'avec du lait écrêmé l'on pouvoit faire d'assez bon fromage, et il fut encore plus surpris de ma question sur la proportion du lait au beurre, tant les idées les plus utiles et les plus simples manquent partout. Il nous dit que dans la bonne saison une vache donnoit cinq fogliettes, (à peu près deux bouteilles brunes) de lait par jour.

On trouve aussi un *fiume morto* ou ancien lit du Tibre dans l'île sacrée. Un naturaliste qui séjourneroit chez le bon Faustulus, pourroit donner l'histoire naturelle du fleuve, et peut-être enrichir la botanique de plantes rares ou nouvelles.

PORT-TRAJAN, AUJOURD'HUI PORTO.

La cabane élevée dans l'île d'Apollon, est proche du Bac sur lequel on passe le petit bras du fleuve. Ce bras droit n'a guère plus que le tiers de la longueur du bras gauche; mais il est droit, rapide, et plus profond que le grand fleuve. L'ensablement de la grande embouchure, et l'importance toujours croissante d'un port, avoient fait bâtir Port-Trajan, qui succéda à Ostie. La petite ville de Fiumicino, bâtie à une demi-lieue au-dessous de Port-Trajan, tient à son tour la place de cette seconde ville; on pourroit l'appeler la troisième Ostie. Aujourd'hui la navigation est toute concentrée dans ce petit bras, à cause des bancs de sable du grand fleuve.

Déjà Jules César avoit formé le projet d'un port qui avoit toujours manqué à Ostie. On ne sait si ce fut Claude ou Trajan qui fit creuser le grand bassin, mais il est à croire que Trajan acheva ce que Claude avoit commencé.

L'on vend à la chalcographie de Rome un plan de Porto, mais ce plan fait à plaisir, ne me paroît mériter aucune confiance.

J'y vois seulement deux ports, l'un extérieur, et l'autre intérieur. Du temps de Trajan la grandeur de l'Empire romain étoit à son comble, et les villes d'Ostie et de Porto dans toute leur splendeur. Dans une inscription trouvée au quinzième siècle, il est parlé du Forum de Porto, d'un tribunal bâti en marbre, d'un temple de Vulcain, d'un temple de Vénus, d'un autre de Cérès, d'un de la Fortune, et d'un chemin pavé. Tous ces ouvrages, dit l'inscription, avoient été faits à neuf, ou embellis ou réparés au frais de Publius Lucilius Gamala, à qui la ville de Porto sa patrie, en reconnoissance de ces bienfaits, avoit fait élever deux statues, l'une de bronze et l'autre dorée. Cette munificence étoit encore un reste de l'esprit public, elle prouve la richesse de Gamala, et la beauté de la ville. Un puits trouvé depuis peu, étoit orné de bas-reliefs représentans l'histoire de Narcisse, de la plus grande beauté ; ces bas-reliefs ont fait trouver l'eau du puits, dont on se sert encore, et qui est excellente. On a trouvé à Porto une quantité de belles statues, une Pallas du plus beau style, et une Hygiéne dont la description n'entre pas dans le plan de cet ouvrage.

Je n'ai vu à Porto que le port intérieur, c'est un petit lac assez profond, d'environ un quart de lieue de diamètre. Ce bassin autrefois pentagone, paroît rond, parce que les angles en sont comblés : L'entrée de ce port a été invisible pour moi, de même que la mer. Quelques ruines, et un arc assez pittoresque, peut-être les restes d'un aquéduc ou les ruines de la campagne de Messaline (1), sont auprès du petit lac. A un quart de lieue de distance du port on voit de beaux restes d'un temple d'Hercule. Le paysage près de Porto est une solitude assez agréable, c'est une plaine immense, où quelques ruines rougeâtres s'élèvent sur un beau tapis verd. A quelque distance de Porto l'on voit les *campi salini*, peut-être les salines des Veïens; un demi-cercle de montagnes bleuâtres, qui semblent toutes contiguës, encadre la vaste et solitaire plaine de la campagne de Rome.

DES CAPUCINS PRÉDICATEURS.

La belle ville de Port-Trajan n'est plus aujourd'hui qu'une maison de fermier, auprès de laquelle il y a une petite église. C'étoit quand j'y passai je ne sais quel jour de fête; les ouvriers de tous les environs étoient

---

(1) On a trouvé près de l'arc environ cinq mille livres de tuyaux de plomb, avec le nom de Messaline.

au prône. Un capucin préchoit, je ne puis jamais résister en Italie à un prêche de capucin : j'y allai. Devant la porte de l'église une assemblée nombreuse de chiens étoient mollement couchés sur le gazon.

On cherche la connoissance des anciens trop exclusivement dans les monumens de pierres et dans les livres. Elle est partout où l'on sait observer la nature des hommes et des choses, qui est toujours la même à Rome depuis deux à trois mille ans.

L'éloquence de la chaire, surtout l'éloquence populaire des capucins, peut mieux qu'aucun livre, nous expliquer comment les anciens orateurs pouvoient se faire entendre à un peuple nombreux, quelque fois bruiant et agité.

La pantomime d'un capucin est le miroir de son discours, ses mouvemens suivent ses paroles, phrase par phrase, tandis que l'orateur du Nord détache seulement quelques gestes isolés. Dans un sermon sur les perfections de S.ᵗ Joseph, le prédicateur indiquoit jusqu'au son de voix du petit Jésus, de la vierge, et de S.ᵗ Joseph, et ses gestes étoient une pantomime continuelle, parfaitement adaptée aux personnages qu'il mettoit en scène.

Trois choses qui nous manquent, rendoient

les orateurs romains intelligibles à une foule immense. La musique du rhythme, l'abondance des mots presque synonimes, que nous ne pouvons méconnoître dans Ciceron, enfin une pantomime, qui comme une basse continue, indiquoit sans cesse le mouvement et la marche de la parole.

J'avoue qu'il me faut faire quelqu'effort pour suivre sans distraction dans les pays du Nord un prédicateur médiocre, tandis que je suis entraîné par un capucin Italien. Quand je n'entends pas ses paroles, le son de sa voix et son rhythme m'apprennent à peu près ce qu'il a dit; quand deux ou trois mots m'ont échappé, le quatrième m'a tout appris; et quand je n'ai rien entendu, j'ai tout vu dans ses gestes.

Un prédicateur romain, voulant rendre sensible par une image l'endurcissement d'un pécheur qui attend l'instant de sa mort pour se convertir, le comparoit à un passager endormi dans un vaisseau. La navigation commence par être heureuse, bientôt la tempête se lève et le pécheur ne s'éveille qu'au moment d'être englouti par les flots. Le développement de cette image, la peinture de la mer, du ciel d'abord serein, puis noirci par l'orage, le mouvement du vaisseau, le flottement des voiles, des cordages agités par la tempête etc., employa le tiers du sermon. C'étoit une allégorie ou la langue harmonieuse du moine et le fracas des phrases italiennes étoient à leur véritable place. A la fête des morts, la peinture des feux du purgatoire, dont une seule goutte contenoit la chaleur entière du Mongibello, dura plus d'un quart d'heure. Ces feux du purgatoire avoient fait une telle impression sur moi, que durant tout le sermon, je ne voyois que des fournaises ardentes, et de malheureuses ombres tourmentées dans les flammes. Un prédicateur des pays du Nord se seroit contenté d'une comparaison ; il falloit une allégorie aux sens de l'habitant du Midi.

Il y a chez tous les hommes cultivés, une éloquence commune à toutes les nations, qui ne nous apprend rien sur le caractère individuel d'aucune : C'est à l'éloquence populaire à nous révéler les secrets de la nature.

Il y a cette différence entre l'éloquence des pays septentrionaux et l'éloquence des pays du Midi; que l'habitant du Nord descend du principe à l'image, tandis que l'habitant du Midi, s'élève de l'image au principe. C'est que chez les habitans des pays méridionaux les sens dominent toujours, tandis que l'habitant du Nord, moins dominé

par

par les sensations a le principe plus présent à l'âme (1).

Il y a entre les religions dominantes de l'Europe la même différence que j'observe ici entre ses prédicateurs. La religion catholique semblable au langage allégorique, passe des sens aux principes, tandis que dans les religions des pays du Nord, les principes dominent sur les images.

La religion des Grecs et des Romains étoit tellement en images, qu'elle n'étoit que cela; c'étoit la religion naturelle de l'homme enfant ou tout au plus adolescent. Elle devoit naturellement passer avec l'époque de l'enfance humaine. Pourquoi Homère fournit-il sans cesse et presqu'exclusivement depuis trois mille ans des sujets à la peinture et à la sculpture? C'est que ses images parfaitement développées sont comme vivantes, tandis que les poëtes modernes ne font tout au plus que des demi-reliefs. Leurs images ne sont

---

(1) La nécessité de parler en images pour arriver aux principes, prouve bien que les idées générales, les notions, tiennent psychologiquement aux idées sensibles. Si les idées abstraites étoient d'une autre origine, d'une autre nature que les idées sensibles, ce rapport intime entre l'image et le principe, et cette chaîne qui les lie, existeroit-elle chez toutes les nations?

H

jamais entièrement détachées du fond, jamais séparées des idées générales, ou des idées étrangères, ou des retours sur eux-mêmes.

Telle est la marche générale de l'esprit humain. Le premier langage étoit une espèce de musique, d'où nous avons tiré quelques sons isolés pour en faire des *mots*. La première écriture étoit une peinture grossière, dont nous avons détaché quelques traits pour en faire des *hyéroglyphes*, puis un alphabet. Le geste des premiers orateurs étoit une pantomime dont nous avons emprunté quelques mouvemens isolés, qui suffisent aux raisonnemens abstraits, qui ont succédé aux images des premiers orateurs. Partout l'homme a commencé par les sens pour s'élever indéfiniment à la connoissance des choses, et passer delà aux principes.

Je ne puis pas m'empêcher de parler ici d'un sermon qui se tient les Dimanches dans l'arène de l'amphithéâtre de Rome, où un moine fait le catéchisme à une troupe de jeunes mendians demi-sauvages. Rien de plus pittoresque que cette scène au milieu des ruines du collisée, ou des troupes de polissons, groupés comme des singes, expriment par des grimasses leur manière bisarre de saisir la théologie du moine. Un jour le moine leur ayant dit, qu'il falloit avoir la crainte de

Dieu, ils déclarèrent tous : qu'ils n'avoient peur que du Diable. Le maître se fâcha ; mais les polissons soutinrent que, puisque Dieu ne faisoit de mal à personne, ils ne le craignoient point. Des scènes semblables arriveront partout où l'on s'écartera, dans l'enseignement de la sublime simplicité de la Religion et de la morale.

VOYAGE D'OSTIE A LAURENTE.

L'archiprêtre notre hôte étant devenu malade à Ostie, nous prîmes la résolution d'aller coucher au Laurentum de Pline, aujourd'hui *Torre Paterno*, éloigné d'Ostie de six milles, ou de deux petites lieues.

Il fallut une seconde fois traverser l'isle sacrée, où l'on nous dit qu'il y avoit encore quelques ruines, mais toutes enterrées et recouvertes de gazon.

Je quittai à regret à Ostie notre fidèle guide le bon Napolitain, qui nous procura un cheval et deux hommes armés de fusils, de bayonnettes, de sabres et de couteaux, pour nous servir de guides et d'escorte.

En sortant de la ville, nous vîmes deux femmes, les seules que nous eussions vu dans notre voyage. Les hommes mariés ne prennent pas leur femmes avec eux, dans ces lieux de famine presque exclusivement habités par des assassins réfugiés dans l'asile du cardinal Albani. Une famille y mourroit plus infailliblement de faim qu'à Rome, où la mendicité est une ressource quelquefois suffisante pour vivre.

Sortis de la ville d'Ostie, l'on voit à une petite demi-lieue devant soi la magnifique forêt de pins de Castel Fusano, à droite à quelque distance la mer, à gauche le lac d'Ostie. Tout le pays entre Ostie et la forêt est une grande prairie parfaitement unie.

Le lac d'Ostie est mal indiqué sur la carte d'Améti. Ce lac s'avance d'avantage vers le Tibre et moins vers Castel Fusano qu'il ne le fait sur la carte.

En sortant d'Ostie, nous avions comme Nisus et Euryale le camp de Turnus à traverser. Ce camp des assiègeans s'étendoit entre le lac et la mer, dans l'espace d'un quart de lieue ; et l'existence future de Rome a tenu peut-être au choix heureux qu'Enée avoit fait dans l'emplacement du sien.

Echappés à la vengeance des Latins, Nisus et Euryale, qui vouloient aller à Rome et tourner le marais, prirent à gauche : *lœvo flectantes limine.* Pour nous nous prîmes à droite, ou plutôt devant nous pour passer le pont de Fossa-Papale, ou canal de décharge du grand marais, qui sépare le parc de Castel Fusano du territoire d'Ostie.

Au-delà du parc, le pays est encore aujourd'hui assez semblable à la description qu'en fait Virgile, dans l'épisode de Nisus et d'Euryale.

> Sylva fuit late dumis atque ilice nigra
> Horrida, quam densi complerant undique sentes.
> Rara per occultos lucebat semita calles.

Nisus fuit jusqu'à la ferme que le roi Latinus avoit dans la forêt, appellée longtemps après *Forêt d'Albe*. J'avois d'abord trouvé de l'invraisemblance à le faire courir jusqu'à Albe, qui est au moins à dix-huit milles d'Ostie. Mais le nom même d'Albe moderne, prouve que la dénomination d'Albe s'étendoit bien loin en deçà de la ville d'Albe, précisément du côté d'Ostie. On peut étendre indéfiniment cette forêt d'Albe, et sauver par-là toute invraisemblance. On a peine à concevoir comment le célèbre Heyne a pu lire *Lacus*, au lieu de *Lucus*, et prêter par-là une absurdité à Virgile.

Il faut se représenter le pays de Latinus comme un défrichement dans les bois de l'Amérique, où l'on voit par-tout quelques vestiges de l'ancienne forêt, et par-tout des traces de culture. C'est le moment le plus poétique, soit pour les mœurs, soit pour le paysage, que celui, où les beautés de la nature, tout l'éclat de sa jeunesse, sont réunies aux charmes paisibles de la vie pastorale, et où l'antique forêt parsemée de paturages, de champs et de vertes prairies, offre par-tout des fleurs et de l'ombrage. Le tableau des mœurs des habitans de ces fortunés rivages, que Virgile met dans la bouche de Remulus, beau-frère de Tunus, a un air de vérité qui frappe.

> Durum ab stirpe genus, natos ad flumina primum
> Deferimus, sævoque gelu duramus et undis;
> Venatu invigilant pueri, sylvasque fatigant.
> Flectere ludus equos, et spicula tendere cornu,
> At pastiens operum, parvoque assueta juventus;
> Aut rastris terram domat, aut quatit oppida bello.
> Omne ævum ferro teritur, versaque juvencum
> Terga fatigamus hasta; nec tarda senectus
> Debilitat vires animi, mutatque vigorem.
> Canitiem galea premimus, semperque recentes
> Comportare juvat prædas, et vivere rapto. (1)
>   Liv. IX. v. 597.

---

(1) Le métier de brigand, que nous appelons tel depuis que nous avons des lois, est une espèce de droit des gens chez toutes les nations qui sortent de l'état de nature. Dans la nullité des forces publiques, l'usage des forces individuelles, d'abord nécessaire, puis aggressif, n'est point incompatible avec les mœurs. Rien de plus absurde que de comparer les compagnons de Romulus aux voleurs de nos jours. La nation la plus

Il est à croire que Virgile, lorsqu'il écrivoit ceci, avoit sous les yeux des traditions historiques; car il est très-probable, que du tems de Latinus les hivers étoient plus froids qu'ils ne le sont aujourd'hui, et qu'ils ne l'étoient du tems de Virgile. Ne voyons-nous pas l'Amérique à demi-défrichée être plus froide à latitude égale, que ne l'est l'Europe? certainement Virgile n'avoit pas inventé cette circonstance là.

Le tableau qu'il fait des mœurs des Latins, est si vrai, que quelques traits en existent encore de nos jours. Encore aujourd'hui les bergers de la campagne de Rome, portent des lances avec lesquelles ils conduisent les troupeaux à demi-sauvages.

Alecton du haut du toit du berger Tyrrheus, donne avec la trompette des bergers le signal

---

héroïque qui exista jamais, les Scandinaves, firent long-temps le métier de pirates, et tout compte fait, il y avoit plus de vertus chez ces hommes-là, que chez quelques nations civilisées où il n'y a plus ni vices ni vertus. Le premier effet de la civilisation a été de comprimer l'activité plutôt que de la diriger vers le bien. Un second pas enseignera peut-être un jour à nos descendans à réunir la liberté avec les lois, l'énergie du caractère avec la dépendance, et l'essor de l'activité, sans lequel il n'y a point de bonheur, à l'ordre public, sans lequel il n'y a point de vertus.

du combat. Ce sont selon moi, les plus beaux vers de Virgile pour l'harmonie imitative.

Ardua tecta petit stabuli, et de culmine summo
Pastorale canit signum, cornuque recurvo
Tartaream intendit vocem, qua protenus omne
Contremuit nemus, et sylvæ intonuere profundæ.
Liv. VII. 500.

Encore aujourd'hui, les bergers de Torre Paterno se servent d'un cor pour appeler leurs camarades, et encore aujourd'hui ils s'occupent à dresser des chevaux à demi-sauvages.

Flectere ludus equos.

Le même cor des bergers servoit au tems de Romulus à convoquer le sénat sur le gazon de la prairie, alors les sénateurs étoient vêtus de peaux crues avec le poil en dehors, comme de nos jours les bergers de la Sabine.

Curia, prætexto quæ nunc nitet alta senatu
Pellitos habuit rustica corda *patres*.
Buccina cogebat priscos ad verba quirites.
Centum illi *in prato* sæpe senatus erat.

Mais revenons à notre voyage.

Pour entrer au parc de Castel-Fusano, il faut passer le pont et un canal assez large, qui conduit les eaux du lac à la mer. Ces eaux limpides sont probablement de sources, peut-être le Numicus de Virgile. Les bords ombragés du canal, la beauté de ses eaux, sont dignes du parc dans lequel on entre.

L'ombre du grand Pin, qui couvre légèrement le gazon du parc, ne ressemble à aucune ombre. On se promène entre les troncs gigantesques de ces arbres comme entre des colonnes; et, quoique dans un bois, on voit de partout le ciel et l'horizon; l'œil se repose doucement, comme sous un voile de gaze, dans un jour qui n'a pas le noir de l'ombre ni l'éclat du soleil. Il faut lever la tête, pour apercevoir le parasol léger, déplié dans les airs entre le ciel et la terre.

La maison simple, mais spatieuse de Castel-Fusano, est au centre d'un grand carré de gazon, dessiné dans la forêt. Le tapis brillant de verdure, d'où s'élancent les colonnes rougeâtres du grand Pin, n'a pour ornement que quelques amphores gigantesques placées sur de grandes bases blanches. Ces amphores ont été trouvées précisément à la place du Laurentum de Pline. Cet auteur aimable ne se doutoit pas, sans doute, que ce monument de sa cave marcheroit à la postérité de pair avec les monumens de son esprit.

Au delà du château il y avoit deux routes à prendre : l'une droite devant nous à travers une épaisse forêt, où se croisent mille sentiers tracés sans doute par le bétail à demi-sauvage, et l'autre le long de la mer. La nuit approchoit, et nos guides, un peu inquiets du voyage, préférèrent la dernière route. Près du château nous tournâmes donc à droite, pour enfiler une longue allée payée de pierres antiques, qui conduit au rivage. Dans moins d'un quart-d'heure, nous fûmes atteints par les vagues, qui, après s'être brisées à quelque distance, venoient en longues lignes parallèles baigner, légèrement les pieds de mon cheval.

Mes compagnons de voyage tous deux Danois, jetèrent des cris de joie en revoyant l'élément chéri de leur patrie.

La nuit approchoit peu-à-peu ; un vent d'Ouest assez fort souffloit sur le rivage. Dans ces vastes déserts, au bord de la mer agitée, l'on n'entendoit plus que le bruissement des flots éloignés, et le fracas des vagues qui venoient en écumant se briser à quelque distance de nous. Je me sentois pour la première fois de nuit dans un désert, éloigné de ce monde, dont je n'étois jamais sorti, et seul avec la nature impérissable. La lueur rougeâtre de ce crépuscule, ces étoiles scintillantes, cette mer et ce rivage, me disois-je, étoient les mêmes il y a deux mille ans, les mêmes il y a trois mille ans, et nous, êtres foibles et passagers, que sommes nous ? Nous qui nous soulèvons un moment sur l'Océan du tems, pour être brisés l'instant d'après sur le rivage ! Cette côte est couverte de tombeaux ; des villes entières reposent sous cette terre ; la nation la plus puissante de l'univers est engloutie sous le sable que je foule aux pieds ; et moi qui pense, moi qui calcule ces immenses résultats, je périrai comme cette vague ! Il me sembloit que loin des hommes, loin du fracas du monde, et près de ces tombes solitaires, en présence de ce ciel étoilé, je prenois mon vol vers quelque chose de plus grand, que tout ce que j'avois senti encore, et l'étroite enceinte de mon être sembloit de toute part s'étendre et s'ouvrir devant moi.

Mon cheval s'arrêta tout-à-coup devant un petit ruisseau, qui s'étoit creusé un lit dans le sable. Ce ruisseau que j'eus peine à passer, est celui-là même où les troupeaux alloient boire, près du Laurentum de Pline. J'étois sur les terres de mon ami, de l'ami de tout ce qui sent et de tout ce qui pense depuis dix-sept siècles, de ce Pline qui aimoit cette mer et ce rivage, ce *musée* comme il l'appelle, qui lui disoit, qui lui apprenoit tant de choses.

C'étoit sur cette côte qu'Horace aussi petit, et aussi spirituel que Pope et Fontenelle, venoit quelquefois passer la saison froide. Je le voyois empaqueté dans sa toge fourrée, (1)

---

(1) Quod si bruma nives Albanis illinet agris

lire au soleil d'hiver tant d'exellens ouvrages, existans peut-être encore sous cette terre classique, où d'imortels chef-d'œuvres du génie ont encore une résurrection à attendre.

Au-delà du ruisseau je vis quelques pêcheurs demi-nuds sortir de la mer avec des paniers pleins de petites huîtres, appelées *tellines* par les pêcheurs, et *acus* par Martial (2), que l'on trouve en quantité sur cette côte. Ces huîtres très-abondantes me rappeloient Scipion et Lelius, ces amis vertueux et inséparables, qui, dédaignant les plaisirs somptueux de leurs compatriotes, savoient vivre avec la nature, et goûter ensemble dans un âge avancé les plaisirs purs et vifs de l'enfance. Ces grands hommes se plaisoient, dit Ciceron, à ramasser sur ce même rivage de jolis coquillages, près de leur petite campagne de Laurentum, où ils aimoient à vivre. Pour nous, nous n'avons trouvé sur notre route d'autre coquillage que la sepia et ces tellines.

Toute cette côte est bordée d'une suite contiguë de dunes, de douze à quinze pieds

---

Ad mare descendet vates tuus, et sibi parcet,
Contractus que leget.
Horace L. 1. Epistola VII.

(2) At Laurentinas turpes in littore ranas,
Et satius tenues ducere credis *acus.*

d'élévation, éloignées de la mer de trente à quarante pas. Dans l'intervalle, entre la mer et les collines, est la voie de Sévère, recouverte quelquefois de sable : derrière les dunes est la forêt.

Nos guides paroissoient craindre de dépasser Torré Paterno, l'unique habitation qu'il y eut sur toute cette côte. Ils montoient fréquemment sur les collines de sable pour chercher à travers la forêt, l'asile désiré.

Tout-à-coup nous voyons du feu sur le rivage ; c'étoit l'habitation temporaire de vingt-cinq pêcheurs Napolitains, qui faisoient leur soupé dans des cabanes de ramée, de paille et de roseaux. Rien de plus pitoresque que ce tableau de nuit ; la lueur rougeâtre des brasiers ; dans cette lumière sombre les silhouettes noires et mouvantes des pêcheurs ; enfin, l'écume agitée des vagues, aperçue par instant à l'éclat passager de quelques flammes.

Arrivés chez les Napolitains, nous fûmes peu rassurés en voyant des hommes basannés, à demi-sauvages, tous armés de couteaux ou de coutelas à la ceinture. Mais heureusement pour nous que ces cabanes étoient près de Torre-Paterno, au bout même du sentier qui devoit nous conduire à l'asile désiré, à l'unique gîte qu'il y eut pous nous dans ces déserts.

Nous étions à cent pas de Torré-Paterno. Nous partons ; nos guides nous précèdent à travers la forêt. Il étoit nuit close, nous arrivons à une maison. Notre fidèle escorte nous dit d'attendre, non à la porte, il n'y en avoit point, mais au bas de l'escalier. — Pourquoi attendre ? — Pour s'avoir si nous sommes reçus. Nous voilà donc seuls dans la forêt, au hasard de passer une nuit assez froide, couchés sur un sol en quelques endroits pestilentiel, auprès de ces Napolitains inconnus, sans autre asile que celui des sangliers et des porcs-épics, ou des troupeaux sauvages que nous entendions s'agiter dans les taillis. Le plus grand et le seul véritable danger nous étoit inconnu ; les Barbaresques croisoient près de nous avec une flottille, et enlevoient jusqu'aux petits enfans qu'ils trouvoient sur cette côte.

Enfin, le cliquetis des armes pesantes de nos guides qui descendoient les escaliers, nous annonça la réponse des bergers, et la destinée de la nuit. On nous dit de monter. Nous montons ; on nous introduit dans une cuisine où quinze hommes, tous en haillons, étoient assis auprès d'un tronc d'arbre allumé. De souper, il n'en étoit pas question, ces pauvres gens pour la plupart assassins fugitifs, n'avoient de provisions que le pain que l'on fesoit venir de Rome. Ils n'avoient rien à nous offrir que ce qu'ils appelloient du vin, et qui n'étoit que du vinaigre. Un troupeau de cinq cent bêtes à corne appartenoit à la ferme. Je leur demandai du lait ; ils parurent aussi surpris de ma demande, que je le fus de leur réponse, qu'ils n'en avoient jamais. Leurs faces blêmes et leur maigreur prouvoient bien qu'ils ne mentoient pas. Ils ne vivoient que de coquillages, de chasse, de quelques œufs que leur donnoient des poules demi-sauvages, et qu'ils partageoient avec les renards de la forêt, et surtout du pain dur acheté à Rome.

Ils venoient de manger des étourneaux coupés en deux, et grillés sur le feu d'une cuisine absolument dénuée de tout ustencile quelconque. Les pêcheurs nous apporterent du poisson, mais faute d'assaisonnement, et ne sachant comment les accommoder, nous nous contentames de nos propres provisions.

Heureusement pour nous que le Capo-Vaccaro, le Tyrrheus, *Cui regia parent armenta, et late custdia credita campi*, enfin, le chef de la ferme étoit honnête, il nous céda son lit, le seul qu'il y eut dans la la maison, où il n'y avoit d'ailleurs ni foin, ni paille, ni matelat, mais où chacun dormoit comme il pouvoit.

Après nous être bien chauffés, nous passames dans une chambre assez bonne, pas très mal-propre, où les vitres brisées ne nous laissoient perdre aucun bruit de la forêt. Nous nous jetâmes tous trois sur un lit très vaste, (comme le sont tous les lits à Rome et dans le Latium,) et je m'endormis bientôt au bruit confus du croassement des grenouilles, aux cris répétés de la chouette.

Nocte sedens serum canit importuna per umbras.

Et au mugissement des vents et des vagues lointaines, mais je m'endormis à Laurentum.

Avant de me coucher, je conversai avec mes hôtes, dont la chasse paroissoit être la principale occupation. Ils me parlèrent des bêtes sauvages qui habitent les forêts de Laurente.

Il y a beaucoup de porcs-épics sur toute cette côte. Quoique j'aie pris en plusieurs lieux de l'Italie des informations sur cet animal mystérieux, je n'ai pu apprendre que peu de détails sur ses mœurs, et sur sa manière de vivre. Les Italiens aisés, vivant peu à la campagne, ne se donnent aucunes des jouissances que la campagne pourroit donner à des hommes instruits; et je n'ai point appris qu'on se soit avisé d'apprivoiser cet animal timide, et d'en étudier les mœurs. Voici ce que les chasseurs soit de Torre-

Paternos

Paterno, soit ensuite de Terni m'en ont appris. Le porc-épic est invisible en hiver, et quoiqu'il vive dans un climat très doux, il ne sort jamais dans cette saison de sa demeure souterraine, dont je n'ai pu apprendre d'autre détail, sinon qu'elle a toujours deux issues. Cet animal n'est point si bien défendu par ses piquans, qu'il ne soit quelque fois déchiré par les chiens, dont la faim a dans le Latium des aiguillons plus piquans que ceux des porcs-épics. J'ai vu moi-même, sur la route de Pratica, les dépouilles d'un de ces animaux, sans doute très jeune, qui venoit d'être dévoré par les chiens. Sa chair est délicate et bonne à manger, les habitans de cette côte la préférent presqu'au porc. La femelle porte ordinairement cinq à six petits, on n'a d'autre manière de chasser le porc-épic : que de l'attendre dans les lieux où l'on croit qu'il passera. Il ne vit que de fruits sauvages et de racines, et l'on ne connoit aucune variété dans l'espèce de cet animal [1].

Les sangliers sont connus sur cette côte, et l'ont toujours été. Il paroît que même du

---

[1] Le hérisson aime les insectes, surtout les hannetons, ce qui fait présumer que le porc-épic n'est pas uniquement frugivore.

tems de Pline, où la population de Rome et de ses environs avoit atteint son plus haut terme, les collines voisines étoient couvertes de bois ; on passoit par des bois en venant de Rome. *Suggerunt affatim ligna proximæ sylvæ;* dit Pline, en parlant de son Laurentum. Les sangliers s'accouplent fréquemment avec les truies, et l'on aime la race qui en provient. Virgile parle des sangliers de Laurente :

Ac velut ille canum morsu de montibus altis
Actus aper (multos vesulus quem pinifer annos
Defendit, multosque palus Laurentia sylvà
Pastus arundinea) postquam inter retia ventum est,
Substitit, infremit-que ferox, et inhorruit armos.
Nec cuiquam irasci, propius-que accedere virtus,
Sed jaculis tubisque procul clamoribus instant.
Ille autem impavidus, partes cunctatur in omnes
Dentibus infrendens, et tergo decutet hastas.

Pline même chassoit au sanglier. *Jam undique sylvæ et solitudo*, dit-il à Tacite.

Les loups ne sont que trop communs dans ces bois, disoient les bergers. Les renards n'y sont pas rares. Qui croiroit qu'il y en ait de sauvages dans la ville même de Rome ? On les voit souvent, m'a dit un des fermiers du mont Palatin, au clair de lune, boire à la fontaine de Curtius. Ils vivent le jour dans les vastes souterrains du Palatium, où cet animal cauteleux a su se mettre à la place des Césars.

Les cerfs, assez communs dans les environs de Laurentum, rappellent le charmant tableau du cerf de Silvia dans le septième Livre de l'Enéide.

> Assuetum imperiis soror omni silvia cura
> Mollibus intexens ornabat cornua sertis.
> Pectabat-que ferum, puroque in fonte lavabat,
> Ille manum patiens, mensæque assuetus herili
> Errabat sylvis, rursusque ad limina nota
> Ipse domum sera quamvis se nocte ferebat.

Les oiseaux de passage achèvent de rendre la chasse abondante sur cette côte.

BELVÉDÈRE DE TORRE-PATERNO.

La maison de Torre-Paterno, qui appartient à une famille de Florence, est bâtie autour d'une de ces vieilles tours du moyen âge, que l'on voit de distance en distance, dans toute la campagne de Rome. La tour même, un peu réparée et recrépie, sert de belvédère. Elle est plus élevée que le toit de la maison. J'y montai pour contempler à mon aise la vue qu'on y découvre.

Il n'y a pas de lieu fameux, dont la position puisse être plus rigoureusement prouvée que celle du Laurentum de Pline. L'ancienne voie d'Ostie existe encore, de même que les traces de celle Laurentum. Or Pline indiquant le coin le plus voisin de ces deux routes, et la distance de ces deux points à sa campagne, placée au bord de la mer, on peut déterminer géométriquement la position de sa villa. Dans ce point-là même l'on a découvert les ruines d'une maison de campagne, et quoiqu'on n'y ait pas trouvé le nom de Pline, on ne peut pas douter qu'elle ne fut du moins à la place même de celle de cet auteur aimable.

Torre-Paterno n'est point l'emplacement de la maison de Pline, il y avoit entre-deux la campagne qui avoit appartenu à Hortensius. La maison de Pline est près du ruisseau de *La Focetta*, la seule eau courante de ces environs, où les troupeaux des alentours (en revenant des bois et des pâturages) alloient boire, sous les fenêtres mêmes de sa maison de campagne. Suivons le nom de *Laurentum* : Nous avons d'abord le village de Laurentum, éloigné d'un quart de lieue de Torre-Paterno, puis en avançant vers Ostie, nous avons, à une petite demi-lieue, la campagne de Pline ; au-dessus de cette campagne je trouve à une demi-lieue plus près des collines, la *Selva-Laurentina*, et au-dessus de ce bois, je lis le nom de *Picus* dans celui de Trasfusina di *Picchi*.

Partout je trouve le nom de Laurentum, depuis le village de ce nom, jusqu'aux collines de Decimo. Mais le Laurentum de Virgile n'étoit point sur les collines ; car Turnus, apprenant la mort de Camilla, abandonne les collines et les bois pour se retirer à Laurentum.

>Deserit obsessos colles, nemora aspera linquit.
>
>>Liv. XI. v. 908.

Enée le suit à grand pas, et arrive après lui devant la ville.

>Sic ambo ad muros rapidi totoque feruntur
>Agmine.

Enée qui le suit, voit *de loin* la troupe de Turnus, qui revenoit des collines. Il y avoit donc *loin* des collines jusqu'à la ville.

Mais Laurentum n'étoit pas près de la mer; car jamais, dans aucun combat livré devant cette ville, l'on ne fait mention de la mer, dont il est si souvent parlé quand on se battoit devant le camp des Troïens. Laurentum n'étoit pas loin du fleuve, puisque Virgile dit (Liv. XII. v. 255.) que les Latins virent un aigle tenant un cygne dans ses serres, qu'il laissa tomber dans le Tibre. Comment pouvoient-ils voir ces oiseaux, si Laurentum eut été très loin du fleuve ? Virgile ne fait pas de pareilles fautes.

Et cependant *Laurentum* est près du lac ou marais, dont il n'est éloigné que de la longueur des bataillons troïens, qui, rangés autour de Turnus lors du combat singulier qu'il eut avec Énée, s'étendoient d'un côté jusqu'aux murs de la ville, de l'autre jusqu'au lac.

Hinc vasta palus, hinc ardua mænia cingunt.

L'olivier sauvage où Énée avoit planté sa lance, consacré au Dieu tutélaire de la ville, c'est-à-dire à *Faunus*, par les marins échappés du naufrage, n'étoit point au bord de la mer.

La ville de *Laurentum*, n'étant ni sur les collines, ni très loin du Tibre, ni sur le lac, ni au bord de la mer, il faut la chercher dans un point intermédiaire, et je trouve l'emplacement qui a toutes les conditions requises, précisément dans le lieu connu aujourd'hui sous le nom de *Selva Laurentina*, tout près d'un lieu où je lis le nom de *Picus* dans celui de *Trafusina di Picchi* à une lieue environ du camp d'Ostie.

L'emplacement de ces lieux une fois déterminé, l'intérêt que l'on prend au paysage en devient plus vif. Les hommes, les villes, les nations, ont passé, mais la nature est restée la même. Tout ce qui appartient à l'homme se déforme, et coule comme l'eau, tandis que la marche lente et imposante de la nature, ressemble à l'immobilité.

Je vais maintenant décrire la décoration de la scène de cette histoire, sans laquelle toutes les nations de l'Europe ne seroient pas ce qu'elles sont. Des pontifes ont succédé aux Césars, et des capucins ont pris la place de Jupiter, mais cette plaine, ces collines, ces monts majestueux, cette mer sont encore les mêmes ; Pline, Enée, et Scipion, avoient ces mêmes objets devant les yeux.

A environ cent-cinquante pas devant moi est la mer que Virgile appelle Ibérienne, où les chevaux du soleil, fatigués de leur course rapide, alloient chercher le repos.

Ni roseus fessos jam gurgite Phœbus Ibero
Tingat equos, noctemque die labente reducat.

Rien de plus magnifique que le coucher du soleil dans la mer, vu depuis le Latium, surtout depuis Rome. Quand le tems est beau, cet astre étincellant de flammes rougeâtres se plonge dans l'Océan enflammé ; et quand le ciel est orageux (ce qui arrive très fréquemment,) il descend vers la mer resplendissante de pourpre, en passant entre d'épais nuages, comme entre des monts aériens et fantastiques suspendus les uns devant les autres. L'instant où il se plonge dans la mer est presque toujours brillant. Alors les vastes ruines de Rome, les pins élancés de cette ville superbe, ses bruyantes cascades et la confusion de ses palais semblent frappés de feux sombres et rougeâtres, auxquels succèdent à l'instant les ténèbres de la nuit.

Revenons à la vue de *Laurente* : je me tourne au Levant, et j'aperçois devant moi une plaine immense, qui, au premier aspect, paroît entourée de montagnes contiguës, qui, sous la forme d'un vaste segment de cercle enceignent la campagne de Rome, et vont à droite et à gauche finir à la mer. Mais ces montagnes ne sont point réellement contiguës, et l'aire du segment de cercle n'est point plane. Détaillons.

Au milieu du grand arc que forment les montagnes, précisément au Levant, se présentent les montagnes de la Sabine, qui semblables au Jura, mais un peu moins hautes que lui, s'étendent du Nord au Sud, comme une muraille bleuâtre, parsemée de taches blanches, c'est-à-dire de rochers nuds et calcaires. A ma droite, cette chaîne paroît à l'œil toucher au Mont-Albane, quoiqu'il y ait entre deux une plaine d'environ deux lieues, qui séparant Préneste de Labicum, unit la plaine du Latium au pays des Herniques.

Le mont Albane est le point dominant dans le Latium moderne, comme son temple de Jupiter l'étoit jadis dans l'univers Romain. Aussi Virgile y place-t-il Junon, pour voir de là le camp des Troïens et des Rutules.

A côté de l'Albane, en allant au Sud, on trouve la montagne de Velletri, unie par sa base à l'Albane, comme l'Algidus lui est unie à l'Est. Après cette montagne vient le mont de Cora, contigu en apparence avec le mont de Velletri, mais en effet séparé de lui par une vallée qui va de la mer à Préneste et Bénévent, et qui jadis faisoit la communication du pays des Volsques avec celui des Herniques, isolant par là entièrement l'Albane de toutes les autres montagnes. Le mont Circé est la dernière montagne du côté du Sud, et touche à la mer qui mugit sans cesse dans les profondes cavernes de ce rocher mystérieux.

Revenons au centre du grand demi-cercle des montagnes, et passons à sa partie qui est à notre gauche, nous distinguerons au Nord-Est le Soracté cher à Apollon (1), qui, quoique parfaitement isolé, unit en apparence la grande chaîne calcaire de la Sabine avec les montagnes de l'Etrurie, parmi lesquelles je reconnois l'Aventin et le Janicule, et les côteaux d'au-delà du Tibre, qui semblent au Nord-Est, finir à la mer.

J'aurois eu quelque peine à distinguer

---

(1) Summe Deum sancti custos Soractis Apollo
Quem primi colimus.
        Liv. XII. v. 785.

les collines de l'Aventin et du Janicule dans la grande chaîne un peu confuse des montagnes de l'Etrurie, si je n'avois pas bien distinctement discerné entre ces deux collines, la coupole de St. Pierre, aussi illustre dans le tableau moderne du pays, que le temple de Jupiter Latial l'étoit au temps de la république. Ainsi Pline pouvoit voir depuis son *Laurentum* une partie de la ville de Rome, peut-être les temples de Junon et de Diane, et le haut du quartier de l'Aventin, appellé *Intermontium*, et Nisus et Euryale, sans s'écarter fort loin du camp, pouvoient apercevoir l'emplacement de Pallantée, qui étoit à deux pas de l'Aventin, et que l'on pouvoit sans doute voir en partie depuis Monté-Decimo.

La grande plaine que l'on voit encadrée par les montagnes que je viens de décrire, paroît parfaitement unie, et cependant ne l'est pas; ce qui provient du peu d'élévation des collines de *Laurente*, et de la hauteur de la plaine qui se trouve au-delà. Les forêts inégalement coupées achèvent de tromper l'œil, les grandes masses d'arbres paroissant, dans le lointain des collines, et les collines nues se confondant avec la plaine boisée.

Au Nord, la longue et uniforme ligne du rivage de la mer se courbe à l'embouchure du Tibre, où les conquêtes du fleuve s'avancent aujourd'hui dans la mer, assez loin de l'ancienne ville d'Ostie, jadis placée dans l'angle même que la mer forme avec le fleuve.

PREMIERS HABITANS DU LATIUM.

Un ouvrage nous manque encore ; c'est l'analyse de la logique de l'histore. Quand on lit les savans commentateurs de Virgile, on ne sait jamais ce que l'on tient ; il y a des masses de faits et de citations, sans aucun point fixe.

La vérité des faits historiques se prouve surtout par le nombre de leurs rapports ; les faits constatés rayonnent de rapports qui s'ajustent l'un à l'autre, et s'arrangent enfin en un seul tableau, comme ces cartes de géographie, que l'on donne découpées, aux enfans, pour les arranger pièce à pièce, en plaçant à côté l'un de l'autre les pays qui doivent se toucher.

Dans les histoires bien constatées, les faits donnent les rapports ; mais là où les faits sont incertains, je tâche de constater leur vérité par le nombre de leurs convenances.

L'histoire d'Enée me paroît très probable, j'y trouve une foule de convenances, et une certaine harmonie avec le peu que je sais de l'histoire d'Italie. Si l'on me demande des preuves directes, je ne puis répondre à rien.

L'histoire très ancienne est comme ces verres brillans que j'ai trouvé dans les fouilles d'Ostie, qui, tournés et retournés au grand air, se dissipent en poussière, et disparoissent entièrement, mais qui n'en ont pas eu moins de réalité pour cela.

Ecoutons Denys d'Halicarnasse. Liv. I. :

Les premiers Grecs arrivés en Italie, sont, dit-il, les *Aborigènes* originaires du Péloponèse. Sortis de l'Arcadie, sous la conduite d'OEnotrus; ils en chassèrent les *Sicules*. Les seconds sont les *Pélages*, venus de Thessalie. La troisième émigration, conduite par Evandre, venue d'Arcadie, est celle qui bâtit sur le mont Palatin la ville de Pallantée, nommée ainsi d'après une ville d'Arcadie du même nom, dont Evandre étoit sorti. C'est ainsi que nous retrouvons en Amérique les noms d'un grand nombre de villes d'Europe. Ces Arcadiens portèrent les lettres grecques et la musique en Italie. Les quatrièmes Colons sont les *Phéneates* et les *Epéens* sortis du Péloponnèse avec Hercule, et mêlés avec quelques Troïens, dont la ville avoit été prise une première fois par ce héros demi-Dieu ; (1) cette quatrième colonie, alla s'établir sur le capitole (appellé alors *Mont-Saturnien*,) à quelques cents pas de la colonie d'Evandre, sortie comme elle du Péloponèse. Les colons, en s'établissant les uns à côté des autres, donnoient par-là, comme en Amérique, une nouvelle valeur à leurs terres.

Enfin *Enée* arrive avec ses *Troïens* après la seconde prise de Troie.

Telle est l'opinion de Denys, savant distingué, qui, dans le siécle d'Auguste, avoit lu et compilé tous les auteurs Grecs et Romains qui avoient écrit sur les antiquités de l'Italie.

Outre ces faits, qui me paroissent avoir une grande vraisemblance, chaque ville du Latium se trouve avoir l'histoire de sa fondation, et ces fondateurs sont presque toujours des Grecs.

« L'arrivée d'Enée et des Troïens en Ita-
« lie, dit Denys, est confirmée par le té-
« moignage de tous les Romains. Les cérémo-

---

(1) Ce fut Hercule qui enseigna aux Italiens à lire les lettres grecques, les seules qui existassent alors dans le Latium. Et encore au tems de Pline on voyoit une statue d'Hercule appellée le Triomphateur, réputée du siécle d'Evandre, qu'on habilloit magnifiquement les jours de triomphe.

» nies qu'ils observent dans leurs sacrifices
» et dans leurs fêtes, en sont une preuve
» authentique, aussi bien que les livres de
» la sibylle, et les oracles d'Apollon Pythien.
» Nous avons même chez les Grecs beau-
» coup de monumens subsistans aujourd'hui,
» qui nous font connoître les lieux où ils
» abordèrent. »

La variété dans les narrations d'un même fait, ne produit aucune contradiction, puisqu'il seroit absurde de vouloir croire à toutes à la fois, ou rejetter le fait principal à cause de l'opposition que l'on trouveroit dans les détails. Quel fait de l'Histoire moderne, n'a pas dans son principe été raconté diversement? sans nos livres imprimés, sans nos gazettes, et sans un public qui, comme un corps de juges éclairés, épure le chaos des premiers récits, nous verrions des contradictions dans les faits même qui se sont passés sous nos yeux, et tous ces bruits contradictoires passeroient ensuite à la postérité, pour servir à quelque Cluverius de matériaux à d'absurdes systèmes. Otons une chronologie commune aux nations éclairées, supposons des peuples où peu d'hommes savent lire et écrire, et la probabilité d'arriver à une histoire véritable et universellement adoptée, deviendra presque nulle. C'est précisément là le cas de l'histoire très ancienne. Et si nous voulons analyser les fondemens de notre foi historique, nous trouverons que nous croyons plutôt aux auteurs qui nous séduisent, qu'à ceux qui ont le mieux prouvé ce qu'ils avancent, et un chapitre *sur la foi humaine*, ne seroit pas un des moins intéressans de la logique. Il y a une superstition en moins comme en plus, et il est aussi absurde de rejeter un fait sans raison, que de l'admettre sans raison. *Nier* et *affirmer* sont des énoncés de rapports, qui n'ont rien d'essentiellement différent.

Laissons-nous donc entraîner par Virgile, aussi bien que par Homère ou Hérodote, cherchons les preuves de l'histoire dans l'histoire même de l'homme et de la nature, toujours les mêmes dans tous les siècles, quoique sans cesse variés dans leurs formes.

Il est un point dans la vie des nations, où la simplicité des mœurs produit un excès de population, et ce point est celui, où les arts mécaniques n'ont pas marché de pair avec la population toujours croissante du pays. C'est ce qui est arrivé aux Grecs, et ce qui arriva dans la suite aux peuples du Nord. L'Italie, que l'on peut apercevoir depuis les montagnes de la Grèce, étoit le refuge des hommes malheureux dans

leur continent, c'étoit l'Amérique de ces Grecs aimables. Elien et Denys, parlent de la douceur des mœurs des habitans de l'ancienne Italie. « Ces peuples, dit Denys, devinrent
» une nation très considérable, en recevant
» avec humanité tous ceux qui n'avoient
» pas de demeure fixe, donnant le droit de
» bourgeoisie aux gens de cœur qui avoient
» eu le malheur d'être vaincus à la guerre,
» accordant le même droit à tous les esclaves
» qu'ils affranchissoient, et ne refusant aucun
» homme, de quelque condition qu'il fût,
» s'il pouvoit être utile ». L'on voit que le droit d'asyle, étoit un usage très ancien chez les peuples du Latium. Il y en avoit à Préneste et à Tibur, long-temps avant la fondation de Rome. Il paroît que cet usage, tenoit à la religion de ce peuple bon, humain et hospitalier, et j'ai vu à Preneste un autel dédié à cette *Securitas*, qui donnoit *asyle* à tous ceux qui alloient se réfugier dans les lieux qui lui étoient consacrés.

L'Italie depuis plusieurs siècles, étoit le refuge de tous les Grecs. Quel parti fut plus naturel à prendre pour les restes des Troïens, que d'aller chercher un asile dans cette terre, déjà à demi peuplée de compatriotes ; et quel pays étoit plus digne de plaire à une nation sensible et spirituelle, que cette Italie, que
le

le savant Denys préféroit à la Grèce même sa patrie chèrie.

La religion des Latins avoit un fond Grec, parce que des colonies Grècques étoient à différentes époques venu peupler le sol heureux de l'Ausonie. Les colons une fois établis, créerent eux-mêmes de nouveaux Dieux, qui avec des traits étrangers, conservèrent un air de famille, comme par exemple les *Faunes* de l'Italie, qui ont de grands rapports avec les *Satyres* des Grecs, et les *Camenes* des Latins, qui en ont avec les *Muses* Grecques, où le *Kronos* des Grecs, qui ressembloit *Saturne*.

Les Dieux du Latium annoncent un peuple pasteur et agricole, tel que Virgile peint les Latins, dans le discours de Rémulus. Faunus, les Nymphes, les Fleuves, Vertumne, Flore, Cérès, Pomone, Pan, Sylvanus, Palès, le Dieu Robigo, Sterculius, le Dieu Terme, Janus, Picus, Saturne, sont les Dieux favoris des Latins. Enée leur apporta des Dieux d'un autre ordre, comme Vesta et Vénus, qui étoient le produit d'une espèce de métaphysique orientale, sur la forme et la nature du monde.

Tous ces Dieux disparurent avec les mœurs rustiques, et sous Rome ambitieuse, guerrière et conquérante, les Dieux de la puissance, tels que Hercule, Mars, Jupiter et la Fortune, dont nous voyons à Antium et à Preneste des temples si magnifiques dans leurs ruines, prirent la place des Dieux paisibles et champêtres de Latinus et de Numa.

Enfin, Rome maîtresse du monde, n'ayant plus de puissance à demander au ciel, l'imagination épuisée et déréglée de ces tyrans de la terre alla chercher des Dieux en Egypte, en Perse et en Syrie. Delà ces quantités de mythras trouvés à Ostie, delà ces mathématiciens, ces Egyptiens, ces diseurs de bonne aventure, dont Tacite parle si souvent, et qui sous les Césars occupèrent plus que les Dieux de leurs pères, la crédulité des Romains avilis par l'esclavage, et désorganisés par des jouissances excessives.

Mythologie, tradition, langage, histoire, tout nous apprend que les habitans du Latium et des environs, étoient d'origine Grecque, plus ou moins ancienne. Enée arriva parmi des peuples pasteurs, agricoles et guerriers, moins policés que lui; il arriva dans une terre à demi-inculte (1).

---

(1) Liv. XI. v. 316. Dans le grand conseil de Latinus, ce roi propose d'offrir à Enée des terres.

Est antiquus ager Tusco mihi proximus amni,
Longus in occasum, finis super usque Sicanos.

J'observerai ici, qu'il y a dans les poëtes Latins plus de vérités historiques que l'on n'en cherche communément, tandis que dans leurs histoires, il y en a souvent moins que l'on ne croit y en trouver. Les fastes d'Ovide sont un recueil précieux de traditions populaires ; ses métamorphoses même, ne sont pas dénuées de tout fondement historique, puisque les habitans de Monté-Circello, tremblent encore au nom de Circé. Virgile est un recueil de traditions aussi bien choisies que l'étoient celles d'Homère, et nous trouvons dans Properce, Tibulle, Horace, et Juvenal, des aperçus sur les anciennes mœurs, et sur les premiers tems de Rome, qui ont un prix historique très-grand. Tite Live, au contraire, est dans son premier livre, aussi pauvre en faits intéressans,

---

Si l'on admet l'explication de Heyne *est mihi in occasum ager*, je possède un champ situé à l'occident; on trouvera bientôt qu'il est impossible que ce champ soit à l'occident de Laurentum, puisque le Tibre, le long duquel ce champ est situé, est au Nord de cette ville. Peut-être Virgile, qui écrivoit à Rome, avoit-il oublié qu'il n'écrivoit pas à Laurente ; car pour l'habitant de Rome, ce champ est situé à l'Occident. Il vaut mieux lire *longus in occasum*, long dans la direction d'orient en occident, que de supposer une distraction à Virgile.

qu'en esprit philosophique. Il y rapporte plusieurs contes populaires qui n'ont aucun intérêt, tandis que dans l'histoire du fondateur de la constitution de Rome, il parle à peine des lois et des institutions politiques, dans lesquelles le génie de Servius Tullius avoit placé le premier germe de la grandeur future de sa patrie. Cet historien si éloquent, si plein de goût et d'élégance, avoit comme Voltaire, l'horreur des livres ennuyeux, et pas assez de génie pour entrevoir, même dans les ouvrages mal écrits, la liaison sublime des principes.

Nous ne pensons pas assez à tout ce que nous devons aux Grecs, à qui le genre humain a dû trois fois le don de la pensée, et le sentiment du beau et du vrai, sans lequel il ne vaut pas la peine d'être homme. Ce furent les colonies Grecques, qui douèrent Rome naissante de ce génie, qui fit des Romains la première nation du monde. Ces mêmes Grecs asservis dans la suite par leurs élèves, portèrent à Rome l'amour des arts et des sciences; et quelque mal qu'on puisse dire des Grecs avilis par la servitude, c'est à leur philosophie que le genre humain est redevable de ces grands Empereurs, qui, plus que les Rois d'aucune nation, ont su relever la dignité du trône, si souvent avilie par le despotisme.

Enfin, c'est à cette même nation, que nous autres modernes, devons les arts et les lois, que la Grèce expirante a légué à l'Europe, après la prise de Constantinople par les Turcs.

VÉRITÉ DES TABLEAUX DE VIRGILE.

Nous pouvons nous faire une échelle de civilisation, d'après la connoissance intime que nous avons des peuplades de l'Amérique. Le tableau que Virgile fait des Latins du tems d'Enée, ces grandes forêts, ces défrichemens, enfin, les mœurs à-la-fois pastorales et guerrières, et ce climat froid, tel qu'il est de nos jours dans les pays à demi défrichés, tout cela répond parfaitement à l'idée que l'on a d'un pays et d'une nation encore peu cultivés.

Il y avoit une cause accélératrice de civilisation en Italie, c'étoient les fréquentes émigrations d'hommes plus policés que les naturels du pays. Quand on lit Diodore de Sicile et Denys d'Halicarnasse, on aime à voir les héros de la fable porter les arts, les lois et quelques vertus, chez les peuples qu'ils alloient soumettre. C'est précisément le contraire de ce que les Espagnols ont fait en Amérique.

J'aime a voir Enée, portant partout avec

lui ses vertus, les Dieux de sa patrie, et le projet inébranlable de voir sous un ciel plus propice, renaître cette Troie qu'il portoit dans son cœur. Le respect inviolable pour les traités, l'amour si tendre pour son père, pour son fils, pour son peuple ; ses nobles regrets à la mort de Pallas, sa conduite avec Turnus, qui n'est qu'un barbare auprès de lui ; son combat avec Mezence et Lausus, tout jusqu'aux derniers vers de son histoire, me paroît digne d'un héros et d'un Grec. Comme héros de poëme, il est partout sensible, sensible avec Didon, sensible à l'amitié, indigné de la trahison de Turnus, enfin, vengeur de Pallas.

On voit partout dans l'Enéide, la supériorité d'une nation cultivée sur une nation qui l'est moins, mais qui, par l'analogie de ses mœurs et de sa religion, est susceptibe de le devenir.

Qu'on se représente les Dieux, les temples, les sacrifices, les Oracles et les mœurs d'une nation où la religion étoit partout, et l'on se rapprochera des Dieux de l'Enéide, au point de trouver aussi naturel de voir Jupiter et Junon sur un nuage, que leurs statues dans les temples qui leur sont dédiés. Le moindre voyage dans l'univers des Grecs, étoit plus riche en merveilles, que nos voyages autour du monde, et c'est toujours à regret que l'on passe du pays de l'imagination, aux froides régions d'une lumière qui, le plus souvent en arrière de nos actions, semble donner plus de remords que de vertus, et plus de regrets que de jouissances.

LE LAURENTUM DE HORTENSIUS.

Je soupçonne que les quatre siècles de la domination d'Albe ont été les plus beaux siècles de ce Latium, que Romulus trouva couvert de villes et de petites républiques. Qu'on se rappelle l'histoire Romaine, et l'on verra que les guerres civiles ont succédé de si près aux guerres continuelles dont le théâtre étoit dans le Latium, que la culture de la campagne de Rome a du s'en ressentir. Sous les Césars ce pays fameux, dévasté auparavant par les guerres civiles, (1) fut tout-

---

(1) Voyez le tableau qu'en fait Lucain. L. VII.
 Gabiosque, Vejosque, Coramque
Pulvere vix tectæ poterunt monstrare ruinæ,
 Albanosque Lares Laurentinosque Penates,
Rus vacuum quod non habitat nisi nocte coactâ
Invitus.
Tout comme de nos jours, Lucain ajoute :
Non ætas hæc carpsit edax, monumentaque rerum
 Putria destituit crimen civile.

à-coup changé en jardin ; et les environs de Rome, sur-tout la côte de la mer, étoient à peine sortis de leurs cendres, qu'ils furent couverts de palais et de villas, mais peuplés d'esclaves, qui succédèrent aux cultivateurs propriétaires, aux Fabrices et aux Catons.

Il y auprès de Torre-Paterno, du côté de la villa de Pline, quelques colonnes couchées dans l'herbe. Il est probable que ces colonnes faisoient partie de la maison d'Hortensius. Varron décrit un repas que lui avoit donné cet orateur célèbre dans sa villa de Laurentum. Dans un parc de cinq cents arpens, fermé de murailles, s'élève dit-il, une petite colline (sans doute artificielle). Ce fut sur cette colline qu'Hortensius fit servir le dîné. Pour amuser ses hôtes, il fit appeler Orphée, et Orphée vêtu d'une longue robe, arriva la lyre à la main : Prié de jouer, il commença par donner du cor, aussitôt nous vîmes un si grand nombre de sangliers et de daims accourir de toutes parts, que l'on auroit pu se croire à l'amphithéâtre de Rome, lorsqu'on y donne des chasses sans bêtes Africaines.

Que j'aime bien mieux, ces jeux d'enfans de Scipion et de Lelius, dont parle Horace.

Quin ubi se a vulgo et scena in secreta remorant
Virtus Scipiadæ et mitis sapientia Læli
Nugari cum illo, et discincti ludare donec
Decoqueretur olus soliti.

Que je me plais à voir ces deux hommes, l'un aussi célèbre par son amitié, que l'autre par ses exploits, oublier Rome, son éclat et ses injustices, pour vivre à la ferme de Lelius, dans le sein des lettres et de l'amitié, *discourant gaiement ensemble*, comme dit Horace, *pendant qu'on apprêtoit leurs herbes.*

LE LAURENTUM DE PLINE.

Je n'ai mis que quatre heures pour aller de Rome à Ostie, quoique je n'allasse que rarement au trot, et que je me fusse arrêté plus d'une demi-heure en chemin. Ainsi Pline, pouvoit bien, en allant vîte, arriver en une heure et demie à son Laurentum, après avoir achevé ses affaires à Rome, *composito die*, comme il dit.

J'aime la précision et la justesse des tableaux des bons auteurs anciens. Par exemple, on ne sauroit mieux désigner l'emplacement de la campagne de Pline, quil ne le fait lui-même, dans la dix-septième lettre du second livre de ses épîtres.

Vous quittez, dit-il, le chemin d'Ostie à la onzième, et celui de Laurentum à la quatorzième pierre milliaire. Ces deux routes existant encore, on ne sauroit manquer l'emplacement de sa maison, qu'il dit être sur le rivage de la mer.

Vous quittez, continue-t-il, l'une ou l'autre grande route, pour entrer dans un chemin sablonneux; car toute la langue de terre entre les collines et la mer est sablonneuse, tout y est dépôt du Tibre et de la mer. Cette portion de la route, que son ami Gallus ne connoissoit pas, est agréable, dit Pline, « tantôt la vue se resserre entre » des bois, et tantôt elle s'ouvre et s'étend » entre de belles prairies. Vous voyez çà et » là des troupeaux de bœufs, de chevaux » ou de moutons, qui descendus en automne » des montagnes, viennent s'engraisser dans » le doux climat de cette côte toujours ver- » doyante. » C'est la même chose de nos jours; encore aujourd'hui, de nombreux troupeaux de moutons descendent à la fin d'octobre des montagnes du royaume de Naples, pour passer l'hiver dans la campagne de Rome.

Je les ai vus arriver par milliers, les bergers à leur tête, pour jouir en automne du second printemps que l'on voit naître après les pluies. Alors tout reverdit, les plantes bulbeuses fleurissent comme en mars, les violettes et les ciclamens odorans tapissent l'entrée des bois, les marguerites blanches émaillent les prairies sablonneuses ; les gramens et toutes les fleurs du printemps suivent et traversent l'hiver. Si la neige dure deux ou trois jours, c'est une calamité publique. Je l'ai vue durer plus de quinze sur les montagnes de la Sabine, où le tiers du bétail périt de faim, parce que l'idée de faire du foin n'étoit venue à personne.

Au temps de Pline, il y avoit au-dessus de sa campagne des troupeaux nombreux de vaches, qui suivoient dit-il, l'ombre et les eaux, ce qui désigne encore mieux l'emplacement de sa campagne, située près du seul ruisseau qu'il y ait dans ces environs.

J'arrive à la description même qu'il fait de sa campagne.

J'avois autrefois jetté les yeux sur ce que les modernes ont écrit sur les maisons de campagne de Pline et d'Horace, et il me semble que l'on n'en a pas saisi le véritable esprit.

Quand nous jugeons un objet étranger à nos mœurs, nous le jugeons sans nous en douter, d'après les lois de notre pays, car une des plus pénibles opérations, je dirai presque un des tours de force de notre esprit, est de nous mettre à la place d'autrui.

Les anciens sont aussi loin de nous à distance de mœurs, qu'à distance de temps,

L'étude aprofondie de leur langue et de leurs mœurs a le grand avantage, de nous faire sortir de tous les préjugés de notre enfance et de notre pays., préjugés qu'une grande nation ne voudroit jamais quitter en faveur d'une nation contemporaine ; et ce n'est cependant qu'en faisant varier nos points de vue., en nous faisant sortir de nous-mêmes, que nous devenons tolérans et justes.

Chez les anciens, les familles étoient plus isolées que chez nous ; les honnêtes femmes vivoient retirées ; une grande famille étoit une petite république, et tout jusqu'aux bâtimens, étoit l'ouvrage des serviteurs domestiques. Il en résultoit, qu'une maison de campagne prenoit mieux la forme de son maître, que si elle eut été faite par des étrangers.

Quand nous jugeons la maison de Pline, nous voulons la voir sur le papier, l'assujettir à notre logique, où la première question est toujours, que diront les passans de cette façade ? Pline, qui ne demandoit jamais aux autres s'il avoit du plaisir, avoit une cam-

---

(1) Du tems de Pline on avoit dans les maisons opulentes de Rome un esclave qui n'avoit d'autre fonction que de savoir les noms des serviteurs de la maison.

pagne arrangée pour ses gouts personnels, et ce luxe est plus grand qu'on ne pense.

Nos jardins ont fait un grand pas sur ceux de nos pères ; de roides qu'ils étoient, ils sont devenus des paysages enchanteurs, l'art des jardins s'est élevé par là au rang des beaux arts. Mais dans nos pays froids, ces paysages sont quelquefois perdus pour nous, parce que le ciel ne nous permet pas toujours d'en jouir. Pline qui vivoit dans un des plus beaux climats du monde, a cru que tout ce qui tenoit à la santé étoit de première nécessité ; il a cherché quelquefois le soleil et une chaleur tempérée, parce que les sensations qui tiennent au bien-être physique, à ce sens, qui de tous les sens est le premier, lui ont paru plus précieuses qu'un tableau qui ne plait qu'à la vue, et qui disparoit à chaque vent froid, et à chaque pluie.

La maison de campagne de Pline, étoit disposée de manière à avoir partout la même température, et à trouver à chaque moment le soleil ou la fraicheur, que l'on avoit envie d'avoir. Il n'avoit pas fait des points de vue, mais il avoit tiré parti de ce que la nature avoit donné. Ses appartemens et ses fenêtres étoient tournés de façon à jouir de cent manières de la mer, des bois et des montagnes. Ses chambres étoient petites, mais les jardins ;

les terrasses et les promenades en faisoient partie, et se trouvoient intimement liés avec les bâtimens.

Enfin, tout étoit si parfaitement moulé sur les goûts personnels de Pline, que quiconque aura ses goûts, préférera son Laurentum à tous les palais du monde, et quiconque ne les aura pas, ne trouvera rien de si insipide, que ces cabinets de jardins, ce jeu de paume, ces bains, ces galeries solitaires ; le tout sans sallon de compagnie, et sans façade.

Les anciens peignoient peu le paysage ; s'ils avoient connu l'art enchanteur de Claude et de Gesner, ils eussent réuni le goût moderne des jardins, au sentiment si vrai pour la belle nature, qu'ils savoient très bien mettre à profit dans leurs bâtimens et dans leur poésie.

Les ornemens de leurs jardins étoient quelquefois sans goût ; témoin les figures de buis que Pline détaille dans la description qu'il fait de sa campagne de Toscane. Ce que nous appelons ornement, étoit très-accessoire dans les jardins de Pline, tandis que chez les modernes, c'est la première chose qu'on juge, parce que bien souvent c'est la seule qu'on y trouve. Au lieu du sallon de compagnie, Pline avoit des bains et un jeu de paume.

L'usage des bains a probablement son origine dans la manière de se chausser des an-

ciens qui laissoit une partie du pied à découvert. Dans les tems très anciens, on se
contentoit de se laver les pieds; la facilité
de s'habiller et de se déshabiller, et surtout les richesses, donnèrent bientôt l'habitude de se baigner tout le corps.

Les aqueducs et les thermes sont les premiers objets qui frappent les étrangers qui
arrivent à Rome, et cet usage universel des
bains tenoit peut-être à une petite circonstance de la chaussure et des vêtemens des
anciens.

Les Romains modernes sont si parfaitement le contraire des anciens Romains, que
de toutes les villes de l'Europe, Rome est
celle où l'on se baigne le moins. Il semble
qu'il y ait dans les mœurs une réaction qui
se porte sur tout, et se prolonge à travers les
siécles.

En réunissant tout ce que nous savons des
mœurs des villes du Latium avant Romulus,
nous y trouverons par-tout les germes des
mœurs des Romains. Les députés d'Enée trouvèrent la jeunesse de Laurente dans leur
champ de Mars, occupée aux exercices militaires. L'usage des exercices se maintint
avec les habitudes guerrieres, et se perdit
avec elles. Pline alloit à cheval, nageoit et
jouoit à la paume, quelquefois il alloit à la
chasse du sanglier.

Rien de plus beau que la côte de Laurente, au temps de Pline ; où les maisons, en quelques endroits, n'étoient séparées que par des jardins, en d'autres contiguës, comme dans les villes. D'un côté l'on voyoit le village de Laurente, où il y avoit trois bains publics, de l'autre étoit la grande ville d'Ostie, et au-delà du Tibre, les magnifiques palais du Port-Trajan. Alloit-on sur mer ? elle étoit peuplée de vaisseaux, car l'Italie ne fournissant plus rien, la capitale du monde recevoit tout de la mer ; sur terre, vous aviez d'un côté l'immense file de maisons de campagne, de l'autre des bouquets d'arbres, des pâturages, des troupeaux ; plus loin des collines couvertes de forêts, dans le lointain les montagnes.

Entrez dans la maison ; vous y trouverez une douce solitude, la nature y est par-tout avec vous, la mer s'y présente sous des formes toujours variées, la vue se multiplie à chaque fenêtre, vous êtes à l'abri des vents incommodes, et vous avez toujours l'ombre ou le soleil que vous aimez ; une douce chaleur est par-tout répandue avec le parfum des violettes ; s'il pleut, des tuyaux de chaleur vous rendent l'air du beau temps. « O doux repos de mon Laurente, » s'écrie Pline dans une lettre à Funda-
« nus;

» nus. O mer, ô rivage où les muses tou-
» jours présentes, me disent tant de choses;
» c'est auprès de vous que je sens le vide de
» la vie agitée de Rome, de cette vie, où
» sans rien faire, on fait si péniblement des
» riens ; tandis que dans cette retraite,
» chaque moment est une vie pour moi ! »

PROMENADE DANS LE DÉSERT.

Je reviens au Belvédère de Torre-Paterno:
On ne voit ni jardin, ni bâtiment de ferme
autour de l'habitation de ces bergers. Une
aire circulaire, appelée *area*, placée dans la
prairie, et pavée de grosses pierres de la
voie de Sévère, est auprès de la maison, et
sert à battre le blé quand on en a. Les cabanes voisines des pêcheurs napolitains,
étoient les seules demeures habitées que l'on
pût apercevoir. Dans le lointain on voyoit
flotter le pavillon de la frégate de lord Elgin
arrivée depuis peu de Constantinople. Agricola beau-père de Tacite, l'ami de Pline,
Agricola dompteur d'Albion, eut été bien surpris de voir avec moi les sauvages Bretons
devenus si fiers, près de l'humble désert de
cette Rome jadis si superbe. Il eut vu avec
douleur le long châtiment de ces Romains
tyrans et dévastateurs de la terre, payant

L

enfin avec usure tous les maux que leur ambition avoit faits au monde.

Je descendis du Belvédère, et, en attendant les chevaux qu'on devoit me fournir à la ferme, j'allai me promener du côté des colonnes de la villa d'Hortensius.

Le bois irrégulièrement coupé, laissoit apercevoir les fréquentes collines de ruines, et dans ces groupes de mazures, placées à de petites distances l'une de l'autre, je reconnus l'usage des Romains de composer leurs villas de petits bâtimens épars et isolés, tels que ceux dont Pline a parlé dans la description de sa maison de campagne. Çà et là des pans de murailles sortoient du gazon de la colline, et près de Torre-Paterno, je vis des restes de bâtimens antiques, dont on avoit fait autrefois des caves ou des écuries. Tous ces bâtimens, sans exception, sont de briques. L'on voit partout le long de la côte, des groupes de ruines diversement tombées, souvent ombragées par des arbres fruitiers. L'olivier, le poirier devenu épineux, surtout le figuier, le myrte, le rosier, le lentisque et le laurier, étoient les ruines vivantes des jardins de ces maîtres du monde, dont je foulois aux pieds la race superbe.

Ces arbustes toujours vivans sur les tombeaux de leurs maîtres, sembloient l'image de la fidélité malheureuse et constante. Le lière et la vigne sauvage tapissoient encore le reste des ruines, et sembloient, par leur verdure et l'agitation de leurs feuillages, rendre quelques restes de vie à ces régions de mort et de dévastation. Le chant gai de l'alouette, le mugissement des vagues, quelques buissons fleuris, le gazon toujours verd de ces tombes solitaires, enfin cette absence universelle de l'homme, si fortement sentie dans ces déserts, invitoient à de douces rêveries. Je ne sais par quel charme, par quel prestige invincible, la vie n'est jamais plus fortement sentie que dans les régions même de la mort.

Je fus quelque temps sans apercevoir les troupeaux sauvages dont j'étois entouré. Ces troupeaux à poil grisâtre, à longues cornes, au regard farouche, à la démarche légère, venoient partout se grouper autour de moi parmi ces ruines. La jeunesse de ces troupeaux, placée derrière les bataillons de leurs pères, ressembloit à des cerfs; leur dos d'un brun jaunâtre finissant en blanc sur les côtes, et leur allure de daim, m'avoient d'abord donné le change. Ces troupeaux se laissoient approcher jusqu'à dix à douze pas; alors le plus timide de la troupe prenant tout-à-coup la fuite, effrayoit tous les autres, et dans le même instant tous les buissons sembloient agités à la fois par la terreur de ces compagnons souvent invisibles de ma promenade. Cela me rappeloit les collines de ruines des environs d'Astura, placées sur la même côte, qui, couvertes de figuiers épais, aussi impénétrables que des murailles, n'ont qu'un sentier battu, quelquefois bien sombre, qui monte jusqu'au sommet de la colline, où ces animaux sauvages ont quelquefois leurs gîtes. On ne se doute point du danger qu'il y a à gravir ces sentiers ombragés, d'où les troupeaux épouvantés, d'immobiles et d'invisibles qu'ils étoient, s'élancent tout-à-coup avec une rapidité effrayante, déchirant le feuillage, et se précipitant de la colline, comme une tempête subite.

C'est dans ces régions sauvages qu'il faut étudier l'instinct de ces animaux domestiques. Ils semblent aimer la vue étendue, les objets nouveaux et le rivage de la mer. Je voyois quelquefois à Astura le taureau immobile en védette sur le sommet de quelque mazure, le regard à la fois menaçant et curieux, soufflant fréquemment de ses larges naseaux, tandis que ses compagnes, mollement couchées sur des lits d'algue marine, sembloient contempler avec complaisance les vagues qui venoient se briser à leurs pieds. Venoit-on à les effrayer? Elles sembloient dans leur retraite suivre des chemins battus et une tactique commune. Que les mœurs de ces animaux sont différentes de celles des troupeaux des hautes Alpes de la Suisse, qui, dans les pâturages les plus solitaires, aiment avec passion la compagnie de l'homme, qu'ils suivent partout avec empressement, comme pour lui témoigner à la fois leur amitié et leur reconnoissance!

VOYAGE A LAVINIE.

Une des occupations favorites des bergers de Torre-Paterno, étoit, comme chez les Latins de Virgile, de dompter des chevaux. Ce seroit une belle étude pour les peintres, de voir cet animal superbe, à l'œil étincelant, aux prises avec l'ennemi de sa liberté. (1) Malheureusement la faim est aujourd'hui le premier moyen d'esclavage pour le cheval comme pour l'homme.

Comme le temps n'a aucun prix dans ces déserts, ni pour les hommes ni pour les chevaux, deux des bergers vinrent m'accompagner à cheval jusqu'à Lavinie.

Nous partons : près de la maison de Torre-Paterno, on me fit voir une fontaine vrai-

---

(1) Iræque vincla recusantem.

ment antique, semblable à celle dont Pline dit que, quoique très près de la mer, l'eau en étoit excellente. J'y puisai une eau douce et fraiche à six ou sept pieds de profondeur. Près de là on voyoit une autre source, et des eaux stagnantes très bonnes à boire, qui étoient certainement le produit de quelque aquéduc souterrain. Bientôt nous entrâmes dans un enclos appelé *Pantan di Lauro*, (marais du Laurier) c'est le seul lieu de ces environs où j'aie trouvé le nom de Lauro. Nous y passâmes sur une longue colline de ruines couvertes de gazon; il n'est presque pas douteux que ce ne fut là le village de Laurentum. Le nom de Lauro le feroit présumer, et la voie de Laurentum, dont les traces étoient connues des bergers, aboutissoit à ces collines. L'on voyoit çà et là des mares d'eaux stagnantes, qui sembloient avoir des formes régulières; c'étoient apparemment des viviers dont l'eau étoit amenée par des aquéducs souterrains, presqu'éternels, tant que l'homme même ne s'avise pas de les détruire. Ce Laurentum pouvoit être à une petite demi-lieue de la campagne de Pline. L'on se rappelle qu'il y avoit trois bains publics dans ce village.

On voit évidemment, par la description que Pline fait de sa campagne, que de son tems il n'y avoit pas de dunes entre la mer et sa villa. Apparemment que du tems de Latinus, ces rivages de la mer étoient encore un peu marécageux, car les dépôts du fleuve devoient être bien moindres alors, que mille ou douze cents ans plus tard. Cette circonstance pouvoit être la raison pourquoi la ville de Laurente avoit été placée loin de la mer, aux pieds des collines, dans un terrain apparemment plus élevé que le rivage. Il est d'ailleurs à remarquer que presqu'aucune ville antique n'étoit placée au bord de la mer.

Au-delà des marais de Lauro, commencent les forêts de Borghèse, où l'on fait tous les neuf ans des coupes réglées. Ces bois taillés par le pied, repoussent avec une abondance qui rend la forêt impénétrable. Rien n'est à mes yeux plus varié, plus poétique, qu'un désert, et rien de plus prosaïque qu'un pays bien cultivé. Mes guides toujours empressés autour de moi, me racontèrent que dans les taillis fourrés, ils avoient vû la tête d'une statue, un peu déterrée par les eaux.

Le chêne verd, le liège au tronc grisâtre et déchiré, le laurier, l'olivier, entre-mêlés de poiriers, de pommiers, souvent entourés de rosiers, de myrtes, de lentisques, le tout enlacé de lierre, de vigne ou de chevrefeuilles, formoient des massifs impénétrables, entre lesquels l'on découvroit çà et là de sombres sentiers, peut-être primitivemeut l'ouvrage des sangliers, ou des troupeaux sauvages, dont sortoit quelquefois un charbonnier plus noir que l'ombre qui le couvroit. Cependant le chant de mille oiseaux sembloit verser la vie dans la nuit de ces épaisses ombres, leurs cris et leur fuite subite, quand on venoit à passer, animoient ces solitudes profondes, où chaque pas étoit pour moi comme une stance nouvelle de l'Arioste. Je croyois sentir que je foulois sous mes pas les chefs-d'œuvres des Grecs et les cendres des Romains, je croyois vivre encore avec ces hommes qui nous avoient fait don de la pensée et du sentiment du beau, plus précieux, peut-être, que la science même. Plus l'ombre des forêts étoit épaisse, plus je me croyois rapproché de ces tems antiques, et plus je voyois de près ces hommes étonnans, qui, par leur influence sur la masse des événemens, sembloient encore vivre parmi nous.

Sortis de cette forêt, nous tournons à l'Est vers Lavinie, aujourd'hui *Pratica*, dont nous étions peu éloignés. Ce fut avec peine que, rendu à la lumière, je me séparai des ombres de Pline, de Lelius et de Scipion, avec lesquelles il me sembloit avoir vécu quelques instans. Un sentiment de tristesse échappé de mon cœur, les suivit encor dans la forêt ténébreuse, où ma pensée les avoit évoqués de la tombe.

Nous entrâmes bientôt dans une double allée de chênes, vénérables par leur âge et par la vaste étendue de leur ombre. Leur antiquité toute moderne servoit, pour ainsi dire, à rendre sensible le grand espace de temps qu'il y avoit entre moi et les ruines que je venois de quitter. Car le long de la mer, dans ce Latium fameux, tout ramène l'homme à l'idée du tems, chaque siècle semble y avoir frappé son empreinte, et le souvenir des grandes choses, vient s'associer de partout, avec l'idée de la destinée fugitive de ce qui tient à l'homme.

Le terrain s'élevoit peu-à-peu, et je voyois près de moi la double chaîne des collines volcaniques assez escarpées, sur une desquelles est placé Lavinie. En montant, nous vîmes dans le chemin les restes d'un porc-épic déchiré par les chiens. Bientôt, nous passâmes le petit ruisseau du moulin de la ville, de quatre à cinq pieds de largeur, qui, sorti d'une petite vallée noire et profonde, n'avoit pas l'air de se douter de sa célébrité. Les antiquaires en font le Numicus d'Enée. Ce n'est certainement pas le Numicus de Virgile, qui l'associe par-tout au Tibre et aux marais.

CONVERSATION AVEC MES GUIDES.

Mes guides voyant l'intérêt que je prenois à tout ce qui se présentoit à moi, pensèrent que je pourrois bien en prendre à leur sort.

Monsieur, me dit l'un d'eux, mon camarade a un procès à Rome, et vous pourriez lui rendre un grand service. Je m'étois un peu disputé avec un ami, me dit l'homme au procès. — Il se tut un moment, puis ajouta je m'étois échauffé dans la dispute. — Et tu as assassiné ton ami. — Non pas précisément, mais enfin, il est mort. Dites un mot, et je suis persuadé que je pourrai retourner à Rome, auprès de ma pauvre famille qui y meurt de faim. — Comment voulez-vous, lui dis-je, que la justice pardonne ? Oh Monsieur, il arrive tous les jours qu'elle oublie ces choses là ; puis ils me racontèrent tous deux, cent exemples d'impunité, et me parlèrent de cet assassinat, comme de l'action la plus commune et la plus excusable.

Pour achever l'histoire de mes guides, je dirai que quatre heures après mon arrivée à Pratica, je les trouvai dans la seule auberge qu'il y eut dans cette ville. Ils avoient attaché les chevaux dans la rue, sans leur donner ni à boire ni à manger, et s'étoient un peu grisés avec mon argent.

S'apercevant qu'on alloit nous servir, ils voulurent très sérieusement payer pour nous avant de partir; et voyant que cela ne se pouvoit pas, ils vouloient nous servir, et finirent par improviser des vers à notre honneur. Ils ne partirent eux-mêmes, qu'après avoir dépensé tout ce qu'ils avoient eu de nous et avoir laissé presque mourir de faim les chevaux qu'ils devoient ramener.

Que de leçons, dans cette courte histoire ! Dans un pays où l'assassinat est quelque fois sous la triple sauvegarde du droit des gens, du droit de l'église et du droit civil, oseroit-on le punir sans être en contradiction avec toutes les lois publiques ? Bien plus, l'opinion viciée par les lois, fournit une quatrième excuse à l'assassinat, en le représentant comme une vengeance devenue honorable parmi le bas peuple, et ces lois existent dans un pays où la perfection de la morale, la religion, règne plus immédiatement que partout ailleurs !

Voyez tous les maux qui résultent de cette demi-impunité. La famille de cet assassin fugitif, vit à Rome dans la séduction de tous les vices avilissans, irrésistible dans l'extrême pauvreté. L'idée de trouver un protecteur contre les premières lois de l'ordre public, donne à la fois toutes les idées avilissantes;

car comment trouver un protecteur de l'assassinat, si ce n'est par les moyens les plus vils ? Quel respect aura le peuple pour la loi même, qui protège l'assassinat ? quelle estime pour ceux qui la défendent ? quelle idée de ceux qui dispensent l'assassin de la peine, quelle opinion du système absurde d'une législation, qui sauve d'un côté et punit de l'autre ?

S'il est vrai que la force des lois vient des mœurs et de l'opinion publique, il n'en est pas moins vrai que les mœurs se modèlent sur les lois, qui ne sont que l'énoncé de l'opinion de la puissance. Quelque libre que paroisse en apparence l'opinion individuelle de chacun, elle est à la longue toujours entrainée dans la direction de l'opinion publique, qui, influant sans cesse sur les lois, en est influencée à son tour : car ces deux forces morales, semblables à celles qui font mouvoir le système de l'univers, cheminent par des règles aussi immuables que celles du monde physique.

Enfin, l'on voit dans l'exemple du Latium, combien il est difficile de donner des mœurs dans les pays où les hommes sont sans propriété. Si l'idée de *mœurs* revient en dernière analyse à l'idée *d'ordre*, rien ne met les hommes plus fortement à leur place que la propriété, qui multipliant à la fois tous leurs rapports, fixe leurs principes en raison de ces rapports, et contribue par là à diriger leurs actions dans le sens des mœurs, c'est-à-dire, dans le sens du plus grand bien général possible, appellé *ordre public.*

LAVINIE.

La petite ville de Pratica est certainement l'ancienne Lavinie : une foule d'inscriptions trouvées sur les lieux mêmes (dont plusieurs existent encore à Pratica) l'attestent. Le nom de *Laurolavinium* semble l'indiquer plus précisément, et prévenir toute équivoque. Mais ce qui me semble le prouver encore mieux, c'est le choix du local de cette ville. Lavinie placée sur la seconde ligne des collines, est bâtie sur un plateau assez élevé, de forme un peu circulaire, isolé dans tout son contour, si ce n'est du côté de l'entrée de la ville, où le terrain est à peu près de niveau avec la campagne toute volcanique de Rome, qui là se trouve contiguë avec le haut de la colline.

La petitesse du local, et le choix de l'emplacement de Laurolavinie, prouvent à la fois la petitesse de la colonie Troïenne, et la sagesse de leur chef dans le choix de l'emplacement de sa ville, mieux défendue par la nature du terrein que ne l'étoit Laurente, que Virgile semble peindre comme assez facile à prendre, puisqu'Enée par une simple attaque donnée à la ville, force Turnus à venir se battre avec lui. Cette circonstance confirme l'opinion que Laurente étoit située dans la plaine.

Je trouve encore ici une grande probabilité dans tous les faits exposés par Virgile, et une grande harmonie dans les aperçus historiques de ces temps éloignés.

La petite colonie de Troïens, à son premier établissement, avoit trouvé prudent de se loger dans une espèce de forteresse naturelle, placée à égale distance entre Ardée et Laurente (1). Cette colonie une fois réunie avec les Latins et les Rutules, et la petite Lavinie devenue capitale, ne suffisant plus à un peuple croissant, on alla s'établir à Albe, qui par son site élevé et superbe, semble dominer tout le Latium. Ces premières villes, composées sans doute de cabanes de bois ou de ramée, couvertes de roseaux et de chaume, se plaçoient et se déplaçoient facilement dans ces grandes forêts à demi-défrichées; et si le temple de Picus avec ces cent colonnes a

---

(1) Lavinie est à deux petites lieues d'Ardée et de Laurente, et à une grande demi-lieue de la mer.

réellement existé, l'on ne sauroit douter que ces colonnes ne fussent de bois, puisque les statues des Dieux mêmes en étoient.

La facilité avec laquelle la ville d'Albe fut démolie, dans une demi-journée, environ quatre siècles plus tard, prouve encore la fragilité de sa construction.

Pison, un des plus anciens historiens de Rome, raconte qu'Enée ayant péri dans le Numicus, son fils lui fit bâtir un temple, où il fut adoré sous le nom de Jupiter Indiges (1). Dès lors la ville de Lavinie fut appellée par le peuple, les *Roches du Père, saxa Patrica;* de là le nom de Pratica.

Il faut observer ici une grande singularité dans le langage du peuple de Rome moderne et de tout le Latium, celle de transposer des lettres ou des syllabes, et de s'énoncer constamment comme Polichinel. Les Romains d'aujourd'hui disent gravement *Crapa*, pour *Capra*, la chèvre, ils disent *frebbe* au lieu

---

(1) Le monument érigé à Enée existoit encore du temps de Denys d'Halicarnasse : « ce n'est plus, « dit-il, qu'un petit tertre, autour duquel on a planté » des arbres disposés avec un ordre si admirable, qu'ils » méritent d'être vus. » Ce bois s'appeloit *Lucus Jovis Indigetis*, il étoit proche du fleuve Numicus, entre ce fleuve et Laurente.

de *febbre* la fièvre, *paduli* au lieu de *paludi*; ils disent le *contestable* de Colonne, au lieu du *conestable* de Colonne, enfin, ils disent *Pratica* au lieu de *Patrica*. On voit par là combien les étymologies sont trompeuses, puisque la postérité ne se doutera jamais de cette bizarrerie du langage de tout un peuple, qui a déjà donné lieu à des méprises. Quantité d'auteurs modernes ont confondu *Lavinium* avec *Lanuvium*, parce qu'il a plu aux Romains de prononcer *Lavinia* au lieu de *Lanuvia*. Mon guide de Pratica, disoit *retro* au lieu de *dietro*, non qu'on ait conservé à Pratica le mot latin *retro*, mais parce que l'usage de transporter des lettres fait règle dans le *patois* du Latium.

HISTOIRE DE LAVINIE.

J'aime à m'arrêter quelques instans aux siècles de l'enfance de l'homme, où les Grecs jouent encore un rôle :

Leur esprit domine partout où il se montre; et les Dieux des Grecs furent adoptés par les Latins au temps d'Enée, comme leur philosophie le fut, mille ans plus tard, par les Romains éclairés.

Avant que Lavinie fut bâtie; les pénates d'Enée avoient, dans le Latium, leur chapelle,

pelle, leurs autels et leurs prêtresses ; car alors ces Dieux n'étoient servis que par des femmes. La fête de ces Pénates se passoit à représenter les événemens dont on célébroit le souvenir.

Enée, dit-on, arriva à l'embouchure du Tibre au mois de Quintilis, qui est notre mois de Juillet ; à la grande fête des Pénates on représentoit l'arrivée des Troïens dans le Latium. On voyoit les prêtresses dresser des autels, et arranger des bancs tout à l'entour, puis aller en procession chercher les Dieux, qu'elles amenoient en chantant des hymnes lugubres, sans doute sur la fuite de ces Dieux, et ces chants étoient accompagnés d'une espèce de danse. Enée, couronné de fleurs, étoit debout à côté des autels, avec les principaux chefs des Troïens.

Varron raconte que l'on montroit à Lavinie une représentation en bronze de la fameuse truie avec ses trente petits ; comme quelques siécles plus tard l'on montroit la louve de bronze de Romulus et de Remus, la même que l'on voit encore aujourd'hui dans le musée du capitole. Bien plus, les prêtres de Lavinie faisoient voir aux croyans, le corps même de la truie en chair et en os, miraculeusement conservé. Et comme les contradictions ne coûtent rien à l'imagination, qui voit toujours sans comparer, ces mêmes prêtres faisoient voir l'enclos sacré qui renfermoit la place du sacrifice de cette famille de porcs.

Lavinie étoit une ville toute sainte. Entr'autres reliques, l'on y exposoit la représentation d'un aigle, d'un loup et d'un renard, dont l'histoire est racontée dans le 13.ᵉ Chapitre du premier Livre de Denys d'Halicarnasse.

Enée ayant fait bâtir à Albe, un temple à ses Dieux Pénates, il arriva que ces Pénates ne voulurent point y loger, mais retournèrent à Lavinie dans leur modeste demeure, le jour même de leur arrivée à Albe. Six-cents personnes consacrées à leur culte furent obligées d'aller vivre à Lavinie pour les servir. Parmi ces six cent personnes se trouvoient les familles les plus nobles d'entre les compagnons d'Enée. Ascagne avoit eu sans doute des raisons de les éloigner du siège du gouvernement.

L'on voit partout qu'Enée réunissoit la puissance de la religion avec celle des lois, (1)

---

(1) Dans le traité qu'Enée fait avec Latinus L. XII v. 192. Enée se réserve de donner des Dieux et un culte à la nation vaincue. *Sacra deosque dabo*, ce

et ces deux pouvoirs ne furent jamais séparés dans la suite par les Romains. Lavinie devint ainsi une espèce de colonie d'Albe, et il est à remarquer que le système d'envoyer des colonies, étoit connu de cette république, qui dans la suite servit de modèle à Rome naissante. Albe avoit des dictateurs, et, comme Rome, elle eut des sacrifices communs avec les peuples du Latium.

Virgile qui lisoit son poëme à Auguste, ne laisse échapper aucune occasion de flatter, non seulement l'Empereur, mais encore les grands Seigneurs de sa cour, en les faisant descendre des compagnons d'Enée, comme il avoit fait descendre Auguste d'Enée.

Les *Geganiens* descendent, dit-il de *Gigas*, les *Sergiens* de *Sergeste*, les *Memmius* de *Mnesteus* les *Cluentius* de *Cloanthes*. Mais les *Junius* également issus de Lavinie, et aussi nobles que les familles que je viens de nommer, furent omis par Virgile, et sont, comme a dit Tacite en parlant de Junius Brutus, d'autant mieux remarqués qu'on ne les voit

---

qui ne fait aucune difficulté. Il faudroit nier toutes les traditions, si l'on vouloit nier les Dieux que les Troïens introduisirent dans le Latium, et que l'on voyoit encore au temps d'Auguste.

point parmi les familles d'une origine également illustre.

Il y avoit à Lavinie, ou près de Lavinie, un fameux temple de Vénus, commun aux peuples des environs, et desservi par les habitans d'Ardée.

On a cru reconnoître ce temple dans des ruines trouvées à *Campi-Gemini*, où l'on vient de trouver une belle statue de Vénus. Ces sacrifices, communs à plusieurs peuples, étoient en usage dans tout le Latium, où ce lien sacré unissoit plusieurs peuples voisins en une seule confédération. Quelques siécles plus tard, les peuplades du Latium s'assemblèrent sur le sommet du mont Albane, dans le temple de Jupiter *Latialis*; chaque peuple y avoit sa portion désignée du sacrifice, telle nation avoit de droit telle partie de la victime, telle autre en avoit une autre, c'est ce qu'on appeloit *visceratio*. Il y avoit de pareils sacrifices et des assemblées de nations à Ferentum, etc.

On ne sait pas au juste ce que c'étoit que les Pénates qu'Enée apporta en Italie; mais toutes les opinions s'accordent à dire que ce fut lui qui enseigna au Latium le culte mystérieux de Vesta. Ce fut à la grande fête de Vesta que Titus Tatius fut assassiné à Lavinie. On peut se faire une idée de la simplicité des temples de ces premiers temps, puisque près de cinq siècles plus tard, le temple de Vesta, bâti à Rome par Numa, ne fut encore qu'un tissu d'osier, couvert de chaume. (1)

Je ne sais si ce fut d'après la mère de Lavinie que la première Vestale fut appelée *Amata*.

Il n'étoit permis à aucun homme de voir l'image de Vesta. Le neuf de Juin étoit la grande fête de la Déesse : alors tous les ânes de Rome, couronnés de fleurs, alloient en procession par la ville. L'on peut voir dans les fastes d'Ovide les services que les ânes, en brayant à propos, ont quelquefois rendu à de chastes Déesses. La purification du temple étoit une autre fête de la Déesse, l'on ne pouvoit se servir alors que des eaux du Numicus. Le jour où on lui donnoit des

---

(1) Regis opus placidi quo non metuentibus ullum
Numinis ingenium terra sabina tulit ;
Quæ nunc *ære* vides, *stipula* tunc tecta videres
Et *paries lento vimine* textus erat.
Ovid. fasti. Liv. 6. 258.

Ne croiroit-on pas qu'Ovide a désigné le système de Newton dans ce beau vers ?

Ipsa volubilitas libratum sustinet orbem.

rameaux frais de lauriers, étoit une autre fête ; ces lauriers et ce Numicus semblent indiquer que le souvenir d'Enée étoit lié aux cérémonies religieuses de Vesta.

Les Vestales jouissoient du privilège, que tout condamné à mort recevoit son pardon quand il rencontroit une vestale. N'est-il pas singulier que les cardinaux aient hérité de ces chastes vierges, le même privilège ?

Enfin, Enée introduisit le culte mystérieux des Mânes. Il falloit au jour de leur fête, se laver trois fois les mains dans une eau courante, et manger des fèves noires, en disant neuf fois, sans regarder en arrière : *Je rachète avec ces fèves moi et les miens.* Encore aujourd'hui, au jour de la fête des morts, il est d'usage à Rome et dans les environs, de distribuer des fèves. Ce jour là les mendians vont de maison en maison, recevoir des fèves ou une soupe aux fèves. Les confiseurs font des fèves sucrées qu'on envoie aux enfans. Cette opinion, peut-être déja très ancienne au temps d'Enée, à traversé trois ou quatre mille années sans disparoître entièrement (1).

---

(1) L'on voit par-là que les hommes, ne recevant des idées nouvelles qu'autant qu'elles sont en rapport

MARCHE DE L'ESPRIT HUMAIN.

J'ai dit que le temple de Vesta, que Numa fit bâtir, étoit d'osier couvert de chaume. Il y avoit des temples d'une construction plus simple encore, c'est-à-dire des enclos sans *toit*, comme les temples du Dieu Terme. Quelquefois de simples *autels*, ou une *pierre*, suffisoient même sans enclos. Nous parvenons ainsi à la première origine des temples, qui ne furent d'abord *qu'une marque placée au lieu du souvenir d'un événement ou d'un objet dont on vouloit perpétuer la mémoire;* le second pas fut d'y placer un *autel.* Il y avoit dans la ville même de Rome, plusieurs de ces *ara* sans enclos, comme l'autel d'Evandre, l'*ara-maxima*, etc.

Dans la suite l'autel fut *entouré d'un enclos*, puis le tout *couvert d'un toit*. Des colonnes élevées tout autour de l'enclos, et couvertes par le toit, devinrent enfin le péristile du temple, où les fidelles étoient à

―――――

avec celles qu'ils ont déja, les nations se trouvent avoir un noyau d'opinions indestructibles; car les opinions que nous appelons *acquises*, ne sont, le plus souvent que *développées.*

l'abri de la pluie et du soleil. Tout cela s'agrandit peu à peu, et devint le temple de Vesta tel qu'on le voit à Rome. Ici, l'homme va du simple au composé. Dans l'histoire de la religion même, il a suivi une marche inverse, et il est allé du composé au simple.

L'histoire des religions est l'histoire de nos abstractions. Nous avons pris nos premières idées de *puissance*, en voyant des *bêtes* ou des *hommes* plus forts ou plus adroits que nous. (1) Ces premières notions se spiritualisèrent peu à peu en se généralisant. Vesta, et les Mânes sont déja des idées symboliques (2)

---

(1) Les mots de *religion* et de *terreur* étoient synonimes chez les Romains.

Virgile L. VII. v. 69.

Laurus multos *metu* servata per annos.

L. VIII. v. 48.

Jam tum *religio pavidos terrebat*
Agrestes.

A mesure que l'homme grossier apprit à éclaircir ses pensées, il apprit aussi à joindre l'idée d'*intelligence* à celle de *puissance*. Dès lors, la terreur religieuse se changea en *admiration*. Plus cette idée d'intelligence s'annoblit, plus l'admiration passe à la *vénération* et à l'*amour*.

(2) Dans le *symbole*, l'*image* domine sur les *sens*; dans l'*allégorie* le *sens* domine sur l'*image*. Ce sont là diverses nuances de la génération des idées abstraites.

à demi généralisées. Le troisième pas fut de
rendre *allégoriques* nos premières images ;
Jupiter devint le *ciel*, *Venus* l'*amour*, *Hercule* la *force*, *Minerve* la *sagesse*. Enfin,
l'idée simple de *Dieu* alla se placer au haut
de la pyramide, comme *une* et *indivisible*,
et l'opération de l'abstraction fut achevée dans
cette conception sublime. Chaque nation
reste sur l'un ou l'autre gradin de la pyramide, selon le degré de son ignorance ou
de sa culture.

LAVINIE MODERNE.

La petite ville de Pratica, placée sur un
plateau assez élevé, jouit d'une belle vue. A
l'Ouest on voit la vaste étendue de la mer,
et toute la côte verte et fertile de Laurente,
depuis le Tibre jusques près d'Antium ; au
Nord les regards plongent dans un vallon (1)
sombre, profond et solitaire, qui s'étend
sous la roche qui supporte la ville ; au Sud,

---

(1) Ce vallon ressemble à celui que peint Virgile
dans le onzième Livre, v. 521.

Est curvo anfractu vallis ad commoda fraudi
Armorumque dolis ; quam densis frondibus atrum
Urget utrimque latus, tenuis quo semita ducit,
Augustæque ferunt fauces, aditusque maligni.

de belles prairies conduisent l'œil jusqu'à Ardée, que l'on voit depuis les fenêtres du château ; à l'Est s'élève l'immense campagne de Rome, encadrée magnifiquement par le grand arc des montagnes qui va au Nord et au Sud, aboutir à la mer.

La ville de Pratica n'a qu'une vingtaine de maisons entourées de murailles tombantes. A l'entrée de la ville, qui, comme Ardée, n'a qu'une seule porte, l'on voit une petite place devant le château, et en face du château deux petites rues et une église. Un habitant de la ville me dit, qu'il n'y avoit plus que quatre-vingts habitans à Pratica. Il avoit vu la ville assez peuplée. J'en verrai peut-être mourir le reste, me dit-il ; cet homme avoit quarante ans.

En me promenant autour de la roche volcanique qui supporte la ville, j'y trouvai plusieurs grandes cavernes autrefois fermées, où l'on voyoit des gonds de porte. Il est probable que dans cette ville toute mystérieuse, ces cavernes ont servi au culte des Dieux. Mais je venois de lire un ouvrage sur la découverte de la ville de Veies, où l'on a trouvé dans de pareilles cavernes, (que l'on croit être les mines de Camille,) des paquets de vipères enlacées l'une dans l'autre, ce qui éteignit en moi l'ardeur de m'avancer sans lumières dans les cavernes de Lavinie.

L'ancienne ville de Lavinie, que je suppose avoir occupé tout le plateau, pouvoit contenir deux ou trois mille habitans.

Il étoit naturel qu'après la réunion des Troïens avec les Latins et les Rutules, on allât chercher une autre capitale. Le choix de l'emplacement de la ville d'Albe étoit encore digne de l'esprit des Grecs. Albe, bâtie dans un air encore aujourd'hui parfaitement sain, sur une élévation d'où l'on découvre la grande plaine de Rome, auprès d'un lac de la plus belle eau, qui, comme une glace de miroir, se trouve dans le fond d'un cratère, entouré d'un immense amphithéâtre de la plus belle verdure ; Albe, placée aux piés de Jupiter dont le temple étoit sur le sommet de la montagne qui s'élève derrière la ville, sembloit faite pour dominer sur tout le Latium.

Tullus Hostilius fit bien de détruire cette première rivale de Rome, il fit encore mieux d'en incorporer les habitans parmi ceux de sa ville. Ce mélange de peuples n'étoit possible qu'avec des habitans de mœurs simples, qui avoient les mêmes Dieux, le même langage, les mêmes habitudes, et des cabanes pour demeures. Vitruve dit qu'au temps d'Auguste on fesoit voir encore la cabane que Romulus avoit habitée.

Mais revenons à Lavinie : Nous étions logés chez le neveu de l'archiprêtre. Sa maison consistoit en une grande cuisine et deux petites chambres. J'eus occasion d'admirer dans notre hôte l'esprit naturel des Italiens. Il est Corse, il nous raconta comment les Anglois avoient perdus cette île pour n'avoir pas donné toute leur confiance à Paoli. Il avoit demêlé avec une singulière sagacité les intrigues faites contre cet homme célèbre, qui perdirent les Anglois dans l'île. Chez les habitans du Nord, l'âme s'engourdit dans l'oisiveté, chez les Italiens elle reste toujours vivante, et semble n'avoir besoin que du ciel pour penser. Pline dit que les Gaulois allèrent conquerir une partie de l'Italie, attirés par les figues et les raisins, que Helico leur avoit apportés de ce pays-là : Il seroit plus beau d'y aller vivre, pour y jouir sans cesse de la pensée et du sentiment, toujours vivans sous le beau soleil de Pline et de Virgile.

Mes compagnons étant allés se baigner à la mer, pour y jouir de l'élément chéri de leur patrie, j'allai me promener tout seul dans les environs de la ville. L'usage d'avoir sans cesse un Ciceroné à ses côtés, ne sert qu'à rétrécir l'esprit des voyageurs. Il faudroit se préparer pour chaque course que l'on fait, et puis aller seul. La disposition d'esprit de l'homme qui observe est d'une mobilité extrême, un rien le fait regarder à droite ou à gauche, un rien guide ou détourne ses idées errantes. C'est dans la solitude que la pensée suit sa direction naturelle qui est de s'élever.

Sorti de la ville de Pratica, mon premier désir fut de descendre dans le vallon étroit et solitaire, qui entoure la moitié de la ville, et dans lequel le prétendu Numicus coule sous d'épais ombrages, mais l'appas de la vue me fit préférer les hauteurs. Pour arriver à un point très-élevé il fallut d'abord descendre pour remonter. Je voyois par-tout de la culture, et nulle part des cultivateurs. Un petit berger m'avoit suivi; une haie d'épines très-haute m'empêchoit d'arriver sur la colline où je voulois aller; le petit sauvage voyant mon embarras, fut ravi de me montrer son talent. Il m'expliqua avec esprit la construction des haies d'épines, et le résultat fut que je la franchis. Le haut de la colline étoit couvert de morceaux de briques, de marbre d'Afrique, de porphyre et de fragmens d'albâtre, et tout annonçoit les décombres de quelque villa ou de quelque temple. Les haies étoient garnies de lauriers sauvages, et quoique cet arbre soit coupé de préférence pour être brûlé, on voit par ce qui en reste, que ce pays est sa patrie. Quel plaisir de lire Virgile sous le ciel d'Énée, et pour ainsi dire, en présence des Dieux d'Homère ; quelle solitude profonde dans ces déserts, où l'on ne voit que la mer, des bois ruinés, des champs, de grandes prairies et pas un habitant ! Je ne voyois dans une vaste étendue de pays qu'une seule maison, et cette maison étoit près de moi sur le sommet de la colline. J'y vais, elle étoit sans porte, je monte un escalier, j'entre dans une espèce de chambre; un oiseau de proie y avoit son nid ; le cri qu'il jeta en s'enfuyant m'effraya, quelle image vivante de la solitude qu'un oiseau de proie, établi dans l'unique bâtiment que l'on aperçoit dans le pays !

Je fus quelque temps à une fenêtre de cette maison abandonnée. Je voyois à mes pieds cette côte, au temps de Pline si riche et si magnifique, maintenant sans cultivateurs et presque sans habitans; des brigands d'Afrique et des assasins d'Italie infestoient cette terre et cette mer qui, jadis, fourmilloient de vaisseaux et de palais. Quelques bonnes lois et sur-tout des vertus, me disois-je, avoient fait des Romains la première nation du monde ; le despotisme et les vices qu'il engendre, ont changés ces lieux de délices en d'affreux déserts. Seize siècles n'ont pu suffire à expier le crime de ces Romains, d'avoir usurpé la monarchie universelle sur des nations indépendantes, et leur lâcheté, d'avoir abandonné une liberté qui leur avoit coûté si cher, pour attenter à celle d'autrui, et faire à leurs propres dépens le malheur de la terre.

J'avois à côté de moi une autre colline, d'où j'espérois voir Ardée, que je n'avois pas vue encore. J'y arrive au travers de plusieurs haies, où les leçons du petit berger furent répétées. J'y vis des ruines qui mériteroient des recherches suivies. La vue du côté d'Ardée s'étend par dessus de belles prairies. A droite à quelques cents pieds plus bas, s'étendent les déserts de la côte fertile de Laurentum, à gauche l'œil se perd, dans la vaste et silencieuse campagne de Rome, sur laquelle domine ce mont Albane, où Junon étoit allée se placer pour contempler le camp des Troïens, précisément à l'endroit où quelques siècles plus tard, fut bâti le temple de Jupiter.

Des moines mendians tiennent aujourd'hui la place de ce Dieu, et, sur le mont Albane et sur le Capitole, ils servent d'enseigne à la mendicité universelle, dans les lieux où Jupiter avec ses foudres annonçoit à la terre étonnée, la puissance des maîtres du monde.

Aprés une promenade de plus d'une heure, j'aperçus quelques ouvriers occupés à sarcler un champ de blé. Ils étoient tous étrangers. Comme j'étois à causer avec le maître du champ, une jeune femme s'évanouit, c'étoit de faim, comme je l'appris dans la suite. Les ouvriers continuèrent leur ouvrage comme si de rien n'étoit ; seulement la mère de la malade détacha son tablier, pour en couvrir sa fille, et retourna à l'ouvrage. Je lui dis qu'il falloit porter la malade à la ville, et ne pas la laisser sur la terre humide, à l'ardeur du soleil ; mais elle ne me répondit rien. Je courus au maître du champ implorer sa pitié pour la pauvre malade. Il me fit entendre que c'étoit beaucoup de lui payer sa journée, qu'elle étoit hors d'état de gagner. Nous sommes tous pauvres, me dit-il, et nous n'avons aucun lit de reste. — La paille suffiroit. — Ils n'en avoient point. Que la plus pauvre cabane de la Suisse me parut riche

che alors ! Je jettai les yeux tout autour de moi, et n'apercevant aucun abri, aucun secours, je fus pour la première fois effrayé de l'abandon et de la solitude de ce pays si plein de souvenirs et si vide de réalité ; je me sentois descendu vivant dans la demeure des morts. J'allai porter quelqu'argent à la mère de la malade, qui, sans daigner me parler, me regarda d'un air à me dire, la mort seule peut nous secourir !

Quelques cents lieues quarrées du plus beau pays du monde, dans le centre duquel se trouve une ville riche et peuplée de cent cinquante mille âmes, est sans cultivateurs et presque sans habitans. Il y faut chaqu'année attirer à grands frais des ouvriers étrangers ; que la peste, la famine et la mort renchérissent continuellement, et ce Latium si fameux par ses ruines, et les grands souvenirs qui l'habitent, ne sera bientôt plus qu'un vaste monument de la misère des temps modernes. Ceci m'engagera à étendre mes observations séparément sur le mauvais air, sur la pauvreté du pays, et sur la culture de cette terre jadis si superbe, et si humble maintenant.

Pour ne pas interrompre ce voyage, je placerai ces observations dans la seconde partie de cet ouvrage.

N

VOYAGE DE LAVINIE A ROME.

J'avois pris à Pratica un cheval et un guide, le tems étoit beau et frais, j'avois environ sept lieues à faire à travers le désert pour arriver à Rome.

Pratica vue depuis la plaine de Laurente, semble placée sur le sommet de la colline, cependant nous n'eûmes pas à descendre de l'autre côté, où le chemin étoit presque de niveau avec la plaine volcanique.

Près de la ville nous vîmes quelques lauriers, des ormeaux et plusieurs cyprès. Ce dernier arbre, que l'on ne voit guère dans le Latium que planté, pourroit bien indiquer le voisinage d'un tombeau, où le cyprès fidèle aux morts, semble devenir immortel.

Le sol près de Pratica, est une argille rouge mêlée de sable.

Peu à peu tous les arbres disparoissent, et dans l'immense plaine que nous avions devant nous, on ne voyoit ni bâtimens, ni habitans, ni voyageurs, ni eau, ni aucune trace de vie. Dans ce silence universel, on remarque le bruit de ses pas, et mes yeux se fixoient involontairement sur quelques nuées poussées par le vent, comme sur le seul objet qui représentât encore le mouvement et la vie.

A une petite lieue de Pratica nous entrâmes dans la chaussée d'Ardée, qui n'a ni ornières, ni voyageurs. Bientôt nous vîmes deux bergers à cheval traverser le grand chemin ; ils tenoient à la main de longues piques, avec lesquelles ces rois des troupeaux sauvages conduisent et *gouvernent* (1) leurs nombreux sujets. Ils me rappelèrent ce passage de Virgile qui fait dire aux Latins. — *Versaque juvencum terga fatigamus hasta.*

La plaine a partout un mouvement ondulatoire; on monte doucement et long-tems, on arrive insensiblement sur le dos d'une longue colline, pour voir de l'autre côté un mouvement semblable.

(1.) Dans les Alpes de la Suisse françoise, on exprime par ce mot les soins que l'on donne aux troupeaux : *Gouverner* son bétail, c'est lui donner les soins presque tendres qu'on lui prodigue dans ces contrées. Cette expression peint l'idée que ces peuples pasteurs se forment d'un gouvernement qui, selon eux, ne sauroit être que bienfaisant, ce qui fait l'éloge de celui sous lequel cette expression étoit née. Voici l'idée que ce peuple philosophe se formoit d'un roi. Dans un charivaris que j'y vis, un homme, placé sur les épaules de deux autres, enveloppé d'un long manteau, et soutenu d'un grand bâton, s'appeloit *le Roi*. En admettant que son bâton représentât l'opinion publique, cette image étoit très juste.

A un grand quart de lieue à notre gauche nous aperçûmes sur le haut du mont *di Leva*, au milieu d'un champ vert, une chapelle blanche dédiée à *Anna Petronilla*.

Dans la vaste solitude de ce sol classique, toutes les pensées sont pour les morts ; moins on voit d'objets réels, et plus l'esprit travaille sur tous les souvenirs historiques ; on ne fait pas un pas sur ce sol fameux, sans passer sur le lieu de quelque grand événement, et sans être assuré que le moment viendra où l'on voudroit se retrouver à la même place, pour y célébrer dans la pensée quelque grand souvenir. Que j'ai de regrets de n'être pas allé jusqu'à cette pauvre chapelle. Mon voyage avoit surtout Virgile pour objet ; je ne voyois qu'Énée et les Troïens, et néanmoins je passe tout près de la sœur de Didon, sans reconnoître la chapelle d'Anna, sans y aller adorer son image, dont mon cœur sans doute eut retrouvé quelques traits dans le portrait de la sainte de son nom, à qui ce petit temple se trouve dédié.

La légende payenne avoit désigné le lieu où la malheureuse sœur de la Reine de Carthage, Anna, changée en nymphe, vouloit être adorée, on avoit immortalisé son nom par la fête la plus gaie et la plus séduisante.

Le christianisme s'établit, et les chrétiens

trouvant dans le désert un temple dédié à Anna Perenna, ce ne pouvoit être qu'Anna, mère de la Vierge, et Anna Perenna sœur de Didon continua d'obtenir les adorations des fidèles, sous le nom chrétien d'Anna Petronilla.

La religion toute humaine des payens a toujours son origine sur la terre, et le calendrier du grand théologien Ovide, a partout quelque tradition historique pour base.

Sacra recognoscas *eruta annalibus priscis.*

L'origine des fêtes saintes que je décris est, dit-il, tiré de nos antiques annales. Encore aujourd'hui quand on parle des *fastes* de l'histoire, on semble désigner par ce mot, la partie la plus respectable des événemens, celle que la foi religieuse a particulièrement consacrée dans la mémoire des hommes.

Énée, son histoire, et les Dieux qu'il porta dans le Latium (1), occupent une grande par-

---

(1) « On montre à Rome un petit temple extrêmement obscur, situé près de la place publique, vers le chemin des carines, où l'on voit des figures de Dieux troïens, avec l'inscription *Denates* au lieu de *Penates* ; car les anciens n'avoient point encore inventé la lettre P. Ce sont deux jeunes gens assis, tenant une pique à la main. » Denys d'Halicarn. (L. I. Chap. 15.) Il y a d'autres pénates apportés par Énée, dont on n'ose pas parler, dit le même auteur.

tié des fastes d'Ovide, et il faut être né bien incrédule pour ne pas croire à ces vers.

Quel charmant tableau que celui qu'il nous a laissé de la fête d'Anna Perenna, célébrée au jour des fameuses Ides de Mars, où César fut assassiné.

Quelle aimable sainte que cette sœur Anna, qui accordoit autant d'années de vie, que l'on buvoit de fois à sa santé. Sa fête a donné un proverbe et un mot à la langue latine. *Commode perennare*, c'est comme qui diroit, se donner des années en buvant, passer gaîment son tems.

On pense bien que le peuple de Rome alloit en foule à cette bonne fête. Ovide peint ces bandes joyeuses, là couchées sur le gazon, et buvant l'âge de Nestor dans la coupe cent fois vuidée; là les cheveux épars, dansant sous des arbres, ou bien, faute d'ombrage, formant des berceaux avec de la ramée, ou d'une toge étendue sur des bâtons plantés en terre, se fesant une tente pour y boire au frais avec son amie. Plus loin des troupes nombreuses entonnoient en chœur des chansons du théâtre, et l'air retentissoit des battemens de mains qui en marquoient la mesure. Je voyois dit Ovide, ce peuple joyeux passer en procession par la ville, la vieille tenant son vieux ami par la main, et tout le peuple des rues criant : *voici les bienheureux qui reviennent.*

Cette Anna si gaie après sa mort, avoit eu une vie toute tragique. On connoit depuis l'enfance la fuite des deux sœurs, et la cruauté de Pygmalion leur frère, on sait par cœur la mort de Didon ; mais l'aimable Ovide est abandonné aux savans, et personne ne lit son livre des Fastes, si plein de graces et d'érudition.

Après la mort tragique de Didon, Anna est forcée de fuir de Carthage. Elle arrive à Malte. Le bon Roi Battus son hôte craint les fureurs du terrible Pygmalion, car le droit des gens et de l'hospitalité ne rassurent point contre les tyrans.

Anna fuit encore, son vaisseau est jeté sur une plage inconnue. Là elle rencontre sur la grève deux hommes, c'étoit Enée se promenant avec Achate sur les bords de la mer agitée. Anna ne voit en lui que le meurtrier de sa sœur, elle demande à la terre de s'entr'ouvrir sous ses pas, mais Enée, le bel Enée la rassure, lui dit, quelle trouvera une autre sœur dans Lavinie. Il se trompoit ; la femme d'Enée ne vit dans la sœur de Didon qu'une rivale odieuse... Une nuit Anna, la malheureuse Anna, aperçoit devant son lit l'ombre ensanglantée de l'infortunée Reine de Carthage, qui lui dit de s'éloigner au plus vîte, et de fuir les embûches de sa jalouse rivale. Anna s'éveille épouvantée, s'élance hors de la fenêtre, fuit, et dans son désespoir se précipite dans le Numicus, ou dans un petit lac que l'on voit encore près de la chapelle de son nom. Là elle fut adorée comme nymphe, peut-être par Enée, qui bientôt après périt dans les mêmes eaux.

Anna devenue nymphe fut si gaie, que le tour qu'elle joua à Mars amoureux de Minerve, (dont elle prit la place après avoir arrangé un rendez-vous,) ne peut être raconté que par le naïf Lafontaine. Cette aimable revenante, si tragique dans sa vie, ne fut plus connue depuis son apothéose, que par sa gaieté, et la bonté de son cœur. Le peuple Romain retiré sur le Mont-Sacré manquoit de vivres, une bonne vieille à cheveux blancs venoit chaque matin de Bovilla, apporter du pain frais aux Romains affamés. Cette vieille, ne pouvoit être qu'Anna, appellée *Perenna* depuis qu'elle étoit devenue nymphe. Dès lors le peuple lui éleva une statue, non loin du Tibre, sur les bords du Numicus dont elle étoit devenue la divinité tutélaire, et célébra sa fête telle que je viens de la décrire.

Cette Anna, l'éternelle amie d'Enée, semble même aujourd'hui le venger, en défendant son historien Virgile de l'accusation la plus grave que la critique ait osé intenter contre lui. On lui reproche d'avoir rendu amoureuse d'Enée, cette Didon, qu'on dit n'avoir vécu que plusieurs siècles avant ou après lui. Mais si *dans l'opinion publique* Anna se trouve contemporaine d'Enée, Didon l'étoit donc aussi, et Virgile est sauvé.

Rien de plus solennel que ces *fastes* publiés chaque année par le grand Pontife, qui annonçoit au peuple Romain toutes les fêtes religieuses, dont la mémoire se trouvoit déposée dans les livres sacrés. La publication de ce calendrier fut si agréable au peuple Romain, qu'il déféra l'édilité curule à Flavius secrétaire du collège des Pontifes, qui en trahissant les secrets de son corps, avoit osé les divulguer. Ce sont ces livres des pontifes qu'Ovide a mis en vers dans l'ouvrage intitulé *Fastes*, où l'on trouve les jours non ouvrables, et la légende des saints de la capitale du monde. L'histoire d'Anna Perenna conservée par Ovide, constatée par la fête la plus gaie du calendrier romain, et démontrée encore aujourd'hui par un mot resté dans la langue Latine, ne laisse donc aucun doute sur l'opinion générale, que Didon et Enée avoient été contemporains.

Il paroît par la légende d'Anna, et par le

récit de Virgile, qu'il y avoit à Rome des traditions adoptées sur les deux sœurs, dont l'histoire est intimement liée ensemble, comme on a pû le remarquer dans l'apparition de Didon ensanglantée, qui devint la cause de la mort de sa sœur.

Il faut voir comme Boccalini, Segrais, Dryden et le Tasse, s'épuisent en raisonnemens pour excuser Virgile sur cet anachronisme ; mais qui ne sent, que s'il eut existé tel dans l'opinion publique, le poëte restoit inexcusable ?

Tant que les opinions sont flottantes, et comme suspendues dans l'immense empire de l'imagination, elles peuvent toutes être employées dans la poésie. Mais l'acte de notre jugement, que nous appelons *assentiment, croyance*, fait pour ainsi dire sortir une opinion du mobile empire de l'imagination, pour la consacrer et déposer dans les fastes de notre *foi*, où nous ne souffrons plus ni discussion ni controverse. L'activité de l'ame semble avoir fini là où la foi commence ; et ce n'est plus qu'avec répugnance et presqu'avec douleur que l'esprit peut se résoudre à aller en avant ou en arrière de la ligne de sa croyance. Le poëte qui choquera l'opinion publique, péchera donc contre la première règle de l'art, (de qui toutes les autres émanent,) celle de donner du plaisir en excitant le plus que possible l'activité de l'ame. Chaque point fixe de notre esprit, chaque article de foi, établit un si grand nombre de rapports, que choquer ce point central, c'est choquer à la fois un grand nombres d'idées; employer à propos ces rapports, c'est nous donner des jouissances.

Mais cette chronologie, qui accuse Virgile, est une espèce de foi qui ne soutient aucun examen rigoureux. Heyne, l'admirable Heyne, ce grand législateur en matière d'antiquité, dit qu'il y a trois fondations de Carthage, l'une trente sept ou cinquante ans avant la prise de Troïes, une autre cent vingt trois ans après la destruction de cette ville, et une troisième trois cent vingt trois ans après cette époque ; le nom de Didon est placé à chacune. Et telle est la divergence de toutes les opinions sur cette chronologie ténébreuse, qu'il y a d'après Moreri, cinq cent six années de distance, entre tous les systèmes ; les uns faisant vivre Didon deux cent quatre-vingt-six ans avant Enée, les autres deux cent dix ans après lui (1).

---

(1) J'observerai que toutes ces chronologies n'ont aucun point fixe commun ; l'une ayant pour époque la bâtisse du temple de Jérusalem, l'autre la création du monde, la troisième le siège de Troïe. J'aime autant croire à Ovide, et surtout à cette foule de tra-

Qu'on lise les Fastes d'Ovide, et l'on verra que la moitié de ce calendrier, n'est que l'histoire très ancienne de Rome, telle que le peuple la croyoit. Comment Virgile, qui ne connoissoit ni la création du monde, ni le temple de Salomon, eût-il osé s'écarter de la foi vulgaire ? Qu'eussent dit les joyeux pellerins des Ides de Mars, s'il eût jeté quelques doutes sur la légende de leur sainte ?

Nous autres modernes, nous épurons l'histoire ancienne en comparant l'un avec l'autre, différens systèmes de chronologie, dont l'un est fondé sur les olympiades, l'autre sur la création du monde, un troisième sur le siège de Troie, ou sur le temple de Salomon. Mais si tous ces points de comparaison sont également mobiles, comment arriver à des résultats certains ? La probabilité chronologique croit en raison du nombre des rapports concordans ; mais dans l'histoire très ancienne, tous ces rapports sont si isolés, si rares, si vacillans, que la raison même ne peut se fixer nulle part.

---

ditions sur Enée, dont le calendrier romain est rempli, et qui, fondées sur d'antiques annales, et sur mille monumens, deviennent respectables par leur accord, leur ensemble et leur réunion. Appien dit positivement qu'Enée et Didon étoient contemporains.

Dans le voyage d'Enée, Virgile est d'accord avec la nature, aussi bien qu'avec les traditions adoptées. Il est remarquable, que presque toutes les émigrations des Grecs ont abordé sur la côte occidentale de l'Italie, quoique plus éloignée de la Grèce que l'orientale, que l'on peut apercevoir depuis l'Epire. C'est que le point de l'Italie le plus proche des Grecs étoit à peu près le bout de la botte, où les vents de Nord-Ouest, plus fréquens et plus opiniâtres dans certaines saisons, devoient les pousser au Sud. Ainsi le voyage d'Enée à Carthage, étoit d'accord avec l'usage des Grecs de préférer la route du Sud, où la première tempête devoit les pousser vers les côtes de l'Afrique. On évitoit d'ailleurs la navigation de l'Adriatique, qui, même de nos jours, n'est pas sans danger, et dont Horace ne parle jamais qu'avec effroi. C'est aux vents impétueux de cette mer perfide, qu'il compare l'humeur changeante et orageuse d'une de ses maîtresses.

Fretis acrior Adriæ.

L'ALBUNEA DE VIRGILE.

Je reviens à mon voyage :

J'avois dépassé la chapelle d'Anna, sans doute comme bien d'autres lieux fameux, invisibles à mon ignorance. Je vis bientôt à ma droite un vallon entouré de petits rochers volcaniques ; au-delà, une maison sur une colline, dans le lointain de riches côteaux, au-dessous de ce majestueux Mont-Albane, où je voyois de partout les grands yeux de Junon attachés sur le pays que je venois de quitter.

E summo, qui nunc Albanus habetur,
Prospiciens tumulo, campum aspectabat et ambas
Laurentum Troümque acies, urbemque Latini.

Pas fort loin de là, je sentis une forte odeur de souffre. J'avois dit à mon guide, que je voulois aller voir le petit lac de Turnus ; il m'en dépeignit un autre à un quart de lieue de la route. J'y allai. La forte odeur de souffre que je sentois me faisoit espérer de trouver quelques vestiges de volcan. Nous prîmes à la droite du grand chemin, le long d'un côteau où je vis bientôt des roches nues, blanches, jaunes, ou rougeâtres, comme j'en avois vu tout au haut du Vésuve. Nous voilà dans un vallon assez étroit. A un quart de lieue plus loin, je vois une eau blanche, serpenter lentement à travers le gazon ; le sentier tournoit avec le côteau. Tout-à-coup j'aperçois un petit étan d'une eau laiteuse d'où s'échappoient de grosses bulles d'air, et dont on faisoit fortement bouillonner l'eau en la remuant. Le terrain tout à l'entour étoit blanc, et le bassin se trouvoit placé sous un rocher volcanique tout blanc, presqu'à pic, assez élevé, où l'on voyoit à travers des herbes des traces de plusieurs cascades qui devoient tomber dans le bassin, par dessus l'entrée d'une caverne faite de mains d'hommes, à ce qu'il me sembloit. Elle avoit quatre à cinq pieds de haut, environ quinze de profondeur, sur six à sept de large. Je la trouvai pleine de cette même eau bouillonnante, dont les pétillemens fréquens, et le sifflement léger, produisoient dans cette voûte mille bruits bizarres. Qu'on se représente l'antique forêt qui s'étendoit entre Laurente et Albe, (dans laquelle Nisus s'engagea,) ces arbres touffus, ce profond silence, cette obscurité mystérieuse, cette odeur de souffre concentrée dans l'épaisseur de l'ombrage, et ces roches éclatantes, cette muraille blanche, d'où se précipitoit de partout une eau bouillonnante qui alloit tomber sur une terre blanchâtre dans un bassin blanc, où l'eau, quoique froide, dégageoit avec bruit de grosses bulles d'air, pétilloit comme du feu, et produisoit dans la caverne mille sons et sifflemens bizarres. A tous ces traits, je crus reconnoître l'*Albunea* de Virgile.

Je voyois ce bon Latinus, agité par d'effrayans présages, couché dans l'obscurité profonde, et de la nuit, et de cette forêt éclairée seulement par la splendeur des roches blanches, d'où tomboient des cascades d'une eau bouillonnante. Là, dans l'horreur religieuse d'un bois consacré à son père Faunus, couché sur la peau des victimes, il entendit, dit Virgile, et le bruit de l'Acheron et la parole des Dieux.

Et cæsarum ovium sub nocte silenti
Pellibus incubuit stratis, somnumque petivit;
Multa modis simulacra videt volitantia miris,
Et varias audit voces, fruiturque Deorum
Conloquio, atque imis Acheronta adfatur avernis.

Rien de plus absurde que l'opinion de Servius, qui confond l'Albunea de Virgile, avec la Sybille de Tibur.

Si *Albunea* signifie *eau blanche*, ce nom ne prouve rien, puisqu'il y a un grand nombre d'eaux souffrées laiteuses dans la campagne de Rome.

Voici la description que Virgile fait de l'oracle de Faunus.

At rex, sollicitus monstris, oracula Fauni
Fatidici genitoris adit, lucosque sub alta
Consulit Albunea, nemorum quæ maxima sacro
Fonte sonat, sævamque exhalat opaca mephitim.

Les

Les traits caractérisques de ce tableau, ne conviennent nullement à l'Albunea de Tivoli.

L'Albunea de Virgile exhale une forte odeur de souffre. Or, rien de plus pur, de plus inodore que les eaux des cascades de Tivoli. De plus Virgile semble entendre par Albunea, plutôt une forêt qu'une source, et ici la nature est encore d'accord avec Virgile, car l'odeur de souffre ne vient point du bassin ou de la caverne, mais des environs que je suppose avoir été la forêt.

Les commentateurs toujours attachés à Servius, sont allés chercher son Albunea dans la grande plaine entre Tivoli et Rome. Là ils ont trouvé des eaux souffrées, mais qui n'avoient aucun des autres caractères de l'Albunea, car elles coulent *sans bruit*, sans cascades, *et sont à une lieue de cette Alta Albunea*

Quæ sacro Fonte sonat.

Appliquer le *sub alta Albunea* à une source qui est dans une plaine parfaite, à une lieue de tout rocher, et de toute élévation, est une licence poétique que Virgile n'eut jamais prise. Et d'ailleurs rien de plus silencieux que cette eau appelée *aque albule*, qui n'a point le caractère de *fonte sonat.*

Il y a mille absurdités dans l'hypothèse de Servius, qui place l'oracle domestique de

Latinus dans un territoire étranger, à près de quarante milles de Laurente, aux portes d'une ville, et même d'une ville à fabrique de fer.

Je hasarderai ici une conjecture. Dans l'énumération des ancêtres de Latinus, dont les statues étoient placées dans le temple de Picus, celle de Faunus ne se trouve pas. S'il est permis de raisonner sérieusement, sur un sujet au moins demi-fabuleux, je dirois que Faunus, fils de Picus, étoit révéré dans la même forêt, qui s'étendoit fort au loin, derrière le palais de Picus, et, quand Virgile en parlant de ces bois sacrés, dit......, *Horrendum Sylvis et religione parentum.* — Je soupçonne qu'il a voulu parler de l'Albunea de Faunus — *nemorum maxima* — qui s'étendoit derrière les collines de Laurente, encore couvertes de forêts même au temps de Pline.

Il ne devoit guère y avoir plus d'une lieue entre le palais de Picus, et la caverne près de laquelle je place l'Albunea de Virgile. L'oracle de Pilumne, pareil à celui de Faunus, étoit de même assez près d'Ardée. Dans le commencement du neuvième livre, Iris trouve Turnus assis dans la forêt consacrée à son père. *Luco parentis Pilumni Turnus sacrata valle sedebat.*

Dans le huitième livre (v. 597). Virgile

parle d'un bois sacré, situé près de *Ceré*, à trois ou quatre lieues de Laurente où les anciens Pélages avoient coutume d'adorer Sylvain, le Dieu des champs et des troupeaux (1).

―――――――――――――――――

(1). Tite Live raconte que dans la nuit après la bataille sanglante où Tarquin et Brutus périrent en même tems dans un combat singulier, on entendit dans la forêt Arsia la voix de Sylvain, annoncer que les Romains étoient vainqueurs :

« Silentio proximæ noctis ex sylva Arsia ingentem
» Sylvani vocem eam creditam; hæc dicta: uno plus
« Etruscorum cecidisse in acie, vincere bello roma-
« num. »

Les forêts n'avoient point encore cessé de donner des oracles.

Ovide parle d'un bois consacré à Junon qui rendoit des oracles sur le mont Esquilin. Il paroît que chaque forêt avoit alors ses Dieux et ses oracles.

Junonis magnæ nomine *lucus* erat.
Huc ubi venerunt pariter nuptæque virique
  Suppliciter posito procubuere genu.
Cum subito metu tremuere cacumina sylvæ,
  Et Dea *per lucos* mira *locuta suos*, etc.

Fastes Liv. II,

Il y avoit aussi un bois sacré sur l'Aventin, avec une source et un oracle.

Lucus Aventino suberat niger
Ilicis umbra,
Quo posses viso dicere: *Numen inest,*

> Est ingens gelidum lucus prope Cœritis amnem.
> Religione patrum late sacer ; undique colles
> Inclusere cavi et nigra nemus abiete cingunt.
> Sylvano fama est veteres sacrasse Pelasgos
> Arvorum pecorisque Deo, lucumque diemque
> Qui primi fines aliquando habuere Latinos.

Remarquez un rapport entre tous ces bois sacrés, c'est qu'il n'y a de temple dans aucun.

Virgile en parlant de l'oracle de Faunus, dit :

> Hinc *Italæ gentes et omnis Œnotria tellus*
> In dubiis responsa petunt.

Cet oracle étoit donc très accrédité ; la Sybille de Tibur l'étoit aussi ; sa gloire a traversé les siècles, et son temple est encore un des plus beaux monumens de l'empire Romain. Comment se peut-il que le nom de Faunus n'ait jamais été prononcé avec celui de la Sybille de Tibur, et que malgré tant de célébrité et de l'Albunea de Tibur et de l'oracle de Latinus, il n'y ait aucune trace, aucun souvenir de Faunus dans les longues annales de la Sybille ?

In medio gramen, muscoque adoperta virenti
Manabat saxo vena perennis aquæ.
Fonti rex Numa maetat ovem.

Fast. d'Ovide.

Le témoignage de Servius ne m'en impose point. Je lui oppose celui de Virgile. Servius, qui ne s'est jamais avisé de consulter les lieux mêmes, a passé par dessus toutes les difficultés, et comme de son tems la mémoire de l'oracle de Faunus n'existoit plus, il a tout mis sur le compte du seul oracle connu qui portoit le nom d'Albunea.

Q'on lise attentivement la description de Virgile, et l'on verra qu'il entend par *Albunea une forêt sacrée* très étendue sous un rocher de ce nom ; l'oracle même étoit une forêt (1).

Subita *ex alto vox reddita luco* est.

Le voix sortit de la forêt ; sans doute que la terre blanche, le rocher blanc, et les eaux laiteuses et tombantes ont fait donner le nom d'Albunea aux rochers, à la source, et à toute la forêt (2).

---

(1) Fauni Dei Latinorum, *in sylvestribus locis* traditum est, *fari*, a quo *fando*, *Faunos* dictos, dit Varron Liv. VI. On connoissoit leurs oracles par les vers Saturniens. Dydime (Iliade 2.) définit *un bois sacré* (Lucus,) *une forêt avec une source*. C'est la définition de Virgile dans le mot *Albunea, nemorum quæ maxima sacro fonte sonat.*

(2) L'on voit dans Ovide ce même oracle de Faunus consulté par Numa. Il est intéressant de voir le même sujet traîté par deux grands poëtes, qui en ont

Les contradictions qu'il y a dans l'hypothèse de Servius sont si évidentes, que Volpi

placé la scène dans le même lieu, mais à cinq siécles de distance.

Numa, dit Ovide, va consulter l'oracle du grand Faune, dans une forêt que la hache avoit long-temps respectée. Il commence la cérémonie par le sacrifice de deux moutons, l'un fait à Faunus, l'autre au Dieu du sommeil. Le front couronné de rameaux de hêtres, il se couche sur la peau des victimes, après avoir lavé deux fois dans la fontaine sacrée sa tête chevelue, que les ciseaux n'avoient pas touchée. Il s'étoit abstenu de tout commerce amoureux, rien de ce qui avoit eu vie n'avoit été servi sur sa table, et il avoit ôté les anneaux de tous ses doigts. Vétu d'un habit grossier, il avoit eu soin, avant de se coucher, de prononcer les paroles qu'on n'adresse qu'au Dieu Faune. Il est à peine endormi que le Dieu lui apparoît, et pressant de son pied cornu la peau des victimes sur lesquelles Numa repose, il se fait voir à la droite du roi.

Numa effrayé par ce songe étoit encore errant dans la forêt, lorsqu'Egerie le rencontre, et lui en donne l'explication.

Sylva vetus nullaque diù violata securi
 Stabat, Mænalio sacra relicta Deo.
Ille dabat tacitis animo responsa quieto
 Noctibus. Hìc geminas rex Numa mactat oves,
Prima cadit Fauno, leni cadit altera somno.
 Sternitur in duro vellus utrumque solo,
Bis caput intonsum fontaná spargitur undâ;
 Bis sua fagineâ tempora fronde premit,
Usus abest Veneris, nec fas animalia mensis

même en est frappé, et ne sait qu'en croire. Ce doute d'un ancien érudit est de toutes les preuves la plus terrible contre le sentiment de Servius.

Que l'univers de ces peuples enfans étoit aimable ! Chaque source, chaque ruisseau avoit sa nymphe, chaque forêt son oracle, et chaque arbre sa divinité. Le grave Caton, près de mille années après Latinus, nous enseigne la formule qu'il faut observer en abattant un arbre, et l'invocation qu'il faut faire à sa divinité avant de le couper.

Maintenant non seulement l'ame de ces forêts, la douce illusion, a disparu, mais les forêts abattues, et tous les arbres coupés ne laissent plus apercevoir que d'informes collines et de fétides vallées. Une vieille tour

---

Ponere; nec digitis annulus ullus inest.
Veste rudi tectum super vellera corpus
   Ponit, adorata per sua verba Deo.
Interea placidam redimitâ papavere frontem
   Nox venit, et secum somnia nigra trahit.
Faunus adest; oviumque premens pede vellera duro,
   Edidita dextro talia dicta toro.
. . . .
Excutitur terrore quies; Numa visa revolvit.
   Et secum ambages cæcaque jussa refert.
Expedit errantem nemori gratissima conjunx.
Etc. etc.   Fastorum Lib. IV. vers. 648.

du moyen âge à moitié tombée s'élève sur le sommet de la roche volcanique. D'innombrables choucas noirs voltigent tout à l'entour de ses ruines, jetant sans cesse des cris lugubres et monotones. Un nombreux troupeau de moutons tous noirs paissoit sur la pente très escarpée d'une colline voisine. Je me souvins alors que dans ces mêmes lieux Latinus n'avoit sacrifié que des moutons : *Et cæsarum ovium incubuit stratis.* En effet, les pâturages arides de ces collines ne peuvent guère être employés que par les moutons que l'on y fait hiverner. Latinus en parlant dans le onzième livre du terrain qu'il offre de céder aux Troïens le long du Tibre dit, que l'on y laboure le bas des collines, mais que leurs sommités escarpées ne sont bonnes qu'à être pâturées.

Exercent colles, atque horum asperrima pascunt.

Ce qui est encore vrai de nos jours !

Mon Albunea s'appelle aujourd'hui *aqua solforata d'Altieri*. Ses eaux laiteuses dégagent beaucoup de gaz acide sulfurique, leur goût est acide et surtout très âpre, elles paroissent contenir beaucoup d'alumine, et dans un pays plus industrieux que le Latium elles pourroient sans doute être employées avec avantage.

La roche blanche qui forme la partie extérieure de la caverne dont j'ai parlé, contenoit un morceau de granit ou de gneis, dont le gluten avoit été dissous par l'acide sulfurique, car il se fondoit sous les doigts en sable à grain grossier. Ce morceau que j'ai cru être de granit, est la seule pierre de cette espèce que j'aie aperçue dans le Latium. Je remarquai dans cette même roche volcanique des petits polyédres (1) de la grosseur d'un pois, tels que j'en avois souvent vus sur le Vésuve. On voyoit par-tout des traces de l'antique volcan, qui n'est pas entièrement éteint dans ces solfatares.

FIN DU VOYAGE.

Comme j'allois remonter à cheval, mon guide, âgé d'environ quinze ans, me déclara qu'il n'iroit pas plus loin. Je lui en demandai la raison. — C'est que je n'en puis plus. Il n'avoit été sur pied, et au petit pas, que depuis environ deux heures, et comme je ne fis que rire de sa lassitude, il me dit : Je ne suis pas un homme comme vous, je ne suis qu'un homme de *cattiva aria* sans force et sans vigueur. En le considérant de plus près, je ne vis que trop qu'il avoit raison, son corps étoit enflé,

---

(1) Ce sont des Pyroxènes, espèce de grenats blancs que l'on trouve dans les Leucites.

et il avoit l'air si débile que je lui promis de le congédier bientôt lui et son cheval. Ramena malgré moi à l'affligeant tableau de la misère universelle, je montois pas à pas la petite colline de *Megliori*, lorsque mon cheval s'arrêta tout à coup, un tremblement convulsif le saisit, il chancelle et tombe demi-mort d'inanition et de foiblesse. Nous eûmes de la peine à le faire relever pour le mener sur le gazon; il sembloit avoir perdu jusqu'à l'envie de manger. Là nous achevâmes nos provisions, après en avoir fait part au pauvre guide, qui me dit : qu'il savoit bien ce que c'étoit que la viande, qu'il en avoit déjà goûté une fois dans sa vie. Il ne me parut pas plus glouton que le cheval affamé. Ces détails du tableau de la famine universelle achevoient douloureusement l'image de ce fleau, qui à chaque pas que je faisois sembloit me poursuivre. Dans ces déserts, j'avois cru du moins les chevaux à l'abri de la famine; mais comment l'homme, qui arrive enfin à l'abandon de lui même, penseroit-il aux animaux confiés à ses soins? Je me souvins alors des chevaux attachés tout le jour sans nourriture dans les rues de Pratica, et de mon petit guide, qui assis sur la terre blanche de la solfatàra, au lieu de laisser paître mon cheval, l'avoit tenu lié loin du gazon où il auroit pu se nourrir. Ces petits traits peignent l'économie qui achève de détruire ce pays malheureux ; ils font apercevoir de nouveaux résultats de l'abandon universel où l'homme arrive enfin, lorsque les lois qui devroient préférablement protéger le foible, ne font plus que l'opprimer, en l'accablant pour ainsi dire de tout le poids de la lourde machine sociale. Dans l'état de nature, le cheval se fut nourri lui même, et l'homme sauvage se fut trouvé au dessus de tous les besoins ; mais dans les sociétés perverties, les lois de la propriété sont précisément celles qui font mourir de faim.

Ja n'ai point achevé cet affligeant tableau. Un chien, le seul que j'eusse vu à Pratica, avoit fidellement suivi notre panier de provisions ; cet animal souple et flatteur, n'avoit pas cessé de nous faire des caresses ; il nous suivit à Rome, où il eut l'air de se donner à l'un de mes compagnons de voyage, mais son infidélité ne dura qu'autant que le souvenir de la famine qui nous l'avoit donné, son noble caractère de chien prit le dessus sur celui de parasite, et quoique bien nourri, nous apprimes bientôt, qu'il étoit retourné à son premier maître.

Alle Crocelle nous vîmes une cabane de chaume bâtie en rotonde comme les *hautes étables* (*alta stabula*) de l'Ile d'Apollon. Cette spacieuse chaumière n'étoit certainement pas une invention moderne ; rien de plus simple, rien de plus commode que ces bâtimens dans le climat chaud de l'Italie. Une double parois concentrique donnoit mille aisances à celle de *Monte-Migliori*. La forme circulaire est celle qui donne le plus grand espace, et je me souviens d'en avoir vu où un très grand nombre de chevaux se trouvoient placés à l'aise dans un terrain étroit. Quand on réfléchit que chez toutes les nations, la manière de bâtir dans les villages, et sur-tout dans les lieux écartés, conserve toujours quelque chose de sa forme antique et primitive, je ne puis plus douter que ces cabanes du Latium ne soient les modéles de celles de Virgile.

De la Solfatara à Rome, l'on passe cinq ou six collines assez hautes, à pente douce, chaque vallon y a son ruisseau, qui tous vont aboutir au Tibre.

Nous vîmes près du chemin une espèce de maison inhabitée, pratiquée dans une caverne. Depuis Pratica nous n'avions vu aucune habitation quelconque, excepté près de la Solfatara, une maison dans le lointain, où l'on ne séjourne que quelques mois de l'année, et hormis les deux bergers à lance, et deux habitans de la rotonde, nous n'avions rencontré personne sur le grand chemin pendant toute la journée, quoique nous fussions près d'une ville de cent cinquante mille âmes! Enfin; nous vîmes un vieillard souffrant, déguenillé, qui à l'aide d'un bâton, se traînoit péniblement vers le désert; cet homme alloit douloureusement chercher la mort dans ces régions de famine, je le vis passer avec le sentiment que l'on éprouve en voyant un innocent marcher à la torture et au supplice, et quel supplice que celui d'aller mourir de faim dans un désert! Combien l'homme sauvage, l'homme de la nature, me parut alors au dessus de l'homme social opprimé, qui ne rencontre des lois que pour être dépouillé par elles des bienfaits que la nature ne refuse ni au tigre ni à l'insecte. Sans doute que l'état de société sait élever l'homme au dessus de lui-même, mais quand la force sociale prend une fausse direction, l'être qui l'inventa devient sa première victime, et la puissance même, destinée à l'élever au dessus des animaux, le précipite bien au dessous de ces créatures, qui ne se sont point, comme l'homme superbe, chargées d'être leurs propres législateurs.

On passe près d'*Aqua acetosa*. J'observerai qu'il y a trois fontaines d'eaux acidulées aux environs de Rome. Non loin du chemin, j'entendis le bruit d'une cascade, je suivis ce bruit, et je vis le *Rio Albano* se précipiter sur de la lave noire et coulée mise à découvert par les eaux. Je retrouvai à un quart de lieue plus bas, la même lave dans le même ruisseau. J'étois à une lieue de Capo di Bové, l'ancienne carrière des Romains, qui y tailloient, comme ceux d'aujourd'hui, les pierres de leur pavé, dans cette même lave. Je ne doute pas que cette masse coulée, partout uniforme, ne remplisse une vaste étendue de pays sous le terrain volcanique qui la recouvre.

A chaque crête de colline où j'arrivois, je me croyois près de Rome, mais j'avois toujours une autre colline à passer. Enfin je revois tout-à-coup le Tibre, et au delà le magnifique côteau Pamfili, couronné de pins à parasols, qui se dessinoient majestueusement sur l'azur des cieux. Le vallon vert du grand fleuve, parsemé de maisons de campagne, étoit à mes pieds, et je ne revis pas sans émotion, quoique de loin, le mouvement et la vie, que j'avois quitté depuis quatre jours. Du sommet de la colline où j'étois, l'on aperçoit le Tibre entre l'Aventin et le Janicule, plus loin le capitole, avec une portion du champ de Mars, où Rome moderne est placée. Du pied du Janicule s'élève la coupole de St. Pierre, annonçant à l'univers, le palais du plus grand des Pontifes.

Non loin de la Basilique de St. Paul, (où quittant la voie Ardeatine, j'étois rentré dans la route d'Ostie,) l'on trouve entre quelques petites collines, les *trois fontaines*, dans un lieu où l'on a bâti trois églises l'une à côté de l'autre. Ces églises, dit-on, sont placées dans le lieu même où St. Paul fut décapité. Un moine eut la bonté de me faire voir les merveilles de ces lieux sacrés. Je le crus instruit, et m'avisai de lui demander si l'on avoit des mémoires historiques sur la mort de cet apôtre. Surpris de ma question, il me dit avec humeur: *et n'avons-nous pas les Epitres de St. Paul?*

Dans moins d'une heure je fus de retour au jardin de Malte.

Fin de la première Partie.

SECONDE PARTIE.

OBSERVATIONS

SUR

LE LATIUM MODERNE.

DEPOPULATION DE LA CAMPAGNE DE ROME.

Il y a une déesse Roma placée sur la tour du Capitole. Si cette statue avoit le sentiment de son état, quel eut été son supplice d'être condamnée depuis tant de siècles à voir les déserts qui entourent cette ville autrefois si superbe

La race humaine semble finir avec le capitole, le désert commence dans la ville même de Rome ; au delà du temple de Vesta, au delà du Forum ; il n'y a presque plus que des églises ruinées, des couvens abandonnés, des mazures, quelques magasins à foin, des jardins et des vignes solitaires. Sorti de la porte de St. Paul vous voyez quelques maisons abandonnées par leurs maîtres, à peine gardées par quelques spectres livides. Delà jusqu'à Ostie vous trouvez deux abris infects que l'on nomme hôtelleries. Vous avez vu Ostie. Le magnifique Port-Trajan est représenté par une ferme. Fiumicino est un petit village, puis à droite et à gauche le désert s'étend indéfiniment au Nord et au Sud. La maison de Castel-Fusano n'est habitée que pendant quelques semaines de l'année. A Torre-Paterno, il n'y a que des pâtres sans famille. A une lieue delà, il y a une maison du Prince Borghese toujours inhabitée, à quelques lieues au delà vous trouvez à St. Lorenzo des Buffles avec quelques pâtres, puis encore le désert jusqu'à Antium et Nettuno, deux villes, qui réunies, ont à peine la population d'un village Milanois; au delà, le désert reprend encore. Il n'y a dans les deux villes d'Ardée et de Pratica prises ensemble, guère plus de cent personnes réellement domiciliées toute l'année. Depuis là, jusqu'aux montagnes de la Sabine, dans un espace de trente à quarante milles, il n'y a que quelques maisons abandonnées, où des ouvriers affamés viennent dans le temps des moissons ou des semailles, partager avec les hiboux des mazures sales et tombantes. Au delà du Tibre le désert recommence, et va jusqu'à l'ancienne Népété, et à l'Est jusqu'à la mer, quoique cette partie soit moins dévastée que la moitié méridionale.

Il y a dans cette étendue de plus de cent liéues quarrées, moins de familles que de maisons, et moins de cuisines que de familles; car la plupart de ces habitans solitaires ne vivent que de pain apporté de Rome et d'herbes crues.

Quelques-unes des cinquante trois nations qui existoient jadis dans le Latium, sont représentées par une seule maison.

La grande ville de *Gabii*, n'est plus que la demeure d'un troupeau de vaches. *Fidene*, où tant de milliers d'hommes périrent par la chûte d'un amphithéâtre, est la mazure d'un étable de moutons, et *Cures*, l'illustre patrie de Numa, une hotellerie ; *Antemné* avec ses tours superbes ; *Collatia*, *Cenina*, *Veie*, *Crustumenium* et tant d'autres villes, qui prouvent l'état florissant du Latium, furent englouties en peu d'années par Rome naissante, déjà instruite à dévaster la terre ; et l'on cherche encore le lieu où elles ont existé.

Ce n'est pas que le gouvernement de Rome, soit moins animé de l'amour du bien public qu'aucun autre gouvernement de l'Europe ; mais mille raisons l'empêchent d'aller en avant avec les lumières. La force de ce gouvernement reposant sur d'antiques opinions, l'immobilité semble faire partie de sa dignité même. Le repos éternel dont il jouit, puisqu'il vit sans moyens de défense, l'âge et la majesté de son chef et de son sénat, n'en font plus qu'une représentation imposante. Mais toutes ces raisons de nullité disparoîtroient à la première volonté qu'il auroit d'être quelque chose ; car cet état porte en lui-même tous les élémens de prospérité. On peut lui dire ce que Jésus dit au paralytique : *leve-toi, prends ton lit et marche.*

DE L'INSALUBRITÉ DE L'AIR DANS LA CAMPAGNE DE ROME.

Il y a dans les pays du Midi, une cause de dépopulation, qui n'est pas connue dans les pays du Nord; c'est la corruption de l'air, qui semble augmenter avec la dépopulation, et former par là une cause accélératrice de mortalité.

Il y a dans chaque pays quelqu'explication favorite des phénomènes les plus frappans, à laquelle on a foi, et qui semble retarder toute recherche ultérieure sur la cause de ces phénomènes. (1) Le mauvais air de Rome provient,

---

(1) Les explications que nous donnons aux phénomènes successifs de la nature, ne sont au fond que l'*arrangement* des faits connus, arrangement qui se perfectionne avec le nombre et l'ordre de ces faits. L'on voit par-là que la recherche des causes est continuellement susceptible de perfectionnement, et, que tant que nous ne connoîtrons pas la totalité des phénomènes nous ne pourrons arriver à la connoissance de l'ordre de ces phénomènes que par aproximation. Les preuves rigoureuses en physique, ne sont rigoureuses qu'hypothétiquement, comme toutes les vérités mathématiques, c'est un fait identique, vu sous des rapports très variés.

dit-on, des marais Pontins, cela dit, on semble cesser toutes recherches ultérieures sur un fait de la plus grande importance pour l'humanité.

Le mauvais air de Rome, connu sous le nom de *cattiva aria* est un phénomène encore peu connu, quoiqu'on en parle depuis plus de deux mille ans.

Il n'y a pas une place de la campagne de Rome, qui n'ait été habitée une fois, puisque dans les marais Pontins même, il y avoit jadis vingt-trois villes. Il semble qu'on en peut inférer qu'il n'y a pas un lieu dans cette plaine empestée de Rome qui n'ait été salubre autrefois.

Depuis vingt-sept ans que je n'avois vu la ville de Rome, la carte de *l'aria cattiva*, étoit tout-à-fait changée. En 1775, les hauteurs de *Trinita del monte* étoient réputées à l'abri du mauvais air, et en 1802 elles ne l'étoient plus.

En 1775, c'étoit une chose reconnue que les marais Pontins étoient cause de l'air empesté. Depuis lors, on les a desséchés en partie, et le mauvais air a plutôt augmenté que diminué. La campagne même de Rome est si peu marécageuse, que je ne connois pas de pays sans police, où il y ait si peu d'eau stagnantes que dans la grande plaine de Rome.

Quelques inondations du Tibre qui arrivent en hiver, peuvent bien produire quelques eaux stagnantes ; mais le mauvais air est moins au printemps qu'en été, où au lieu d'eaux, il y a par tout une grande sécheresse.

Voici quelques faits assez certains et assez généraux. Aux premières pluies d'automne survenues après les grandes sécheresses, le mauvais air disparoît entièrement, et il n'est jamais plus mauvais qu'avant ces pluies, dans les mois d'août et de septembre.

On dit que la très grande proximité du Tibre ou de la mer préserve du mauvais air, mais cette règle n'est pas sans exception. L'air en étoit sain jadis, puisque selon Pline il n'y avoit pas de fleuve au monde dont le rivage fut orné d'autant de maisons de campagnes. « *Pluribus prope solus, quam ceteri* » *in omnibus terris amnes, acoolitur aspi-* » *citurque villis* ». Et le rivage de la mer étoit-il mal sain au tems de Pline le jeune ?

Il y a telle hauteur où l'on est absolument préservé du mauvais air comme d'un côté de la plaine à Tivoli, et à Rocca di Papa de l'autre ; mais en dessous de cette ligne, le plus ou le moins d'élévation paroît indifférent, puisqu'une des rues les plus basses de Rome, les

Corso, est saine, et que du côté de *Monte Mario*, dans des lieux très élevés, le mauvais air reprend son empire.

Il paroît que le passage du mauvais air à l'air sain, peut donner la fièvre. Le curé de Colonna, avoit pris la fièvre en arrivant à Colonna, où l'air est encore un peu fièvreux. Après cela, il se porta bien, pendant six ou sept ans, au bout desquels, il retourna à Monte Compiti sa patrie, où il prit la fièvre, quoique ce lieu très élevé, jouisse d'un air sain (1).

Le lieu le plus constamment réputé mal sain est Ardée. J'y fus au printemps de 1803, il n'y avoit alors pas un malade à Ardée, pendant qu'à Rome des fièvres contagieuses faisoient mourir beaucoup de monde.

En parlant d'une cause de mortalité, il faut avoir égard à deux choses, à la cause même et au sujet sur lequel elle agit. Une cause, qui n'est encore connue que par ses effets, paroît augmenter quand la résistance diminue, et diminuer quand la résistance augmente, et néanmoins dans les deux cas, elle est restée la même. Dans le monde physique, comme dans le monde moral, on est sans cesse

---

(1) Les médecins de la Caroline, y ont aussi observé que le passage du mauvais air à l'air sain, dans la mauvaise saison, donnoit la fièvre.

exposé à des maux fortement sentis par les foibles et presque nuls pour les forts. La santé du corps, comme celle de l'âme, exige partout de la résistance, et tant que dure le grand combat de la vie humaine, il n'est permis a aucun homme de poser les armes.

Il y a dans l'air de la campagne de Rome, une cause de maladie, dont personne n'a calculé encore la force réelle. Cette cause, en se combinant par mille circonstances physiques ou morales, paroit avoir mille effets divers.

Dans les temps très anciens, comme au tems d'Enée, il y avoit dans tout le Latium de grandes forêts, et l'on n'aperçoit dans l'histoire de ces tems là aucune trace de mortalité causée par le mauvais air (1). Il y a plusieurs raisons pourquoi les forêts préviennent l'influence nuisible de l'air. Elles empêchent la communication de l'air contagieux, elles produisent de l'oxygène, et surtout un peu d'humidité. Cette dernière cause me paroît essentielle pour prévenir les maladies, puisque les maladies causées par le mauvais air du

---

(1) Varron qui vivoit sous Auguste dit : non arboribus consita Italia est, ut tota pomarium videatur ? Toute l'Italie n'est-elle pas tellement garnie d'arbres qu'elle a l'air d'un verger ?

Latium, cessent après les premières pluies d'automne. Enfin, dans le tems des forêts, il y avoit des feux dans la campagne de Rome, aujourd'hui on n'en fait presque plus. Dans les cuisines des familles riches l'on brûle du charbon ; et les pauvres, vivant de pain, de salades, de viandes salées, d'herbes crues ou de fritures achetées dans les rues, sont presque toute l'année sans feu. Certainement les arbres élaborent l'air et l'eau, et peuvent avec de grandes masses de fumée, avoir de grandes influences sur l'air atmosphérique. De nos jours, rien de plus triste que cette campagne de Rome, aride, brûlante, sans arbre ; où les petites élévations ne présentent à l'œil que de vastes boursoufflures d'un sol nud, malade et pestilentiel, comme les mourans qui l'habitent.

Mais la grande cause de la mortalité croissante de Rome moderne, il faut la chercher dans la pauvreté de ses habitans.

DE LA PAUVRETÉ.

La pauvreté nous entoure, nous presse de toutes parts, et cependant elle est peu connue encore. Avant d'aller à Rome je ne la connoissois pas.

La pauvreté est le résultat de tous les vices

de la législation qui se fait le plus sentir dans les parties foibles du corps politique. Y a-t-il des vices dans la police ? c'est le pauvre qui en est la victime. Les mœurs sont elles dépravées ? C'est le pauvre surtout qui en éprouve les suites dans toute leur étendue. Une nation est-elle ignorante? le pauvre y est bientôt réduit à ne savoir pas même l'art de gagner sa vie et de prolonger son existence. Faites vous de mauvaises opérations de finance? c'est le pauvre qui en meurt. Négligez-vous la culture des terres ? c'est le pauvre qui cesse d'avoir du pain ; est-ce l'industrie que vous étouffez par vos lois ? c'est le pauvre qui en souffre. L'éducation est-elle mauvaise ? le pauvre en acquiert une, qui est celle du crime. Enfin, voulez-vous s'avoir si un gouvernement est bon ou mauvais ? allez voir les pauvres, et vous en saurez plus que tous les raisonnemens peuvent vous apprendre.

La charité qui donne, n'est encore qu'une très petite partie de la charité publique, qui consiste bien plus à prévenir la pauvreté qu'à faire vivre les pauvres. Donnez une attention forte et constante aux dernières classes de la société, et vous arriverez peu à peu à corriger les lois et les mœurs, sans avoir pensé à produire une réforme.

Je voudrois peindre la pauvreté, que j'ai

vue à Rome et dans le Latium, et je sens que je ne le puis pas ; car plus j'y réfléchis, et moins j'en trouve les limites.

A deux lieues de Pratica, dans l'antique Ardée, qui existoit déjà quatre cents ans avant Rome, il y a des cavernes dans les roches volcaniques qui supportent la ville. Quelques-unes ont été arrangées je ne sais à quel usage, on y voit des traces de gonds, il y a des escaliers, des niches, dans le haut, des ouvertures circulaires faites pour donner de l'air et quelques lumière dans ces espèces de cachots, ou de lieux de mystère. J'en avois vu plusieurs, mon compagnon de voyage alloit entrer dans une de ces cavernes, l'orsqu'un homme à cheval vint à toute course, nous avertir de n'y pas entrer. *Quel danger peut-il y avoir? — Vous y seriez dévoré par les puces.* Mon ami étoit déjà arrivé tout près de la caverne, et un de ses pieds en étoit couvert. Je m'informe de l'histoire de ces insectes. C'est, me dit le cavalier, qu'un homme et une femme, depuis peu, sont morts de faim dans cette caverne. Il me fit voir à distance quelques brins de paille étendus sur un sol humide, et là moururent de faim deux époux ! deux époux qui s'aimoient sans doute, qui se voyoient mourir dans les tourmens, abandonnés par les hommes, dévorés vivans non par les tigres ou par les lions charitables du désert ; mais à petit feu par des insectes qui les dévoroient au dehors, tandis que la faim les rongeoit au dedans, et cela sous le palais même du prince propriétaire condamné à ignorer les maux qu'il pouvoit prévenir ou soulager !

J'en parlai au curé d'Ardée : comment se peut-il, lui dis-je, que vous ayez laissé mourir de faim ces malheureux ? On les a secourus long-temps, répondit-il, enfin on a cessé de les revoir. Un jour donc, la dernière espérance s'est éteinte pour eux dans cette ténébreuse caverne. Je les voyois s'agiter encore, car, comment mourir en paix dans ce lieu de supplice ? Et néanmoins cette caverne étoit leur retraite, leur asile, le seul que leur présentât cet affreux univers. Le plus foible succombe, il ne peut plus se relever ; cependant il vit encore, son ami se traîne à la ville, il revient, mais sans secours ; il voit sa compagne lui demander du pain. Il n'en a point, il tombe auprès d'elle, sur cette paille vivante, instrument de leur supplice. Quelle agonie que celle de ce couple infortuné ; avec quelle ardeur l'on doit désirer, invoquer la mort consolatrice ! Quelle est bienfaisante cette mort, souvent plus vivement souhaitée que la vie même ! — Et ces deux malheureux, dont un hasard m'avoit appris le supplice, n'étoient pas les seules victimes de la pauvreté; car dans ce même hiver, quinze personnes moururent de faim, dans cette ville de misère !

Près de la villa de l'Empereur Adrien, où les merveilles de l'univers étoient jadis réunies dans une même enceinte, il y a sous Tivoli de magnifiques forêts d'oliviers. L'ombre légère de ce feuillage grisâtre rappelle ce jour doux, où l'on croit voir dans les champs Elysées les Manes errer le long des rives du Léthé. Dans ces bois, je rencontrai deux charmans enfans de trois et de quatre ans, ils vinrent à moi sans oser me demander la charité, et l'un d'eux me conduisit auprès de leur père. C'étoit un homme à la fleur de l'âge, je le voyois appuyé contre le tronc d'un antique olivier. Il avoit le teint brillant de la fièvre, les dents d'une blancheur effrayante, et ses grands yeux noirs étincelloient de l'éclat de la fièvre. Qu'avez-vous ? lui dis-je. Je n'ai plus rien à donner à ces enfans. — Vous mourez de faim, — Il y a deux jours que je n'ai pas mangé. J'ai plus de cent lieues à faire jusqu'à ma pauvre chaumière, je suis malade, la fièvre me dévore, et je ne puis plus que me traîner. Tous le pays meurt de faim comme moi, et je n'ai plus rien à donner à ces enfans. Je vais mourir par les chemins, et quand je serai mort — ces pauvres enfans.... il ne put achever.

A Tivoli l'on avoit besoin d'une femme pour garder un enfant. L'hôtesse présenta aux étrangers une jeune fille assez bien vêtue. N'ayant plus à faire de ses services, on alloit la renvoyer. Je la voyois vivement agitée près de la porte de ma chambre, qu'avez-vous? lui dis-je. Je la fis entrer. Elle de fondre en larmes en se précipitant à mes pieds. Je vais vous quitter, vous étrangers qui m'avez fait vivre, et ma mère va mourir de faim ! Votre mère où est-elle ? Je la suivis, cette mère étoit couchée par terre sur un sol humide, dans une espèce de cavot. La dureté de sa couche, c'est-à-dire de la terre, lui avoit occasionné des plaies, elle ne pouvoit être debout à cause de sa foiblesse, ni couchée à cause de ses douleurs. De plus elle étoit menacée chaque jour d'être chassée de l'abri où elle n'étoit qu'une charge inutile. Nous fîmes faire à cette pauvre femme un lit de paille, le plus mauvais chassis étoit si cher, que ce lit couta plusieurs écus. Une fois couchée cette pauvre mère n'avoit encore ni asile assuré pour y placer son lit, ni haillons pour envelopper ses plaies, ni
rien

rien pour la couvrir dans sa couche, ni habits pour oser en sortir, ni pain ni argent pour en acheter. Sa fille pleuroit sans cesse. Mais. vous, lui dis-je, vous pouvez servir à Rome. Elle rougit, puis m'avoua que tous les habits qu'elle portoit étoient d'emprunt; qu'elle n'avoit pas une seule chemise : elle avoit tout vendu pour faire vivre sa mère. Il eut fallu un capital pour mettre cette famille au niveau des plus pauvres de la France ou de la Suisse.

Un bourgeois d'Albane rencontre dans le grand chemin trois hommes armés qu'il connoissoit. Il crut voir par leurs mouvemens qu'ils alloient l'attaquer pour le voler. Mes amis, leur dit-il, en s'avançant vers eux, vous mourez de faim, venez à l'auberge et je vous payerai à dîner. Ils y allèrent, et le remercièrent ensuite en lui avouant le dessein qu'ils avoient eu de le dépouiller.

Il faisoit le plus beau tems du monde; j'allois coucher à la campagne d'Horace; j'étois seul avec mon âne et un guide. Nous avions la *Licenza*, autrefois *Digentia* à notre droite, et le soleil couchant coloroit un des côtés des montagnes, précisément comme Horace dépeint l'entrée du valon de Mandela.

J'avois mon Horace à la main : j'étois à une demie-lieue de sa maison, sous la chapelle de Vacuna, lorsque je vis devant moi un vieillard vêtu de peaux de moutons crues. Il se traînoit péniblement, à l'aide d'un bâton, par un sentier pierreux ; car dans toute la vallée de Mandela, il n'y a ni chemin ni char. Tout-à-coup je vois le vieillard chanceler et tomber à la renverse, si heureusement pour lui son bâton ne l'avoit pas fait tourner. Mon guide accourt à lui. Ma première pensée fut que c'étoit un ivrogne, mais le guide me dit d'un air solennel, que je me trompois. Qu'avez-vous ? dis-je au vieillard. A ce son étranger le vieillard soulève la tête, ses dents longues et blanches, ses yeux enfoncés, son regard égaré, sa voix éteinte, tout m'annonçoit qu'il mouroit de faim. Ah ! ne me quittez pas encore, nous dit-il, il étoit tombé sur des cailloux, soutenez-moi par charité jusques sur le gazon. Il échappa plusieurs fois de nos mains, tant il étoit foible, enfin nous parvinmes à le coucher sur la prairie humide. Il vouloit parler, je ne pouvois l'entendre. Heureusement j'avois du pain avec moi. C'étoit mon soupé, car il n'y a point d'auberge dans ce canton et je ne savois où je coucherois. La vue de ce pain donna au vieillard la force de parler. Mangez lui dis-je, mais il n'en mit qu'un fragment dans la bouche, et le reste dans sa poche. Alors seulement, je parvins à entendre ses sons étouffés. *J'ai cinq enfans là haut sur ce rocher ; sans doute je les trouverai mourrans, je leur porterai ce pain* ; et ce rocher, c'étoit *Civitella*, village affreux, juché à plus d'une lieue de-là, sur une roche aride presqu'à pic, où un jeune homme auroit eu peine à monter. Il y avoit trois jours que ce père malheureux étoit absent de son gîte, il en étoit parti pour aller chercher un peu de pain pour ses enfans ; mais, dans la pauvreté universelle du pays, il ne put dans ces trois jours gagner qu'une pièce de haillons, qu'il vouloit nous faire voir ; c'étoit là le salaire de trois journées, et l'on voit par le résultat, ce qu'il avoit mangé ! et ce vieillard n'avoit pas cinquante ans !

Rien de plus romantique, que le lac de Nemi, dont les bords circulaires sont enrichis par la plus belle végétation. Ce beau lac, les épais feuillages de ses bords, et la forêt d'alentour étoient jadis consacrés à Diane ; ses eaux toujours tranquilles étoient nommées le *Miroir de la Déesse*. Un palais flottant, mais arrêté au centre du lac étoit jadis l'habitation singulière d'une villa Romaine. Aujourd'hui les Dieux et les palais ont disparu, mais la nature est encore en ces lieux brillante de son impérissable beauté ; un vieux château, et une petite ville sont placés près de-là sur des rochers volcaniques. Nous fîmes porter le dîner sur la terrasse d'un couvent, car une maladie contagieuse régnoit dans la ville. En me promenant avant dîner, je vis un jeune homme, de vingt à trente ans, arracher lentement et avec peine quelques mauvaises herbes dans le jardin. Je m'approche de lui, son extrême foiblesse, le tremblement de ses membres, son air craintif me frappèrent. Voici son histoire, il y avoit deux ans, qu'étant près de mourir de faim, on lui sauva la vie par quelque nourriture donnée à propos, mais la faim lui avoit laissé une telle foiblesse qu'il fut dès lors incapable de gagner sa vie. Qu'on se représente cette mort vivante, cette longue famine avec laquelle la vie de ce jeune homme étoit associée. — Je dis longue, car chaque jour de vie est un siècle pour la souffrance. La vue d'une pièce d'argent, (ses yeux n'avoient encore rencontrés que du cuivre,) lui occasionna une espèce de convulsion, il vouloit parler et il ne le pouvoit pas. Quand une fois la misère est arrivée au point où elle est à Rome, c'est la chemise de Nessus attachée à une nation entière, elle brûle, consume, embrase, agite de son venin toute la population ; et les princes propriétaires insensibles à tant de maux, et le gouvernement qui les ignore sans doute, ne les apprendront que trop tard et à leurs propres dépens.

Qui ne connoit à Rome la rue *del Corso*, cette belle rue longue et droite, la promenade du beau monde, où deux files de carosses se croisent chaque jour pendant près de deux heures, et où les Romains jouissent de l'inépuisable plaisir de se voir passer. Au milieu de ces carosses, et du tumulte brillant du beau monde, un homme tombé en défaillance étoit couché sur le pavé. Chacun passoit sans y prendre garde : cinq ou six mendians seulement étoient auprès de lui. Qu'a ce pauvre homme ? demandois-je aux passans. C'est un homme qui meurt de faim, me dit-on. Je courus à lui ; j'allai lui chercher du pain, et je mis quelqu'argent dans son chapeau. Il revint à lui-même, personne ne s'étonna, ni de l'indifférence générale, ni de mon émotion. Quand je quittai le malade, un des mendians qui étoient auprès de lui, dit aux autres : *on voit bien que celui-là est un étranger.*

Je demeurois avec la personne la plus charitable, avec l'âme la plus douce et la plus sensible, qui réunit aux charmes de l'esprit, les charmes plus touchans du cœur : elle vouloit, à ses frais, établir des soupes ; mais on lui représenta qu'on seroit assassiné par la foule des pauvres, que l'on occasionneroit des attroupemens, et qu'aussi long-temps que le gouvernement ne prenoit pas lui-même de grandes et sérieuses mesures, le mal étoit sans remède.

Que de fois j'ai vu des malades couchés sur le pavé, même après la pluie ! Et l'on demande encore de quoi l'on meurt à Rome !

Les mendians de Rome ont chacun leur station ; il y en a toujours plusieurs sous le portique du Panthéon, près du marché aux fruits et aux herbes. Les étrangers viennent sans cesse revoir ce monument d'Agrippa, le mieux conservé de l'ancienne Rome. Au mois de Novembre il y avoit beaucoup d'enfans pauvres sous les portiques du temple ; je les voyois en hiver, pâles, et comme sans vie, ils oublioient souvent de demander la charité, et j'en trouvois quelquefois qui étoient endormis. Je fus quatre mois sans aller au Panthéon, et quand j'y revins au printems, tous ces enfans n'étoient plus !

Et ces mêmes pauvres sont volés par tous ceux qui vont quêter, quoiqu'ayant les moyens de vivre sans bassesse ; ils sont encore volés par les mendians paresseux qui ne vivent que d'aumônes. (1) J'ai observé quelquefois près des quatre fontaines, une femme d'assez bonne mine qui portoit un enfant dans ses bras, qu'elle pinçoit chaque fois qu'elle voyoit passer quelqu'étranger, afin d'exciter sa pitié par les cris douloureux de l'enfant. Tant que le gouvernement laissera subsister les mendians coupables, il restera condamné à ne pouvoir jamais secourir les véritables indigens.

J'entendois tous les matins un homme crier dans les rues de Rome : *donnez aux âmes du purgatoire*; mais les mourans étoient oubliés et les âmes du purgatoire ne sortoient jamais les mains vides; tandis que le véritable pauvre mouroit au coin de la rue. Ce n'est pas qu'on ne soit charitable à Rome, on l'est beaucoup dans la classe mitoyenne, malheureusement peu nombreuse de cette grande ville; chacun jette son verre d'eau dans le grand incendie, que des lois bienfaisantes à la fois et sévères pourroient seules éteindre. C'est à Rome que j'ai appris qu'il y a plus de véritable bienfaisance dans une bonne loi que dans toutes les aumônes du monde.

---

(1) Montagne en parlant de Rome dit : *chacun y prend sa part de l'oisiveté ecclésiastique.*

Les bonnes lois pour les pauvres ont deux effets salutaires ; elles préviennent le mal, et rendent vraiment bienfaisantes les charités des âmes tendres. Dans les pays sans police, vous ne faites que jeter vos aumônes au hasard, dans les pays bien organisés, le remède arrive toujours au mal. Mais achevons le tableau de la pauvreté du Latium.

M'étant égaré un jour dans la campagne de Rome, mon guide trouva une cabane. J'entre ; elle étoit pleine de vendangeuses. Je m'assieds ; elles me font du feu, je les regardois dîner, je les vois manger du pain et quelques herbes crues, arrachées dans la vigne. Je les questionnai sur leur manière de vivre. Depuis long-tems nous ne vivons, disoient-elles, que de pain et d'herbes crues ou de racines ; leur teint verdâtre et mal-sain disoit assez qu'elles ne mentoient pas.

Quand ces gens sont malades, ils ne peuvent changer de diette, ils sont sans remèdes, et j'ai vu le propriétaire de la campagne d'Horace, qui ayant la fièvre putride, n'avoit pour toute nourriture qu'un peu de pain et d'huile rance. Dans une promenade que je fis près d'Albane, je fus obligé par la pluie à chercher un abri ; je trouve une maison assez spacieuse placée sur le grand chemin. Un homme armé me pria de monter.

Je monte, et en trouvé un autre couché sans paille sur de simples planches, il avoit la fièvre, et rien pour se couvrir. Je me vis bientôt avec trois hommes en haillons mourans de faim et armés; et je me disois, s'ils me volent du moins mon argent sera-t-il bien employé. Je leur demandai de quoi ils vivoient, c'étoient des ouvriers, ils me firent voir un petit pain, chacun en avoit deux par jour; *mais cela ne suffit pas*, leur dis-je, nous avons des herbes et pendant les vendanges quelques raisins. L'un d'eux avoit cinq enfans! ne voyant aucun ustencile de cuisine, je leur demandai dans quoi ils cuisoient. Nous ne cuisons jamais, nous n'avons tout au plus que du pain à manger, et quelques herbes crues arrachées dans les champs d'alentour. Et quand vous êtes malade? nous mourons (1).

(1) Ces trois paysans s'étant mis à parler entr'eux d'une pierre tombée du ciel à travers un arbre; je leur dépeignis ces pierres dont j'avois vu un morceau à Gœttingue. Ils me dirent qu'ils en trouvoient quelquefois de pareilles dans la terre. Je me souvins alors de Tite-Live, qui parle d'une pluie de pierres tombée à Albane. Un paysan d'Albane à qui j'en avois parlé, charmé de gagner quelques sous, me promit de m'en apporter; mais au lieu d'un bolide, il m'apporta une pierre noire, tranchante, taillée en pointe de flèche, sans doute d'une flèche de la plus haute antiquité.

Il y a des hôpitaux à Rome, mais les malades n'y ont pas la quantité de nourriture qu'exigeroit l'état de foiblesse de tous les affamés qui y entrent, et la grande concurrence des malades, fait qu'on est obligé d'en faire sortir les demi-convalescens, qui d'un bon lit qu'ils avoient, sont rejetés dans les rues, et condamnés au régime mortel de l'extrême pauvreté.

Qu'on se rappelle les galériens d'Ostie et qu'on se demande, si la rigueur du supplice, peut suffire à prévenir les effets de la misère et de l'abandon. Si je voulois élever une nation aux grands crimes, et aux forfaits, je mettrois le désespoir d'un côté, et les supplices de l'autre ; mais la religion enseigne aux Romains à souffrir ! et sur la route des souffrances la mort arrive toujours à propos.

Qu'un souverain bienfaisant et bon doit être à plaindre de se voir entouré de lois tellement imparfaites, qu'il est forcé de punir les crimes nés des lois mêmes qu'il se voit appelé à défendre !

Je n'ai encore parlé que des maux physiques causés par la pauvreté. Il y a tel degré de misère où toute morale devient impossible. Qui oseroit parler de probité à l'homme qui meurt de faim, au père de famille qui voit expirer ses enfans, sa femme, sa mère, son père? Qui oseroit parler de vertu à la jeune fille, qui voit sa mère mourir dans les tourmens de la famine? Et de tant de vices nés de la profonde misère, jaillit pour l'avenir une source nouvelle, inépuisable, de vices et de pauvreté. Bientôt toutes les classes de la société seront également avilies, et avec toutes les vertus disparoîtront, enfin, tous les moyens de guérir de tant de maux. Etablissez-vous des maisons de charité? vous serez volé par les inspecteurs. Fondez-vous des maisons d'éducation? qui élévera des enfans, lorsque tous les hommes seront ou vicieux ou ignorans ou imbécilles! Le souverain même portera avec effroi ses regards tout autour de lui, et cherchera en vain les moyens d'éteindre l'incendie, qui déjà menace de le consumer lui-même.

AUTRES CAUSES DE MALADIES.

Après le tableau de la misère universelle, on peut se dispenser de parler de la malpropreté, qui a une influence si puissante sur la santé. L'homme malheureux vit dans un tel abandon de lui-même, que cela seul suffiroit pour le détruire. La moitié de la population de Rome et tous les cultivateurs étant sans propriétés, les abris où on les place, ne sont jamais arrangées avec le soin que met un propriétaire, quand il bâtit pour lui-même. Les chambres fermées ont un air empesté, et celles qui ne le sont pas; ouvertes à tous les vents, sont mortelles pour des hommes baignés de sueur, qui viennent y chercher le repos au milieu des insectes, et quelquefois sur un sol humide et infect.

Le régime des malades n'est pas moins mortel que la maladie même, et les apothicaireries se ressentent partout de la misère générale et du manque absolu de police et d'instruction qui regne à Rome et dans le Latium (1).

De toutes ces causes, il résulte des maladies contagieuses d'une force toujours croissante, qui se répandent peu-à-peu dans les palais même des Princes et des grands, et

---

(1) Les apothicaires ne sont point à Rome dans l'usage de mettre ni adresse ni étiquette à leurs remèdes, ce qui occasionne des méprises continuelles. On m'a parlé d'une personne qui, au lieu de purgatif, avala de l'onguent mercuriel; et d'un domestique qui, faute de savoir les doses de son opium, mourut pour en avoir trop bu. Un médecin m'a raconté qu'il avoit été d'usage à Rome que, quand on appeloit un médecin auprès d'un malade, le Docteur répondoit: *qu'on saigne d'abord et puis j'irai voir ce que c'est.*

qui, si l'on n'y porte remède, menacent d'exterminer les restes des Romains. Il est à croire que les maladies contagieuses, continuellement nourries par des causes toujours croissantes, peuvent arriver à produire des maladies semblables à la peste.

Il n'y a presque pas un lieu habité, où l'on ne trouve une cause locale de maladie. La petite ville de Nettuno une des meilleures du Latium, porte dans sa forme singulière l'empreinte de la terreur des corsaires. Il y avoit dans le moyen âge, un château fort, bâti sur la mer, entouré de hautes murailles, et les maisons de la ville étoient hors du château. Maintenant toutes ces maisons ont été pour ainsi dire, se réfugier dans le château; car toute la ville y est entassée, et remplit complétement l'aire de son quarré. Dans cet entassement de maisons serrées et hautes, où l'on voit à peine le jour dans des ruelles étroites et mal-propres, l'on a trouvé moyen de placer un église au centre, et dans ce tas de bâtimens infects et étouffés, on entasse les morts au milieu des vivans! Quand il y a des maladies contagieuses, il se trouve précisément au centre de ces habitations serrées, un foyer de peste toujours actif, et qui faute d'air, se concentre toujours d'avantage.

Dans tout le Latium, les maisons isolées sont presque toutes auprès de quelque mare d'eau, qui suffit pour donner la fièvre au moins à une maison. A Rome l'on avoit soin autrefois de construire de grands réservoirs d'eau proche des maisons, et de ces réservoirs, négligés aujourd'hui, s'exhale un air fétide.

La police de Rome a donné des ordres précis, affichés dans les rues, pour faire jetter les immondices dans tel lieu désigné. Ces immondices entassées et presque jamais enlevées fermentent en raison de leur masse. Toute la place d'Espagne s'élève peu à peu par toutes celles qu'on y laisse entassées.

Quel est le cultivateur qui possède un manteau pour se couvrir? quand il revient du travail baigné de sueur? lequel a du linge à changer? lequel n'est pas à demi-nud dans ses haillons? Qu'on ajoute à tant de causes de maladies, les maux que produit chez les plus robustes, surtout dans les grandes villes l'immoralité inséparable de la misère du peuple, et l'on ne demandera plus comment on meurt à Rome; mais bien comment on peut y vivre.

Je le demande maintenant; toutes ces causes de maladies que j'ai à peine indiquées, étant données, que reste-t-il à faire au mauvais air de Rome? J'avoue que je ne considére plus cet air fièvreux ; auquel on se plait à attribuer, ce qui n'est que l'ouvrage de l'homme ; je ne le considere plus dis-je, que comme la lumiére du canon qui met le feu à la charge, et qui n'est rien si elle n'est placée sur un foyer d'explosion. Ce foyer existe partout, une fièvre suffit pour le développer.

Mais les riches, dira-t-on, ne sont ils pas quelquefois victimes du *mauvais air ?* sans doute ils prennent aussi la fièvre et en meurent quelquefois (1). Mais à Rome il y a un levain de putridité, qui atteint enfin les palais même, où l'on meurt souvent des effets toujours croissans de la misère que l'on n'a pas daigné secourir, et le Prince même peut-être atteint et consumé par les feux qu'il n'a pas voulu éteindre dans la chaumière du pauvre.

Je n'ai point insisté sur la mal-propreté universelle dont on voit des traces honteuses dans les palais même. J'observerai seu-

---

(1) Il est bien rare que les gens riches éprouvent l'influence du mauvais air. Aucun Sénat en Europe n'a compté autant de vieillards que le sacré collège, où il y a plus d'octogénaires que dans aucun autre corps.

lement que, même dans l'air pur des Alpes, une mal-propreté mille fois moins concentrée qu'elle ne l'est à Rome, paroît être une des causes du *cretinisme* et de l'abâtardissement de la race humaine. Car depuis que les habitans du Bas-Valais ont acquis quelqu'aisance et des lumières, le nombre de cretins y a beaucoup diminué.

Il n'y a pas de ville moins sujette aux incendies que la ville de Rome, ce qui n'est assurément pas l'effet d'une bonne police ; car je doute qu'on y ait des pompes à feu, mais bien de la manière de bâtir, et surtout du peu de feux qu'on y fait. La durée des maisons peut bien être une cause de putridité ; car il est à croire qu'il n'en est aucune où la fièvre putride n'ait régné une fois et n'ait laissé quelque reste de levain.

L'usage des familles pauvres, de coucher dans un même lit, n'est-il pas souvent mortel pour toute la famille ? croit-on que ces gens changent toujours de lits et d'habits ? — La pensée se refuse à détailler les suites innombrables d'une misère universelle, et quand on réfléchit aux résultats d'une mauvaise police, il faut s'applaudir de voir de tems en tems la ville de Constantinople renouvellée par des incendies.

Il

Il en est des maladies physiques, comme des peines de l'âme. L'âme forte et bien préparée les reçoit avec indifférence, tandis que l'homme foible et sans énergie succombe à tous les maux.

Rien ne seroit plus difficile que de trouver des remèdes à tant de maux invétérés. L'application immédiate des principes des nations éclairées ne seroit pas sans danger à Rome. Il faut, dans l'application que l'on fait des principes, avoir presqu'autant d'égards à l'individualité du cas, qu'à la généralité du principe. Le libre commerce des denrées est en soi un principe respectable, mais l'application qu'on en a faite à Rome, est une des causes de la misère du peuple. Il eut fallu y arriver peu-à-peu, et soutenir long-temps la classe indigente contre le renchérissement des denrées. Les bons principes ne sont guère faits que pour les états sains et vigoureux, et le régime des forts n'est pas toujours immédiatement applicable aux foibles.

Pour achever l'article du mauvais air du Latium je raconterai un fait qui me paroît de quelqu'importance.

Ardée, a de tout temps passé, pour le lieu le plus mal-sain de la campagne de Rome. Sénéque, en déclamant contre les vices des

R

Romains, dit que, prêcher aux Romains la vertu c'est prêcher la santé aux habitans d'Ardée. J'étois très curieux de voir enfin cette ville si antique et si renommée par son mauvais air. Je ne pouvois me détacher de l'idée de quelque marais voisin ; et je me faisois d'Ardée une image hideuse. — Je venois d'Antium, j'étois à une demie-lieue d'Ardée, le pays étoit charmant, partout des prairies de la plus grande beauté, à ma droite je trouvois les collines volcaniques que j'avois perdu de vue depuis quelques jours ; leur escarpement du côté de la mer, (dont elles sont éloignées de presqu'une demi-lieue,) est à pic dans quelques endroits, et le haut des collines forme des espèces de plateaux verds, très étendus. En me rapprochant davantage de cette ville, les prairies étoient encore plus riches, et l'espace entre les collines formoit des vallons frais, fertiles, arrosés par de belles sources sans aucune eau stagnante. J'eusse voulu habiter ces riches prairies émaillées de fleurs et y établir une colonie Suisse. Bientôt je vois devant moi un grand château placé sur le bord d'un rocher, à côté du château une porte de ville, un chemin escarpé pour y monter ; c'étoit Ardée, j'arrive à la ville, et au lieu de rues, je n'aperçois qu'une quinzaine de maisons, placées sans ordre sur une grande prairie circulaire, d'une belle verdure, toute entourée de précipices formés par des rochers à pic, ou de murailles de la plus haute antiquité, bâties dans les endroits où le rocher n'étoit pas entier. J'avance jusqu'aux bords du précipice, et je vois, sous le plateau de la ville, des vallons étroits, fertiles, arrosés par les plus belles eaux. La végétation est si riche dans ces vallées, que j'y ai vu des plantes de quinze pieds d'élévation, que je prenois d'abord pour des arbustes rares, et qui n'étoient que des asperges! Depuis le haut de la ville, je voyois, vis-à-vis de moi, d'autres plateaux verds, beaucoup plus grands, placés sur des rochers très escarpés, entre-deux des vallons charmans et solitaires, d'une verdure éclatante, et partout les plus belles eaux! Comme ces apparences sont trompeuses! me disois-je à moi-même, la peste n'habite-t-elle pas ces prairies charmantes?

Le lendemain, je rencontre sur un pont un homme de trente à quarante ans, au teint frais et vermeil, qui avoit l'air de jouir de la plus belle santé. Pour vous, lui dis-je en l'abordant, vous n'êtes surement pas d'Ardée, de cette ville mal-saine où tout le monde est mourant?—Il se mit à rire, il y a seize ans que je n'en suis pas sorti. — Et vous n'y avez jamais été malade ? — jamais. — Aprenez-moi, je vous prie votre secret. — Si chacun faisoit comme moi on s'y porteroit bien. En été, me dit-il, il fait dans ces vallons une chaleur étouffante pendant le jour, et au coucher du soleil un froid subit insupportable. Les pauvres ouvriers mal vêtus, mal nourris, et encore plus mal conseillés, se couchent quelquefois sur l'herbe pour se rafraichir ; et en meurent. Pour moi, je rentre chez moi, je mets un manteau, ou bien je me chauffe. Il me dit, que dans les mois mortels, d'Août et de Septembre, les vents étoient très réguliers ; le matin on avoit le vent d'Est, à midi le vent d'Ouest, et le soir un vent du Nord glacé. Comment se pouroit-il que dans un désert, sans autre abri que quelques cavernes, ou quelques mazures dégoutantes, ouvertes à tous les vents, des ouvriers baignés de sueur, sans manteau pour se couvrir, sans nourriture chaude pour ranimer la transpiration, ne mourussent pas dans ce froid subit ?

Il y a plus : Les cultivateurs du Latium, toujours étrangers au sol qu'ils cultivent, le sont également à l'air qu'ils respirent ; ils n'ont jamais l'avantage de s'acclimater, et de se former des habitudes convenables à leur santé.

Les ouvriers de la campagne de Rome sont mille fois plus malheureux que les serfs d'aucun pays de l'Europe, et plus négligés que les bêtes de somme du Suisse le plus pauvre.

Il seroit, ce me semble, de la plus saine politique, et sans doute aussi du devoir du souverain de veiller à la conservation des hommes qui font vivre l'Etat et le Prince, et de faire, pour les cultivateurs du Latium, ce que le maître le plus dur fait pour ses esclaves, et le propriétaire cultivateur pour ses bestiaux.

Il faudroit faire un code blanc pour ces esclaves adventifs, comme on a fait un code noir pour les esclaves achetés en Afrique. Il faudroit créer un magistrat protecteur des ouvriers cultivateurs, qui eut chaque année la note exacte de tous ces malheureux; de leur âge, de leur lieu de naissance, de leurs enfans, de l'état de leur santé etc. Au lieu de bâtimens pompeux où aboutissent tous les projets que l'on fait à Rome, il il faudroit obliger les propriétaires ou leurs fermiers à bâtir des cabanes saines et propres, bien garnies de paille pour y coucher les ouvriers. Il faudroit les y faire rentrer à certaines heures, leur prescrire une nourriture saine, en séparer les malades, que l'on feroit porter dans des maisons arrangées à Rome pour la classe des ouvriers. Les moissons et semailles finies, on renverroit les étrangers chez eux, et on leur procureroit les moyens d'y arriver. L'on auroit soin de ceux qui restent en leur procurant de l'ouvrage, ou bien en les soignant dans des maisons arrangées pour les malades et les infirmes. Il seroit peut-être bon de réunir ces ouvriers en corporations, (1) de leur faire élire leurs inspecteurs, tirés de leur corps et subordonnés au magistrat protecteur, qui leur donneroit un petit salaire. Un ou deux médecins seroient adjoints au magistrat, et l'on publieroit chaque année un rapport officiel sur l'état des seuls cultivateurs qu'il y ait dans la campagne de Rome. Comme le Gouvernement de Rome est pauvre, et que les fermiers et les grands propriétaires gagneroient infiniment au bien-être des cultivateurs, il seroit juste que tout se fît à frais communs, et par ce moyen cet acte d'humanité et de politique coûteroit très peu au souverain,

---

(1) Les Savoyards avoient formés une corporation semblable à Paris. Je ne sais si elle existe encore, mais elle n'a eu que les plus heureux effets, pour eux-mêmes; et pour les personnes qu'ils servoient.

qui pourroit se flatter de parvenir enfin au grand but qu'il ne perdra jamais de vue, de faire cultiver la campagne de Rome par des cultivateurs propriétaires, établis dans le sol même qu'ils font valoir.

L'AIR DE LA CAMPAGNE DE ROME N'A POINT ÉTÉ MAL-SAIN AUTREFOIS.

Strabon dit : tout le Latium est fertile, excepté *quelques places près de la mer* où le sol est marécageux, et mal-sain, comme par exemple dans le territoire d'Ardée.

Pline, au Livre 18. Chap. 5., s'exprime plus positivement : « Quand on veut acqué-
» rir un domaine, trois choses, avant tout,
» sont à considérer : l'eau, le chemin et le
» voisin ; l'air n'est point ici une considé-
» ration majeure, comme on voit. Il ajoute
» que le trop malheureux Regulus avoit
» coutume de dire qu'il ne faut pas acqué-
» rir un domaine dans les lieux les plus
» fertiles s'ils sont mal-sains, ni dans les lieux
» les plus sains s'ils sont stériles. Voici un
» passage mémorable : On ne connoît pas
» toujours la bonté de l'air d'un lieu par la
» couleur des habitans, *car ceux qui sont
» accoutumés à un air pestilentiel ne lais-
» sent pas d'y vivre.* Il y a aussi des en-

» droits, où l'air n'est bon qu'en certains
» temps de l'année. »

Varron assure que les Romains qui vivoient toute l'année à la campagne, jouissoient d'une meilleure santé que les habitans de la ville. (L. 11. au commencement.) « Ce ne
» fut pas sans raison que nos ancêtres don-
» nèrent la préférence aux tribus de la cam-
» pagne sur les tribus de la ville. — Ils
» avoient divisé leur temps de manière à être
» huit jours occupés aux travaux de leurs
» champs, et à faire au neuvième les af-
» faires qu'ils avoient à la ville. Tant qu'ils
» restèrent fidèles à ce genre de vie, il en
» résulta que les champs étoient de la plus
» grande fécondité, et qu'eux-mêmes jouis-
» soient de la *plus parfaite santé* ». dans cette même *campagne* où l'on meurt aujourd'hui de la peste.

Columelle parle de la force de corps des Romains, qui vivoient toute l'année dans les champs, c'est-à-dire dans la campagne de Rome. Il met ces laboureurs triomphateurs en opposition avec les Romains de son tems, tellement énervés par leurs vices, *que la mort*, dit-il, *trouve peu de chose à changer en eux*; « tandis que les anciens
» Romains toujours occupés à la chasse, ou
» aux travaux de leurs champs, surpassoient

» à la guerre les habitans de la ville, et par
» la force du corps, et par l'habitude des
» travaux pénibles ».

Caton dit : que quand on achète une campagne, on doit choisir un air sain, et il le dit, comme on l'eut dit en Suisse, ou dans tout autre pays dont l'air seroit sain à peu d'exceptions près, comme c'est le cas de tous les pays du monde.

« Palladius avertit de ne pas acheter une
» campagne dans le fond des vallées, parce
» que l'air en est souvent mal-sain. » N'est-ce pas dire, qu'il est sain partout ailleurs ?

Pline le jeune en parlant de son Laurentum, réputé mal-sain aujourd'hui, ne dit pas un mot du mauvais air. La preuve que l'air en étoit bon, quoique très près du marais d'Ostie, c'est que la côte étoit garnie de maisons de campagne, habitées par les plus riches Romains qui, ayant à choisir dans les trois parties du monde, préféroient à tout l'univers connu, la campagne aujourd'hui empestée de Rome (1) !

---

(1) Après la prise et la destruction de la ville de Rome par les Gaulois, dans la trois cent soixante-cinquième année de Rome, les tribuns du peuple firent la motion d'abandonner les mazures de leur patrie pour aller s'établir dans la belle ville de Vejes, con-

Avant Romulus cinquante-trois peuplades occupoient ce Latium aujourd'hui si mal-sain et si désert, et les premières villes avec lesquelles Romulus fut en guerre, n'étoient pas à deux lieues de distance, de quelqu'autre ville, cependant chacune pouvoit mettre une petite armée sur pied.

Durant les six premiers siècles de Rome, les Romains vivoient tous à la campagne; et le petit peuple restoit toute l'année à la ville. Les habitans du Latium de ce tems là étoient, comme nous venons de le voir, fameux par la force de leur corps, et par une santé, que tous les auteurs, qui écrivoient au tems de Rome corrompue, met-

---

servée entière et toute à la merci du vainqueur. Camille, dans le discours qu'il fit pour détourner les Romains d'un projet si funeste, leur fait sentir tous les avantages de leur ville-mère, et dans l'énumération de ces avantages il parle de *l'air parfaitement sain*, de sept collines, aujourd'hui empestées, de Rome, qu'il appelle *saluberrimos colles*.

« Non sine causa dii hominesque *hunc* urbi con-
« dendæ *locum* elegerunt : *Saluberrimos colles*, flumen
» opportunum quod ex mediterraneis locis fruges de-
» vehantur, quo maritimi commeatus excipiantur;
» mare vicinum ad commoditates, nec expositum ni-
» mia propinquitate ad pericula classium exter-
» narum. etc. »   Tite-Live. Liv. I. à la fin.

toient sans cesse en opposition avec celle des Romains énervés de leur tems.

Il y a moins d'eau, et probablement moins de marais, aujourd'hui dans la campagne pestilentielle de Rome, qu'il n'y en avoit dans le tems de sa plus grande population. Les marais Pontins, sont plus comblés aujourd'hui, qu'ils ne l'étoient alors, puisqu'au tems d'Homère, une partie de ces marais étoit couverte par la mer, qui faisoit une île de la montagne de Circé. Le marais d'Ostie étoit plus grand qu'il ne l'est aujourd'hui. Le lac d'Albe fut saigné pendant le siège de Veies, et Pline parle d'un lac placé sous Aricia, (dont nous voyons encore le bassin,) qui paroît avoir disparu au tems de la république.

Je ne vois qu'un changement essentiel arrivé à la campagne de Rome, qui ait pu influer sur l'air du pays, c'est le dénuement absolu d'arbres, dont cette terre tourmentée par tant de lois meurtrières, est affligée maintenant. Les fièvres putrides finissent aussitôt que les pluies commencent. Cet indice, ce besoin d'humidité semble redemander à l'homme ses superbes végétaux, dont il a si indignement dépouillé cette terre jadis si féconde et si dégradée aujourd'hui.

Les grands et les riches, n'ont pas assez

présent à l'esprit, que malgré l'indépendance que la fortune semble leur donner, ils sont moralement et physiquement dans un contact perpétuel avec tous les hommes qui les entourent. Une longue pauvreté, une longue négligence dans tout ce qui tient à la propreté, un long entassement de misère et de maladies, laissent d'invisibles traces, surtout ce qui approche et sur tout ce qui entoure le riche. Ce levain de la mort fermente dans les chaleurs, et ses feux vengeurs atteignent enfin l'homme puissant, insensible aux maux qu'il eut pu prévenir.

Je conclus de tous ces faits : qu'il peut bien y avoir dans l'air du Latium une disposition à la fièvre, mais qui ne devient putride que par des causes étrangères à l'air. La culture du sol, les arbres, l'aisance et surtout les mœurs simples des premiers habitans de cette terre fameuse, paroissent les avoir préservés des maladies mortelles que l'on attribue de nos jours à l'air, pour n'avoir pas la peine d'en trouver la cause sur la terre, et chez les hommes dont le devoir seroit de les prévenir.

Sous les empereurs, les vices des Romains semblent avoir rendu les fièvres quelquefois mortelles déjà au tems d'Horace. Aujourd'hui, le manque d'arbres, la pauvreté universelle

avec tous les maux qu'elle traîne à sa suite ;
une police négligente et sans lumières, qui
ne sait pas même copier les lois des nations
éclairées, ont rendu les deux tiers de ce
peuple affamé, si débile et si abâtardi,
qu'une légère cause de maladie, qui étoit
sans effets au tems des mœurs et des lois de
l'ancienne Rome, suffit aujourd'hui pour
donner la mort à une grande partie de cette
ville, toujours destinée à ne ressembler à
aucune autre, ni dans le bien, ni dans le
mal qu'on en peut dire.

CULTURE DE LA CAMPAGNE DE ROME APPELÉE AGRO ROMANO.

Un jeune paysan de Pratica me dit : qu'il
tenoit à ferme une *rubbia* du meilleur terrain,
qui à la dernière récolte, lui avoit rendu
vingt et cinq rubbie de froment. Comme le
terrain en est très bon, il n'y avoit semé
qu'une rubbia (1), tandis que dans les terres

---

(1) La rubbia de froment pèse 640. livres (12 onces,) et la rubbia de terrain contient 4866. toises quarrées. Cet arpent de la nouvelle Rome contient plus de six des arpens de Fabricius et des anciens Romains, qui n'étoient que de 28,800 pieds quarrés, comme on peut le voir dans Quintilien Liv. I Chap. IX.; et dans Pline.

de moyenne qualité on séme communément une rubbia et demie. Il payoit de ce champ vingt et cinq piastres de ferme.

Le prix commun du froment avant la révolution, étoit de six à huit piastres; en 1802, il a varié de 22 à 30 piastres. Il est vrai que depuis la révolution et la dépréciation des monnoies, on distinguoit entre *grosse* et *fine* monnoie. La grosse monnoie, que l'on auroit dû appeler *fausse monnoie*, puisqu'elle annonçoit un prix réellement faux, valoit presque un tiers de moins que la bonne monnoie. Malgré cette différence, on pouvoit compter que le blé avoit au moins triplé de prix, ce qui eut été avantageux au cultivateur propriétaire. Mais comme dans la campagne de Rome, il n'y a point de cultivateur propriétaire, ces prix n'ont fait qu'enrichir les Princes, les couvents et surtout quelques fermiers en chef, et appauvrir le cultivateur même, qui ne pouvant pas hausser le prix des journées en raison de la hausse des denrées, mouroit de faim.

On peut remarquer dans tous les pays que la petitesse de la mesure du terrain est presque toujours en raison inverse du prix. Là où le terrain est à bon marché sa mesure sera plus grande, et inversément.

Lorsqu'en 1803, la monnoie fut remise à son ancien taux, il y eut pour ainsi dire, un combat entre les prix en mauvaise monnoie que l'on venoit d'interdire, et les prix en bonne monnoie qui étoient les seuls admis. Le marchand qui avoit vendu à trois piastres mauvaise monnoie, continuoit quelquefois à demander trois piastres, et ce passage des anciens prix aux prix véritables fut très pénible pour les pauvres. Quelques marchands furent assassinés, car le mécontentement, qui en d'autres pays seroit retombé sur les véritables auteurs du mal, tombe à Rome sur quelques individus, qui sembloient immédiatement coupables aux yeux de ce peuple plus sensible que raisonneur.

Dans un ouvrage sur la culture de la campagne de Rome présenté à Pie VI. j'ai trouvé les faits suivans. La *campagne de Rome* contient 112,909 rubic, ou 940. mighes quarrées de 74 au degré. (1) Deux cinquièmes de ce terrain appartiennent à l'église, c'est-à-dire aux couvens, aux confrairies. etc., et les trois autres cinquièmes à des propriétaires laïcs au nombre de cent. Je ne connois pas les limi-

---

(1) Un peu plus que 107 lieues quarrées de 25 au degré.

tes de ce terrain, mais je sais qu'il va depuis la mer juqu'aux montagnes de la sabine.

Dans cet ouvrage les fraix de culture d'une rubbia de terrain sont indiqués à 40 écus ou piastres.

Six labours évalués à	14 piastres.
Pour semature, une rubbia et demie.	12.
Engrais de terre noire et sarclage	5. 50.
Moisson, charroir, battre.	8. 50.
	40.

Vingt piastres est le prix commun de ferme pour une rubbia de bon champ. Voici d'autres faits que j'ai recueillis. Le prix d'une journée est de vingt bajochi ou d'un cinquième de piastre. Mais les ouvriers qui entendent la vigne ont le double. L'ouvrier engagé par mois a par semaine deux livres de viande, du pain, un peu d'huile et de sel et trois piastres en argent pour le salaire du moins.

Les champs sont ensemencés chaque troisième année. Ils sont une année en jachère, une année en labour et une année à produire. On les laboure six fois; le premier labour s'appelle *rupitura*, le second *reconditura*, il doit être d'un pied et demi de profondeur, le troisième *refenitura* le quatrième

trième *rinquartatura*, le cinquième *rifrescatura*, sixième *sematura*. Ces différens labours doivent être faits dans toutes les directions.

Il tombe environ un tiers de pluie dans les pays méridionaux de plus que dans le Nord, et toute cette masse d'eau tombe certainement en dix fois moins de temps à Rome qu'en Danemarck, où l'on ne voit presque jamais de grosses gouttes, ni de fortes averses (1) comme il y en a très-fréquemment en Italie. Voilà pourquoi le cultivateur romain est obligé de prendre les plus grandes précautions contre les eaux de pluie, comme on faisoit déjà du temps de Virgile. Il y a dans tous les champs de la campagne de Rome trois espèces de fossés. Premièrement les petits fossés parallèles à environ trois pieds de distance, que les Anciens appeloient *liræ*. (2) Ces fossés parallèles appelés

---

(1) On ne voit presque jamais en Danemarck que des pluies très-fines et rien n'y est plus rare que le tonnerre. La quantité d'électricité visible paroît être en rapport avec la grosseur des gouttes de pluie; car à Rome il y a, du moins en hiver, quatre ou cinq fois par semaine des éclairs et souvent du tonnerre, et des pluies d'une abondance singulière.

(2) De *liræ* vient le mot *delirer, délire*. Delirer c'est

autrefois *Elices* sont traversés par de plus grands fossés, placés à de plus grandes distances. Enfin de plus grands canaux appelés *colliquiæ* achèvent d'enlever les eaux surabondantes.

J'ai observé que le sol volcanique de la campagne de Rome est sujet à former une espèce de croute à sa surface. Je ne sais si cette observation peut avoir quelqu'influence sur la culture, ou sur la salubrité du sol.

Les Romains ont encore la même charrue qu'ils avoient il y a deux ou trois mille ans. Il y a, dans le musée du collège Romain, un attelage complet de charrue en bronze, qui a l'air d'être copié d'après les charrues modernes. Ces charrues n'ont point de versoir. C'est un simple timon ayant pour soc une espèce de crochet (1) au bout

---

sortir avec la charrue de la ligne droite. Pline L. 18. Le mot *prévariquer* étoit aussi un terme de laboureur.

(1) Il a dans l'admirable traduction allemande des Georgiques de Virgile de Voss la représentation d'une vingtaine de charrues antiques faites d'après des médailles. J'observerai que la charrue moderne des Romains a plus de rapports avec la charrue de Pestum qu'avec celle que Voss donne pour

duquel il y a un fer applati en dessous, appelé *gumara*, qui soulève la terre. Sur le derrière du timon s'élève un bâton droit (*fibiara*) qui sert de corne ou plutôt de gouvernail à la charrue; le conducteur le tient d'une main, et, quand la charrue n'enfonce pas assez, il met le pied gauche sur le derrière de la charrue, et se laisse emporter avec elle. Quatre, six, jusqu'à huit bœufs sont attelés de front à un bâton très-épais, je dirois presqu'à une poutre (1) qui traverse le timon *burro*. Il paroît que la méthode des Romains, d'atteler tous les chevaux de front à leurs chars de triomphe, avoit été prise de l'habitude de placer de cette manière leurs bœufs à leurs charues. Les premières enseignes romaines étoient une botte de foin attachée au bout d'une perche; tout, chez ce peuple guerrier et laboureur, portoit l'empreinte de ses mœurs simples et rustiques.

---

l'ancienne charrue du Latium. Il paroît par ces représentations que la charrue romaine est la même que celle des Grecs, qui sans doute lui avoit servi de modèle.

(1) C'est ce bâton auquel tous les bœufs sont attelés que les Italiens appellent *giogo*, joug. La cérémonie humiliante de faire passer les vaincus *sous le joug*, suppose un joug de cette espèce.

Il y a deux espèces de fermiers dans le Latium, des fermiers à neuf années de bail, et des fermiers perpétuels, (*emphyteutici*). Ces derniers perdent leur bail quand ils sont deux ans sans payer le prix de la ferme. Dans ces années de disette plusieurs de ces demi - propriétaires ont perdu leur fonds faute d'avances pour la culture. Ainsi le haut prix des denrées, au lieu d'enrichir le petit cultivateur, n'a fait que le détruire en obligeant les plus pauvres à renoncer à l'héritage de leurs pères, parce qu'ils manquoient de fonds pour faire aller la culture et payer la cense. La dépopulation de la campagne de Rome, au lieu de diminuer par le renchérissement des denrées, n'a fait qu'augmenter (1) dans ces temps de cherté.

L'on est encore aujourd'hui dans l'usage

---

(1) Si le gouvernement étoit jamais sérieusement occupé de l'idée d'établir des cultivateurs dans la campagne de Rome, il faudroit commencer par établir une caisse de credit pour les pauvres cultivateurs, à l'instar de celle que l'on a établie en Danemarck. Comme je suppose que l'on ne feroit des avances qu'à des cultivateurs intelligens; un pareil établissement (qui ne prêteroit qu'avec précaution) seroit peu coûteux. La surveillance même, qu'il exigeroit, donneroit lieu à de fréquentes communications entre les cultivateurs et les hommes éclairés chargés

de brûler le chaume dans les champs, pour engraisser la terre, précisément comme au temps de Virgile. Cette opération se fait dans les grandes sécheresses, et il arrive fréquemment que des haies ou des forêts en sont incendiées.

L'extrême pauvreté et les richesses extrêmes, rendent toute lumière également impossible. Le prince romain élevé dans le luxe et dans les richesses, entouré dès son enfance de serviteurs vils et ignorans, ne sent pas mieux le besoin de cultiver ses terres, qu'il ne sent la nécessité de cultiver son esprit ; et le véritable cultivateur, l'ouvrier né dans la mendicité, privé d'instruction pour concevoir une entreprise, et de fonds pour l'exécuter, demeure aussi nul que son maître. Retranchez quelques jouissances sensuelles, et vous trouverez, sous des formes différentes une parité parfaite de misère réelle entre les deux classes extrêmes de la société, dont l'une est tourmentée par les privations que donne la sa-

---

de cette surveillance. Maintenant le haut prix de l'argent rend les riches toujours plus riches et les pauvres toujours plus pauvres ; bientôt tout le Latium sera entre les mains de quelques riches fermiers, qui en partageront les dépouilles avec les princes.

tiété, et l'autre par celle que donne la misère ; et, si c'est par le nombre des idées et des sentimens qu'il faut mesurer le véritable prix de la vie, le riche se trouvera aussi misérable par le manque de motifs, que le pauvre, par le manque de moyens, avec cette différence cependant que l'homme blasé n'a plus de chances de bonheur à attendre, tandis que le nombre des objets de convoitise va croissant pour le pauvre en raison même de sa misère.

CULTURE DE LA VIGNE.

Rien n'est mieux entendu dans le Latium que la culture de la vigne, et rien ne l'est plus mal que la manière de faire le vin. La plupart de vignes de la ville de Rome et de ses environs sont soutenues par des roseaux; plantés en treillage, d'environ six pieds de haut. Ces vignes sont tenues proprement, attachées avec soin et très bien taillées. On auroit, dans ce beau climat, l'avantage de pouvoir y travailler presque tout l'hiver si l'on vouloit y mettre encore plus de soin. D'ailleurs rien n'est plus rare que la grêle dans le Latium où la nature semble éloigner tous les fléaux de la terre. On y connoît, encore moins que la grêle, les hannetons, qui font tant de ravages au-delà des Alpes; mais tous les avantages de la nature sont enlevés à ce malheureux pays par l'imperfection des lois.

J'ai vu dans les meilleurs vignobles, différentes espèces de raisins; mais on ne fait point un art de leur mélange comme dans quelques parties de l'Allemagne.

Il n'y a rien de si beau que ces vignes mariées, comme dit Horace, aux peupliers élevés, où comme dans la Sabine, aux cytises parfumés, qui, au printemps, déploient leurs grappes d'or sur la vigne à peine éclose. Rien de plus riche encore que les magnifiques festons des vignes de la Lombardie, balancés mollement d'un mûrier à l'autre à travers les épis de blé; mais tous ces tableaux charmans ne sont point le résultat d'une bonne culture.

Plus la culture des terres, en général, se perfectionne, et plus chaque espèce de culture tend à s'isoler, car le grand principe de la division du travail s'étend à tout, aux sciences comme à l'agriculture, à l'industrie comme à la morale. Le cultivateur qui partage son attention entre différentes espèces de cultures, demeure étranger à toutes. Ses fonds se dispersent comme son attention, et, comme il n'y a de centre et de foyer d'activité nulle part, rien ne se développe, rien ne se perfectionne. Le fermier Italien est trop pauvre d'esprit et d'argent, pour avoir à la fois un attirail de cave et de vendange et un attirail de charrue bien fait, et tous ces soins sont encore insuffisans, s'il n'a pas assez de bétail pour faire aller cette machine embarrassée d'une culture trop étendue, ni assez de connoisssances pour en bien combiner les parties.

La fausse application des fonds disponibles est une véritable calamité en économie; l'usage, je dirai presque la *direction* des capitaux, a ses règles constantes dont le développement feroit le sujet d'un ouvrage. J'ajouterai que la morale même, n'a pas une autre marche, que tout ce qui appartient à l'esprit humain où l'on n'arrive à aucun grand développement, que par des développemens partiaux et successifs. L'homme vraiment moral se donne de préférence les vertus de la place qu'il occupe, et ces vertus deviennent dans la suite le principe d'un développement ultérieur. Mais sans un foyer où les forces de l'homme aillent converger, il n'y a rien de grand à en attendre.

Il y a un défaut de culture dans presque toute l'Italie, (il faut en excepter quelques parties du Milanois et de la Toscane) que l'on n'a, ce me semble, point indiqué encore; c'est que le plus souvent aucune culture n'y est à sa véritable place. On va planter les vignes dans les terres à blé, et le blé dans les terres à vignobles, des bois dans les prairies, et rien dans les terres à bois. J'ai vu près de Cantalupo des champs escarpés et pierreux cultivés en blé, qui rendent à peine deux pour un, tandis que la vigne étoit placée dans le terrain le plus gras et le mieux arrosé, et que le tiers du bétail avoit péri de faim faute de foin pour le nourrir pendant quinze jours de neige. Le cultivateur Italien, n'ayant que peu de terrain et encore moins de fonds, ne voit jamais que le produit le plus prochain et le plus à portée de ses petits moyens. J'ai vu autour du célèbre et antique couvent de St. Benoit, bâti près de la campagne de Néron, si singulièrement située dans les rochers de Sublaqueum, une belle forêts de chênes verds, assise sur le roc blanc, nud et stérile en apparence, mais qui, ayant des couches redressées, avoit quelque terre végétale dans ses interstices. Un pays où les rochers les plus nuds sont capables de produire de superbes forêts, auroit des richesses immenses, si chaque culture y étoit à sa place. Mais comment arriver à cette perfection de culture, si ce n'est par un commerce très actif, intimément lié à toutes les branches de la culture des terres, et favorisé par des lois d'une grande sagesse. Aucun pays du monde n'est plus éloigné de cette perfectibilité que le Latium, où au lieu de croître tout semble frappé de dépérissement et de mort.

DU VIN.

Comme on voit des sots avoir quelquefois de l'esprit, et des hommes spirituels, être sots par moment; on voit par un même renversement de combinaisons quelquefois du très bon vin au-delà du Rhin, et du mauvais en Italie. Si les Italiens s'avisoient de faire du vin, la France même seroit forcée de lui abandonner une partie des millions qu'elle tire de ses vignobles, et qu'elle en tirera aussi long-temps qu'elle voudra favoriser le commerce et l'agriculture, par des échanges réciproques.

Heureusement pour la France que la perfection des vins dépend de tant de choses, qu'il n'est pas à croire qu'on la trouve jamais en Italie. La bonté des vins suppose la culture très couteuse des vignes; un attirail de cave que les petits fermiers n'ont jamais; des connoissances dans la conduite du vin, qui leur manquera long-temps ; des capitaux considérables pour les garder, enfin une liberté de commerce qui n'est pas dans l'esprit des gouvernemens Italiens. La véritable liberté du commerce ne consiste pas seulement à lever çà et là quelque entrave, elle suppose de plus un système de lois qui rende les échanges faciles et réciproques, système qui n'est pas donné à tous les gouvernemens.

Tous les principes semblent manquer à la fois aux vignerons du Latium. J'ai vu à Albane les plus beaux raisins du monde, versés dans des tonneaux, placés debout et défoncés par en haut, où le vin restoit exposé à l'air pendant quarante-cinq jours ; car telle étoit la règle. Après cela on avoit bien de la peine à le conserver un an ou dix-huit mois. Dans presque toute l'Italie, le raisin est cueilli trop tôt, le vin est mis dans des vases petits et mal-propres, et abandonné à tous les principes d'une fabrication négligente et meurtrière.

Enfin il ne suffit pas que le vin ait du mérite, il faut savoir le faire valoir dans le monde. Il faudroit pour cela suivre à Londres et dans le Nord le goût des Anglois et des Russes, faire naître des modes à Londres, à Copenhague, à Stockolm et à Pétersbourg, et se bien persuader que le goût même des vins est une affaire d'opinion et de mode, qui fait triompher les vins de Bourgogne et de Bordeaux par les mêmes secrets, qui soumettent toutes les toilettes et les têtes mêmes aux modes de Paris et de la France.

Le grand roseau, (arundo donax) se cultive avec avantage en Italie, où il arrive jusqu'à la hauteur de vingt pieds. Les ânes, et les bœufs en mangent la feuille ; dans un pays peu exposé à des vents violens, il forme le meilleur appui de la vigne, et après avoir servi d'échalas il est encore bon à brûler. Ce roseau léger et fort servira peut-être un jour de rame aux balons aréostatiques, après avoir servi jadis de flûte à Pan et aux Satyres. Pline, en parlant du roseau dont on fait les flêches, dit que cette plante a conquis la moitié du monde connu. Tant les destinées d'un même être sont quelquefois bizarres !

DES JARDINS POTAGERS.

L'agriculture des pays chauds est beaucoup plus combinée que celle des pays où plusieurs mois de neige ou de froid forcent le cultivateur au repos. C'est pourquoi le cultivateur Italien auroit besoin de plus de lumières pour tirer parti des combinaisons multiples que lui présente son climat, que l'habitant de la Norvège qui est six mois à ne rien faire.

Rien de plus triste que les jardins de Rome, dont les deux tiers sont des vignobles médiocres, ou des champs et des prairies mal soignées, en un mot, des fermes mal tenues, comme toutes celles des environs de Rome. Quoiqu'une pomme rainette s'y vende souvent plus chère qu'une orange, les arbres fruitiers y sont rares, et restent toujours plus petits qu'au-delà des Alpes.

L'idée d'un jardin et d'une famille occupée à le faire valoir, présente toujours à l'esprit l'idée la plus riante. Quel empire plus riche et plus pur que celui que l'homme exerce sur les fleurs et sur les fruits qui l'entourent et qui sont son ouvrage ! Que de vides dans la vie solitaire qu'un jardin sait remplir. Que d'épines dans la vie sociale que guérit la douce activité qu'exige un jardin où l'on unit, aux charmes d'un travail doux et modéré, ce repos du cœur que donne l'habitude de vivre avec la nature à qui sait la sentir et l'aimer. Il n'en est point ainsi à Rome.

Le plus grand avantage d'une bonne éducation n'est pas seulement dans les talens et les connoissances qu'elle donne, son meilleur fruit est dans le cœur qu'elle forme au goût de la vertu, et aux jouissances pures et simples, les seules que le tems ne flétrit jamais. L'homme éclairé sait seul jouir des beautés de la nature, devenues inaccessibles pour le Romain qui ne sait point vivre à la campagne. Et ces mœurs perverses sont une des causes de l'abandon de la culture du Latium. L'ignorance du cultivateur qui n'est jamais en contact avec les hommes éclairés, la pauvreté et le manque de crédit qui en résulte, achèvent le dépérissement de tout. De tant de causes de misère résulte enfin la peste qui met le comble à la désolation universelle. Entrez avec moi dans le jardin où l'on a trouvé le tombeau des Scipions, vous y verrez des enfans pâles et livides, et une petite fille de sept ans, plus grosse qu'une femme prête d'accoucher. Tous ces jardins de Rome, où tant de souvenirs viennent se joindre à ce beau ciel, à cette terre plus belle encore, sont plus dégoûtans que les hôpitaux de malades. Vous n'y voyez partout que la mort, tantôt sous la forme de la famine, tantôt sous celle de maladies affreuses, pires que cette mort que l'on invoque de partout dans ces régions de désolation et de misère.

Que de conversations j'ai eues avec les pauvres cultivateurs de la ville même de Rome, qui m'ont prouvé avec évidence qu'ils n'avoient pas assez d'argent, ni de crédit pour acheter une chèvre qui pût nourrir leur famille mourante! Ce manque de crédit s'étend à tout; on prescrit à ces cultivateurs la culture qu'ils doivent suivre, et on leur compte les plants d'artichauds qu'ils doivent rendre à l'expiration de leur bail. —

L'on voit partout de fausses opinions, courir et désoler le monde. Il n'est point vrai que la nécessité soit la mère de l'industrie. La pauvreté extrême est encore plus pauvre en idées qu'en argent, et le sentiment du malheur est toujours stérile. Toute invention est le fruit d'une activité surabondante ou d'un grand effort causé par une grande espérance. Une nation née dans la pauvreté peut dans l'époque de son accroissement avoir cette surabondance d'activité qui invente, mais elle ne l'aura point dans l'époque de son dépérissement, puisque la cause de ce dépérissement qui est presque toujours dans quelque vice de législation, agit uniformément, et que la foiblesse toujours augmentée, perd sans cesse quelque chose de la force de résistance.

La pauvreté d'un Etat en décadence, est plus près du désespoir qu'on ne le pense, et les forces régénératrices y sont toujours consumées d'avance, c'est une phtisie qui tue enfin le corps de l'Etat.

Comme ces villas de Rome moderne sont pauvres, auprès de celles de l'ancienne Rome, où une volière rendoit dans une seule année soixante mille grives, et le double en argent de ce que rendoit alors une terre de deux cents arpens! (1)

Dans les premiers siècles de Rome, chaque citoyen avoit son jardin qui étoit sous l'inspection des femmes. Quant on en voyoit de mal cultivés, on en concluoit, dit Caton,

---

(1) Voyez Varron, Liv. III. Chap. 2. Ornithon reddiderit eo anno bistantum quam tuus fundus ducentum jugerum Reate redidit.

Il évalue la grive à trois deniers romains, à-peu-près neuf sols de France.—Un parc à escargot n'étoit pas d'un petit revenu, dit le même Varron. Il y avoit trois espèces d'escargots, les petits blancs originaires de l'Italie, les très gros venus de l'Illyrie, et les médiocres transportés d'Afrique. Varron dans le même Livre distingue très bien le lièvre blanc des Alpes comme formant une espèce différente du lièvre commun. En effet le lièvre blanc, blanchit en hiver dans les appartemens chauds, tandis que le lièvre ordinaire ne change point de couleur par le froid.

que

que la maîtresse de la maison étoit mauvaise ménagère, *parce qu'en défaut du jardinage il falloit aller à la boucherie ou au marché aux légumes, acheter de quoi vivre.* Ce passage prouve qu'on vivoit alors principalement de légumes à Rome, puisqu'on n'alloit à la boucherie que lorsque le jardin ne rendoit pas. On y vivoit comme aujourd'hui, de salades, et d'un peu de bétail que l'on nourrissoit dans les pâturages de la ville. Pline dit que les fenêtres des maisons de l'ancienne Rome, du tems de la république, étoient garnies de caisses où l'on mettoit des herbes de jardins, de sorte que les rues présentoient continuellement aux yeux le riant spectacle de la campagne. Celà dura jusqu'à ce que la multitude du peuple s'étant extrêmement accrue, on fut obligé de fermer de barreaux les fenêtres qui donnoient sur la rue (1).

---

(1) Au temps de Romulus chaque citoyen avoit deux arpens de terre pour tout bien. On donnoit alors le nom de *Hortus* à ce petit domaine de deux arpens. Dans la suite *Hortus* désigna un *jardin*, sans doute parce que ces petites campagnes situées aux portes de la ville, d'abord cultivées en blé, le furent dans la suite en jardin. Il paroît qu'en outre de ce petit domaine chaque citoyen avoit son petit jardin, appelé alors *Heredium*

T

Les choux étoient pour les Romains le légume par excellence. *Brassica*, dit Caton, *omnibus oleribus antistat*. Du temps des grandes richesses de Rome, les cardes étoient le légume préféré ; les meilleures venoient de Carthage.

La culture des jardins a, comme celle des champs, donné quelques noms à de grandes familles de Rome, témoins les *Lactutiens* qui étoient une branche de l'illustre famille *Valeria*. Noms de familles, langage, religion, lois, tout dans les premiers siècles de Rome annonçoit un peuple laboureur. Les Romains sont la seule nation, qui ait su réunir les mœurs d'un peuple agricole, à tous les avantages que leur donnoit une grande ville qui ne les corrompoit point encore. Les Romains d'aujourd'hui sont en ceci précisément l'inverse de leurs ancêtres. Malgré beaucoup d'esprit naturel, ils ont, dans leur nullité, perdu les moyens d'exister à la campagne, et n'ont conservé de la grande ville que la corruption et les préjugés.

DES DIFFÉRENTES RACES
DE GROS BÉTAIL QUE L'ON RENCONTRE EN ITALIE.

En considérant attentivement les différentes espèces de bétail que l'on trouve en Italie, on ne peut méconnoître deux races de bœufs parfaitement distinctes, qui, malgré les nuances intermédiaires produites par le croisement des deux races, sont aisées à distinguer. L'une est celle des grands bœufs à longues cornes, constamment blancs ou d'un gris plus ou moins foncé; l'autre est la race des Alpes plus variée dans ses couleurs, le plus souvent rousse, à cornes beaucoup plus petites, et plus basse de jambes que l'espèce Italienne. La vache de la petite race appelée à Rome *vache-à-lait*, donne plus de lait que la race grisâtre, elle est aussi plus douce de mœurs que celle à longues cornes, qui de son côté donne de meilleure viande, et est plus forte au trait que celle des Alpes.

J'ai remarqué dans tout le Tirol des traces de la race italienne à longues cornes et au poil gris, qui à mesure qu'on avance vers l'Allemagne, finit peu-à-peu en se confondant avec celle des Alpes. Les derniers traits de la race grise ne disparoissent entièrement qu'avec les mélèzes, près de Fussen en Allemagne, où les derniers restes des Alpes abandonnent le voyageur qui va du Midi au Nord. Il est intéressant de voir les limites que la nature a tracées à quelques êtres. Le mélèze qui vient très bien dans le Nord, lorsque l'homme le veut, a l'air de ne passer qu'à regret les Alpes. (1)

Les vaches rousses des Alpes se trouvent en Allemagne et surtout dans le Holstein, où elles deviennent gigantesques dans les plus riches pâturages de l'Europe, enlevés à la mer par des digues. Cette même race continue dans le Nord, et se trouve en Suède, en Norvège, et même en Islande, avec cette différence, que plus on avance vers le Nord, plus elle est bigarrée. Les troupeaux que j'ai vus en Danemarck étoient de tout poil, et un grand troupeau de vaches ressembloit de loin à un parterre de fleurs. Cette variété de couleurs est, dit-on, encore plus remarquable en Islande que dans les îles Danoises.

J'ai vu à Gênes une cargaison de peaux de vaches du Bresil, qui paroissoient être de la race des Alpes, et sembloient indiquer que l'espèce Espagnole, dont elle descend, en est aussi.

---

(1) C'est ainsi que du côté du Vallais le châtaignier ne passe pas les Alpes. Cet arbre bienfaisant se trouve naturellement partout dans les vallées de la Suisse Italienne, dont il fait la richesse et l'ornement, mais au-delà du Simplon on ne le trouve plus que planté.

Il seroit intéressant de savoir l'histoire de la grande race Italienne, que l'on dit être venue de la Hongrie, seroit-elle indigène en Italie ? seroit-elle de la race monstrueuse d'Epire dont parle Aristote ? Tacite étoit frappé de la petitesse des cornes des vaches de la Germanie ; ce passage ne semble-t-il pas prouver qu'il étoit accoutumé aux grandes cornes des troupeaux de la race grise d'Italie ?

Ce qui feroit encore présumer que cette race à grandes cornes est indigène chez les Romains, c'est que les Grecs croyoient que le mot *Italie* venoit du mot Grec, qui signifie *bœuf* ou plutôt *veau*, parceque ce pays étoit renommé pour la belle race de son bétail.

Rien de plus singulier que l'abâtardissement des troupeaux dans la Sardaigne, où les plus grandes vaches ne pèsent pas plus de deux cents livres de douze onces, et ne portent que la troisième année. Quelques-unes sont absolument sans lait, et les meilleures n'en donnent jamais qu'au printemps lorsqu'elles jouissent des meilleurs pâturages. Un troupeau de cent vaches ne produit tout au plus que dix quintaux de fromage par année, et cela dans les meilleurs pâturages. Et néanmoins, malgré la débilité de l'espèce, les maladies contagieuses du bétail (1) sont inconnues dans cette île. Le porc paroît au contraire avoir prospéré en Sardaigne, au point qu'un cochon de cinq-cents livres n'y est pas rare, et qu'on n'y seroit point surpris de voir un porc peser presqu'autant que trois vaches ! Quoique la race des moutons ne soit pas grande dans ce pays-là, (puisque les plus gros ne passent pas cinquante livres) il est de règle qu'une brebis donne plus de lait qu'une vache. Il seroit sans doute aisé de renouveller la race des bœufs en Sardaigne, comme on a renouvellé celle des chevaux. Le bœuf Sarde est dit-on, de l'espèce grise à longues cornes.

Les buffles étoient inconnus aux Romains. La race en est venue d'Afrique au septième siècle. Cet animal féroce, qui se plaît dans l'eau et dans la fange, ne s'accouple jamais avec la vache commune. On dit que dans les grandes chaleurs il se couche entièrement dans l'eau, dont il ne sort que la bouche pour respirer.

Quoique pour le trait, la force du buffle

---

(1) Les chiens enragés y sont très rares, parce que dit le même auteur Italien (*della Sardegna*) les loups n'y sont pas connus. Il est de l'opinion que la rage des chiens, vient de celle des loups.

soit au moins double de celle du bœuf, surtout dans les chemins fangeux, on lui préfère néanmoins la race des bœufs, parce que le buffle, en frappant le gazon de ses pieds durs et pleins de force, gâte les prairies humides dans lesquelles il se plait à vivre.

Les grands troupeaux de buffles sont dociles à la voix de leurs bergers, et féroces, même agressifs, pour tous les inconnus. Chaque buffle a son nom, auquel il répond quand on l'appelle. Comme les bergers ont trouvé difficile d'en inventer par centaine, ou entend, dit-on, retentir parmi les troupeaux de buffles, les noms des plus illustres Princesses de Rome.

Dans les combats de taureaux qui se donnent au peuple Romain dans le tombeau d'Auguste, l'homme qui combat le buffle se sauve aisément des terribles coups de cornes de son adversaire, en s'élançant sur une frêle table, où sur quelque chose d'élevé, parce que le buffle dont les regards ne font que raser la terre, cesse d'apercevoir ce qui est au-dessus de sa surface. Son œil stupide est l'image des esprits pour qui tout ce qui est élevé n'existe pas.

On fait de petits fromages de buffle qui se vendent très bien à Rome. Ces fromages, qui se mangent frais ne sont pas friables.

T 4

comme ceux de vache, et quoique délicats, ils filent comme de la pâte de pain.

La partie de l'agriculture qui tient au bétail est plus négligée dans le Latium que toutes les autres. Les Romains croient avoir tout fait quand ils ont semé du blé : nous avons vu à sept lieues de Rome à Torre-Paterno, un troupeau de quelques cents vaches qu'on ne s'étoit pas avisé de traire, quoique le lait soit aussi cher à Rome et aussi recherché que dans les autres grandes villes d'Europe. L'agriculture ne va pas seulement à produire du lait, du blé ou du vin ; elle consiste dans une combinaison de travaux, de culture et de capitaux, sans laquelle ses grands résultats sont impossibles.

LIAISON INTIME DE L'AGRICULTURE AVEC LES MŒURS.

La culture des terres est de toutes les branches d'industrie celle qui est le plus intimement liée aux mœurs, et sous ce rapport, l'agriculture a une importance qu'on n'a peut-être pas encore développée.

La théorie de la morale remonte d'un côté dans les profondeurs de notre être, et de l'autre elle tient à tout ce que nous voyons, puisque les *mœurs* ne sont que les habitudes d'une nation, considérées sous le rapport qu'elles ont avec le bonheur de la grande société.

Ce n'est pas toujours dans la métaphysique qu'il faut aller chercher la morale ; la grande source des mœurs est dans la législation. Dans le Latium, où le fermier, le laboureur, le journalier, c'est-à-dire les deux tiers au moins de la population du pays, ne vit qu'au jour le jour, nul ne voit au delà du moment présent. D'un autre côté les richesses excessives, semblent inspirer la même imprévoyance, et dans ce malheureux pays les deux classes extrêmes de la société vivent sans avenir.

Or, la morale est comme le mouvement, impossible à concevoir sans l'idée du *tems*. Pour l'homme qui vit sans avenir, les actions sont sans conséquence. Les vrais résultats de de la vertu supposent la combinaison totale, l'épuisement de toutes les chances de l'être intelligent et sensible ; et plus l'espace de la morale s'étend devant nous, et plus il y a de certitude pour le bonheur de l'homme vertueux (1).

---

(1) Il est, ce me semble, bien consolant de contempler dans la morale un système de combinaisons qui

Ainsi, l'esclave qui ne fait pas lui-même son avenir, ne sauroit avoir de morale ni comme homme ni comme père. Quelle éducation donneroit-il à des enfans dont le maître seul dispose ? L'homme libre, mais sans propriété, sera moins moral que le propriétaire pour ainsi dire élevé à la régle, par la propriété même qui lui enseignera à faire des calculs étendus.

Mais aucune propriété n'est plus morale que celle de la terre, parce qu'aucune n'attache plus fortement l'avenir au présent que celle du sol, qui sans donner jamais de richesses qui corrompent, donne toujours celles qui suffisent à l'âme saine et au cœur bien né.

A la prise de Carthage, le sénat Romain ne conserva parmi les bibliothèques trouvées dans cette ville malheureuse, que les vingt-huit livres de Magon sur l'agriculture. Or,

---

s'étend nécessairement au-delà des chances de cette vie. Les élémens de cette grande courbe ne sont jamais ceux de la périférie de la vie présente, ils semblent au contraire calculés pour une immense orbite, qui, assimilant l'être intelligent aux grands corps que nous voyons rouler dans l'espace, présentent à l'espérance un immense avenir.

voici la première phrase de ce livre si cher aux Romains d'alors. *Je n'ai rien à dire à ceux qui ne savent pas quitter la ville pour aller vivre dans leurs terres.*

Il paroît par cette phrase que le vertueux Carthaginois étoit le Caton de sa patrie, et que dans cette capitale de l'Afrique, on savoit respecter la vie simple et agricole, comme on la respectoit à Rome même. Que les tems sont changés ! Dans les mœurs actuelles il n'y a rien de si inconnu aux Romains que la vie de la campagne, qui ne peut avoir de charmes que pour le petit propriétaire, qui n'existe plus dans le Latium.

En effet, quel intérêt les travaux rustiques auroient-ils pour des Princes tellement riches, que la seule surveillance de leurs propriétés territoriales seroit une affaire sérieuse pour eux, qui les absorberoit tout entiers. (1). Comment s'intéresseroient-ils à la culture de tel fonds particulier, pendant que tous les autres resteroient abandonnés à l'oubli ? Ces Princes propriétaires errent d'une terre à l'autre, comme les Rois de l'Orient dans leur serrail vont de beautés en beautés, toujours

---

(1) On dit que le prince Borghese a soixante et douze terres.

condamnés par leurs richesses même à une satiété éternelle et a un ennui perpétuel.

Ce qui fait le charme de la vie rustique, pour l'homme qui sait penser et sentir, est cette douce alternative d'un exercice de corps toujours motivé, avec l'occupation de l'esprit, toujours agréable après un peu de fatigue.

Pour le cultivateur chaque journée à ses projets, et l'année est le grand drame dont les saisons, les mois et les jours sont les scènes subordonnées. L'accroissement de la fortune est toujours d'un grand intérêt pour un père de famille ; la bienfaisance en est un autre, et le soin de ses enfans, de cette première propriété du citoyen, en est le plus cher de tous. Mais dans les pays où il n'y a ni instruction, ni famille, l'habitant de la ville ne peut porter dans les champs que le vide du cœur et de l'âme, qui le poursuit en tout lieu, et ne l'atteint jamais plus infailliblement que dans la solitude.

On ne fait pas assez attention que toute éducation de l'esprit en forme toujours une correspondante dans le cœur, qui n'est que le résultat nécessaire des habitudes de la pensée. On oublie, que, pour l'homme qui ne sait pas s'occuper sans cesse, ou dont l'activité n'est pas rattachée à un grand but, il n'y a de bonheur à attendre que des passions, et de ce qui fait oublier la vie sans la sentir. Les véritables résultats de l'éducation, sont moins dans les choses que nous avons apprises, que dans les habitudes que nous nous sommes données.

Il faut de grandes lumières et de nobles sentimens, comme étoient ceux du duc de Bedford, pour être excessivement riche, et savoir se plaire aux occupations rustiques.

Dans le Latium le petit propriétaire, qui n'est pas paysan, végète dans de petites villes, où l'on singe péniblement la capitale, sans rien avoir des charmes qui en font pardonner les travers.

Les paysans mêmes qui existent encore, quoique doués de beaucoup d'esprit naturel, font leurs travaux de routine, sans jamais réfléchir à ce qu'ils font; parce que toutes les connoissances leur manquent à la fois, avec tous les moyens d'en acquérir. Leur corps travaille d'un côté, tandis que leur ame erre d'un autre. Aujourd'hui sa propre misère est l'unique sentiment qui occupe le paysan de Rome. Dans les tems ordinaires, toute la partie disponible de son âme est employée à quelques idées religieuses travesties à sa manière. Son éducation comme celle des hommes de sa classe dans presque toute l'Europe, est étrangère à son état (1).

Quand on parle de la pauvreté du peuple, on ne pense communément qu'à ses besoins physiques, mais sa misère morale est plus grande encore. J'ai vu à Marino une mère furieuse, saisir et battre un enfant de cinq ans, puis lui marcher sur le ventre, et le jeter enfin contre un mur. Dans une autre ville, je fus réveillé par les cris d'un petit enfant qu'on battoit. Les coups de la mère furent si prolongés, qu'après une espèce de râlement la voix de l'enfant s'éteignit peu-à-peu, au point que je le crus mort. On m'a assuré qu'il n'étoit point rare de voir mourir des enfans à la suite de pareils trai-

---

(1) Tant que l'éducation de chaque classe de la grande société, ne sera pas appropriée à sa destination, les principes des sciences resteront sans application et sans fruit. Il faut que l'éducation établisse, pour ainsi dire, des conducteurs de lumières d'une classe à l'autre pour rendre les sciences utiles à l'homme. On ne peut qu'être frappé de la prodigieuse distance qu'il y a partout entre nos principes scientifiques et l'application qu'on en fait. L'éducation du peuple devroit moins tendre à lui donner des idées positives que des moyens d'en acquérir, en le mettant dans quelque point en contact avec les sciences, comme par exemple en établissant des fermes expérimentales. etc.

temens. La prostitution des enfans de sept à huit ans, n'est dit-on pas sans exemple dans ces contrées. Il y a en Europe des nations entières où de pareils faits sont à jamais inconnus. Chacun se forme, sans s'en douter, une échelle de possibilité morale, dont la mesure n'excède pas l'étendue de notre propre moralité, sans voir l'abyme qu'il y a encore au-dessous du point réputé le plus bas de l'immoralité humaine. En général l'on ne sauroit jamais assez se convaincre de l'immense étendue de la puissance morale de l'homme, qui, dans le mal comme dans le bien, dépasse de par-tout la portée commune de notre intelligence. Cette idée, consolante à la fois et terrible, qui dévoile à nos yeux la force, je dirois presque, la vélocité de la volonté humaine, devroit bannir à jamais la dangereuse insouciance pour le bien, et l'indifférence pour le mal, plus dangereuse encore.

Et cette grande mobilité qu'il y a dans le mouvement moral, nous faisant presque toujours arriver plus loin que nous ne l'avions cru d'abord, doit aussi nous pénétrer d'un grand courage, et attacher à toutes nos actions une plus haute importance, que nous ne sommes portés à leur en donner communément.

TABLEAU

DE LA POPULATION DE LA VILLE DE ROME.

Eglises paroissiales, 82.
Evêques, 8.
Prêtres, 1586.
Moines, 1337.
Religieuses, 1530.
Dans les hôpitaux, 1383.
Dans les collèges, 120.
Nombre des feux, (*) 37738.

An.	Nés à Rome.	Morts.	Hommes.	Femmes.	Total de la population de la ville de Rome.
1716	4285	5470	79942	58016	137,958.
1726	4548	5215	84364	61573	145,937.
1736	4799	5466	85589	65060	150,649.
1746	4852	5565	84651	66537	151,188.
1756	5358	5028	85436	68412	153,848.
1766	4962	7322	88280	69588	157,868.
1777	5445	6446	89784	73316	163,100.

Les nombres suivans sont tirés d'une espèce d'almanach officiel qui ne se publie plus à Rome, peut-être pour ne pas dévoiler les suites de la grande misère des années 1801, 1802, 1803 et 1804.

(*) Dans l'original le mot *feu* est rendu par les mots *case* et *famiglie*.

An.	Nés.	Morts.	Total.
1774	5259	4887	160,896.
1775	5457	5037	165,046.
1766	5212	5656	163,310.
1777	5445	6446	163,102.
1778	5661	5380	162,442.
1779	5555	7863	162,245.
1780	5221	7096	163,428.
1781	5959	7121	161,895.
1782	5132	6334	162,803.
1783	5755	7240	163,996.
1784	5304	9101	161,552.
1785	5375	6037	162,452.
1786	5406	6741	163,956.
1787	5125	7104	164,595.
1788	5127	7908	165,441.
1789	5462	6984	163,034.
1790	5169	7203	162,983.
1791	5497	7121	163,393.
1792	5227	5819	162,427.
1793	5260	5988	165,316.
1794	5545	8459	166,948.
1795	5193	6378	164,586.
1796	5117	7087	166,417.
1797	5622	6857	166,280.
1798	5622	8183	151,657.
1799	5384	7540	147,026.
1800	5193	8457	153,004.

L'on voit par ces données, que Rome est

un gouffre qui attire environ quinze cents étrangers par an pour y réparer l'excédent de la mortalité sur les naissances, et de plus former l'accroisement de population que l'on y trouve depuis 1726 à 1777.

Comme les trois quarts des cultivateurs des 107 milles géographiques (de 60 au degré,) de la campagne de Rome, sont étrangers, il n'y à peut-être pas d'exagération à porter à deux milles, la totalité de l'immigration qui se fait annuellement dans la ville et la campagne de Rome.

J'observerai que le nombre des hommes surpasse de plus du quart le nombre des femmes dans cette ville singulière.

Il seroit intéressant, d'appliquer la statistique à la morale. Si l'excédent d'un sexe sur un autre, est d'un quart, la probabilité d'un amour illégitime sera de deux quarts. Car d'un côté il y a quinze à vingt mille hommes sans femmes, et de l'autre, il y a chez les femmes la considération dangereuse de quinze à vingt mille hommes désœuvrés Et comme dans la totalité les désirs peuvent être réputés réciproques; il faut au moins doubler le quart des séductions. Il y auroit donc, toutes choses égales d'ailleurs, une moitié de femmes séduites de plus à Rome qu'ailleurs.

Tel est le résultat des vertus monastiques, que tant d'honnêtes personnes voudroient rétablir dans ce siècle naissant. Parmi les deux milles personnes, que je suppose venir annuellement du dehors pour rétablir et augmenter la population de la ville mourante, il y a au moins neuf dixièmes d'hommes, qui, troublant dans les pays qu'ils abandonnent, le rapport qu'il y a entre les deux sexes, augmentent d'autant les désordres dans ces pays-là. En supposant donc la chasteté parfaite dans les couvents, il en résulteroit toujours que le célibat, en troublant l'ordre de la nature, est une cause permanente d'immoralité. Qu'on ajoute à ces considérations arithmétiques, l'accélération qu'il y a toujours dans les causes morales, et l'on sera convaincu que la vertu que l'on semble chercher le plus, est précisément celle qu'en totalité on gagne le moins par ces moyens forcés. L'on est indigné d'avoir à revenir sur de pareils objets, après l'expérience d'au moins mille années, indigné surtout de voir la Religion et la morale devenir à la mode, être traitées et exagérées comme des coëffures, pour être rejetées le lendemain comme rebut.

Les années de révolution 1798, et 99, comparées à 1797, donnent une diminution de population d'environ 20000 âmes, et une augmentation de mortalité causée par la misère et par les tourmens du cœur, (fruits naturels d'une révolution,) mais les suites funestes de cette époque tombent surtout sur les années suivantes, 1801, 1802, 1803 et 1804, dont on n'a pas les résultats. La prospérité de Rome n'a jamais été qu'un embonpoint factice ; cet État réduit à ses propres ressources, tombera plus bas que tout autre, pour avoir toujours pu se passer des bons principes, mieux que les États qui n'avoient pas au dehors d'eux-mêmes les sources de leur prospérité.

L'excédent des hommes sur les femmes est moindre depuis 1739, que dans la première moitié du siècle.

L'on remarquera que depuis 1756 le nombre des naissances est à peu près stationnaire, et que le nombre des morts est croissant dans cette époque au-delà de la proportion que l'on peut observer par la première moitié du siècle.

Le revenu du spirituel de cette Rome superbe, qui dans tous les siècles à su se rendre tributaire les autres nations, est diminué, dit-on, jusqu'à la somme minime de 150,000 écus romains, qu'elle tire encore de l'Espagne et du Portugal ; et ce dernier tribut peut lui échapper encore.

Voici l'état de la population de 1784 des pays appartenans alors au Saint-Siége.

Ville de Rome,	161,552.
Bologne la ville,	69,700.
Bologne le pays,	221,690.
Ferrare ville et pays,	218,102.
La Romagne,	270,000.
Le Latium, la Sabina, la Maritima et la Campagna, en 1782,	316,000.
Castro et Ronciglione,	154,000.
Duché de Camerino,	30,000.
Marche d'Ancone,	464,000.
Urbino,	166,000.
Umbria et Spoletto,	290,000.
Avignon et Venaissin,	150,000
	2,511,044.

Ce pays à-peu-près égal en population à la Suède ou au Danemarck, supérieur en richesses à chacun de ces deux royaumes, les surpassoit infiniment en ressources réelles ; mais sa force toute spirituelle a disparu avec l'opinion qui lui valoit des armées, tandis que les vertus des nations du Nord semblent les élever au-dessus d'elles-mêmes. (1)

---

(1) Les pays les plus pauvres de l'Europe, la Suède et le Danemarck, ont le système de finances le plus fra-

J'ignore la population actuelle de cet État maintenant dépouillé de ses meilleures provinces, et au moins d'un million de sujets. Le respect religieux pour son chef n'est plus suffisant pour le défendre, encore moins ses moyens militaires absolument nuls. Détaché aujourd'hui de l'ancien système, cet État est comme les corps célestes d'un ordre inférieur, destiné à tourner autour de quelque puissance centrale. Mais quelle que puisse être la place qu'il occupera, sa destinée seroit heureuse s'il savoit tirer parti de la richesse de son sol.

DES FERMIERS ROMAINS.

On donne aux fermiers du Latium le nom de *marchands de campagnes*. Ces marchands se sont beaucoup enrichis depuis la

---

gile. Leur richesse est tellement basée sur le papier, que le premier coup de canon, tiré sur eux, atteint tous les citoyens à la fois, en dépréciant à la fois toutes les fortunes. Si les vertus suffisoient à la force d'un Etat, ces nations occuperoient un des premiers rangs parmi celles de l'Europe; mais, dans les données d'aujourd'hui, les petits Etats ne peuvent point se passer de numéraire; et la moindre guerre y ruine, non-seulement le gouvernement, mais la nation même.

révolution, qui a fait tripler le prix du blé, tant à cause des opérations faites sur les monnoies, que parce que les grains sont remontés à leur prix naturel, depuis que le gouvernement a cessé d'en faire un prix de faveur au peuple.

Ces fermiers Romains sont précisément l'inverse des fermiers Anglois. Les marchands de campagnes sont des entrepreneurs qui attaquent la terre avec une armée d'ouvriers presque tous étrangers qu'ils tiennent momentanément à leur solde, tandis que l'Anglois ne quitte jamais sa ferme. Le fermier Anglois met beaucoup en avances, le fermier Romain trouve toujours un grand avantage à n'en faire que le moins possible. Le premier prend pour base de sa culture les troupeaux, le second n'a que les bœufs nécessaires au labourage, qui toute l'année errent dans les champs sans profit pour la terre; l'Anglois donne à ses fonds tout l'engrais qu'il peut avoir, le Romain n'ayant pas de bétail, ne donne rien à la sienne. Le sol Anglois a chez le fermier un crédit ouvert inépuisable, tandis que l'homme du Latium ne prête au sol de sa patrie qu'au terme le plus court. L'Anglois, comme un père tendre, ne quitte jamais la terre qu'il enrichit, le Romain trois ou quatre fois l'année la parcourt à cheval, comme un général d'armée qui va faire une expédition militaire. En un mot, il y a cette grande différence, que l'un plante, répare, améliore, tandis que l'autre coupe, détruit, épuise autant que le sol le plus riche de l'Europe peut-être épuisé.

Les grands succès de l'agriculture ne dépendent pas uniquement des fermiers; ils sont le résultat de l'organisation de tout un pays. Une terre très-peuplée aura une autre culture que celle où les hommes manquent. Si le cultivateur, ce premier instrument de richesses, est rendu propre à son état par une éducation excellente, la terre s'en ressentira. Un grand nombre de petits propriétaires et de petits capitalistes, produira une grande concurrence dans les fermes ; la prompte et impartiale administration de la justice sera un autre élément de richesse ; tous ces élémens influent sur la culture.

Dans le Latium, où il n'y a ni habitans, ni petits propriétaires, ni éducation, ni justice, ni crédit, l'agriculture ne sauroit prospérer.

En économie, comme en morale, les vices produisent les vices. Les grandes fermes ne donnent qu'un petit nombre de fermiers, qui avec leur argent feront bientôt le monopole des terres ; leurs gains croissants seront proportionnés à leurs capitaux, et leurs profits augmenteront en raison du petit nombre des concurrens.

Le propriétaire ou le fermier à résidence, semble bonifier le sol par sa seule présence. Si l'on pouvoit évaluer tout le travail qu'une famille de petits propriétaires assidus et entendus place dans la terre qu'elle cultive, on verroit le prix immense d'un pareil terrain. La vie agricole étant pour l'homme aisé une jouissance perpétuelle il ne sent point tout le travail, c'est-à-dire, toutes les richesses que plusieurs générations entassent dans un bien de famille. Tous ces petits soins inappréciables et continuels, que l'amour du cultivateur prodigue à la terre, manquent à la fois à ce Latium tourmenté par tous les vices d'une économie destructive.

Dans les pays où l'on ne fait que semer et moissonner, le prix des journées sera en certaines saisons, si haut, que le petit propriétaire se trouvera quelques fois dans l'impossibilité d'achever les ouvrages les plus nécessaires.

L'intérêt de l'argent étant très-haut, et la pauvreté de la presque totalité des habitans très grande, il n'y a aucun crédit à espérer dans un tel pays. Cette richesse de crédit aussi réelle que l'or, (richesse vraiment immense, puisqu'elle n'a que des bornes imaginaires), manque absolument à Rome. Elle est l'indicateur toujours fidèle de la perfection des lois.

Le système économique de Rome moderne, est à peu près pareil à celui de Rome ancienne au tems d'Auguste, à cela près, qu'au lieu de jouir des dépouilles du monde, la ville d'aujourd'hui est elle même la proie du vainqueur. Après les guerres des Triumvirs, tous les grands étant endettés, comme le sont ceux d'aujourd'hui, le métier d'usurier valoit mieux dans le Latium que celui de cultivateur. Qu'on se rappelle l'ode d'Horace, où il a si bien su peindre les charmes de la vie rustique; cette ode n'est qu'une plaisanterie sur les usuriers du tems. Alfius, séduit par le tableau ravissant des plaisirs de la vie champêtre, pour se donner une terre, venoit de ramasser tout l'argent échu aux Ides de Mars, mais, voyant arriver le terme de le replacer, l'Idylle est oubliée, et aux premières Calendes l'argent replacé à gros intérêt.

L'histoire d'Alfius est celle de tous les Romains modernes qui ont de l'argent à placer. Ils trouvent qu'il vaut encore mieux être usuriers que cultivateurs, à moins d'être à la fois l'un et l'autre.

Les grands propriétaires Romains, bien différens du Roi Midas, entassent terres sur terres, et manquent d'or pour les faire valoir. Ils semblent ignorer qu'une terre bien cultivée en vaut dix qui ne le sont pas. Ils se font un ridicule point d'honneur de ne pas se dessaisir de leurs vastes et nombreux domaines, sans penser qu'un bon habit est plus décent à porter que des haillons de drap d'or, quelque magnifiques qu'ils puissent être.

Le résultat de toutes ces observations est, que le peu d'habitans qu'il y a encore dans le Latium diminuant d'année en année, et la peste avec la famine rendant les ouvriers étrangers toujours plus chers et plus rares, le plus beau pays du monde, aux portes d'une grande ville, à qui toutes les nations civilisées rendront toujours hommage, sera dans peu inculte et abandonné.

COUP-D'ŒIL SUR L'HISTOIRE DE L'AGRICULTURE DANS LE LATIUM.

L'agriculture chez les modernes est un art, qui est le résultat de plusieurs sciences, et qui tient à tout le système économique d'une nation. Chez les anciens l'agriculture étoit plutôt un genre de vie qu'un art, et l'histoire de l'agriculture chez les nations simples, est l'histoire de leurs mœurs.

Les premiers efforts de l'homme, sorti des mains de la nature, vont à ne pas mourir. Le soin de vivre devient dès lors la base de ses habitudes, de ses vices et de ses vertus.

On peut presqu'atteindre à l'origine de toutes les branches de l'agriculture, qui prise dans le sens le plus étendu, est l'art de tirer parti des dons que nous offre la terre. Les anciens se souvenoient encore des lieux où ils avoient trouvé les animaux que nous appelons domestiques. Varron nous apprend que les *moutons* venoient de la *Phrygie*, et les *chèvres* de la *Samothrace*; les *ânes* de la *Lycaonie* et de la *Phrygie*. « Si le *porc*
» est un autre animal que le sanglier, on
» en ignore la patrie, dit le même Varron.
» Il y a encore des *bœufs* sauvages en *Médie*,
» en *Thrace*, en *Dardanie*, et des *chevaux*
» sauvages en *Espagne* ».

L'homme fier des conquêtes qu'il venoit de faire sur les animaux, se fit une espèce de titre de cet empire innocent, et les poëtes Grecs distinguèrent les premiers possesseurs de grands troupeaux par les noms pompeux de Polyboutos, Polymelos, ce qui valoit presque le titre de *seigneur de bœufs* ou *de moutons*. Les animaux mêmes il les appeloient d'*or*, pour exprimer le prix immense qu'ils avoient à leurs yeux. Delà la fable de la toison d'or de la Colchide, et de ces moutons d'or de l'Hespérie, dont les poëtes par une équivoque de nom, qui tenoit à la prononciation, avoient fait des pommes d'or. Plusieurs de ces animaux furent placés dans le Zodiaque. Des mers et des pays prirent les noms de ces races nouvellement domptées. L'échange que l'on fit de ces précieux objets de richesses, donna chez les Romains naissance à la monnoie, qui ne fut d'abord que le signe et la représentation d'un mouton ou d'un bœuf, et sans doute son équivalent. Une vache et un taureau tracèrent le sillon de la première enceinte de la ville de Romulus ; et à chaque lustre on faisoit marcher tout autour du peuple Romain comme en triomphe, un bœuf, un mouton et un porc, Les premières familles de Rome, les *Taurus*, les *Equitius*, les *Ovilius*, les *Caprilius* portoient les noms de ces animaux domestiques, et presque tous les noms des Romains étoient tirés de la culture dans laquelle les chefs de famille s'étoient distingués ; ce qui dans les tems plus anciens eut suffit pour en faire des Dieux.

Toutes ces traditions déposent en faveur de la nouveauté de la conquête qu'on venoit de faire sur les animaux et sur les plantes ; elles sont de plus des témoignages de la douceur des mœurs des premiers habitans de l'antique Ausonie. La faulx de Saturne, dont nous avons fait l'emblême de la mort, en confondant mal-à-propos Saturne avec le *Kronos* des Grecs, est un instrument d'agriculture, et le bon Saturne étoit un de ces Dieux qui présidoient à la vie innocente de l'âge d'or (1).

Ce qui semble prouver que la culture du blé n'étoit pas très ancienne dans le Latium, c'est que l'on fit un Dieu de l'homme qui inventa de le piler : c'étoit le Dieu *Pilumnus* un des ancêtres de Turnus. Nous verrons plus bas que la culture de la vigne paroît plus récente encore.

Latinus dans le discours qu'il fit aux envoyés d'Enée, est fier des mœurs simples de son peuple. Nous sommes justes, dit-il, non parce que les lois nous y obligent, mais

---

(1) Varron dit que de son temps il y avoit trois faits qui déposoient que Saturne avoit habité le Capitole. 1.º L'on y voyoit la chapelle de Saturne. 2.º La porte *Pandane* avoit été appelée *porte de Saturne*. 3.º D'anciennes loix désignent, dit-il, certaines murailles par le nom de *postici muri*, c'est-à-dire de murs placés derrière la maison de Saturne.

parce que telles sont les habitudes que nous tenons du bon Saturne. L'antique Italie, dit Diodore, étoit fameuse par la douceur de ses mœurs, et sans doute par sa prospérité, si ce que dit Elien est vrai, que dans les temps très anciens de son histoire connue, on y comptoit onze-cent quatre-vingt-dix villes.

J'ai toujours été frappé d'un fait qui prouve la grande innocence des mœurs des habitans du Latium ; c'est qu'après l'enlèvement des Sabines, les Romains et les Sabins aient pu vivre dans les mêmes murs, et, qu'après les guerres continuelles de Romulus, Numa ait vécu quarante-trois ans dans une paix non interrompue avec tous ses voisins. Après Numa les habitans d'Albe, et plusieurs autres peuples voisins, vécurent paisibles avec leurs vainqueurs dans une enceinte commune à tant de nations ennemies.

Si je faisois l'histoire de l'agriculture chez les habitans du Latium, je distinguerois quatre époques. Jusqu'au tems de la république Romaine les Latins étoient moins agricoles que pasteurs. Cela est si vrai que tous les premiers revenus de Rome naissante, provenoient de l'amodiation des pâturages de la ville; car, même après Romulus, et sous la république, on donnoit le nom de *pâturage*,

(*pascua*,) à tous les revenus publics de quelque nature qu'ils fussent. Cette première époque, antérieure à l'invention de la monnoie battue, étoit le temps des mœurs douces et innocentes, et la continuation de ce siècle d'or, que les poëtes placent en Ausonie, sous le règne du bon Saturne, qui enseigna peut-être à couper le blé ou l'herbe, et à faire du foin pour les troupeaux. Ce sont les mœurs dont le tableau nous charme dans Virgile. Cette époque comprend entr'autres les quatre siècles de la domination de la ville d'Albe, dignes, peut-être, d'appartenir encore à l'âge d'or, comme nous sommes autorisés à le présumer d'après l'état florissant du Latium au temps de Romulus.

La seconde époque commence à-peu-près avec la monnoie, sous le roi Servius-Tullius. (2) Elle se distingue par des guerres continuelles, par l'usage de la monnoie et de l'usure, mais plus encore par les mœurs simples de ces héros, à la fois agricoles, législateurs et guerriers.

Les Romains des quatre premiers siècles de la république sont de tous les peuples

---

(1) Avant Tullius on pesoit les métaux-monnoies.

du

du monde celui qui a le mieux su allier les mœurs avec la puissance, et réunir la vie simple du laboureur et du guerrier, avec les lumières de l'homme d'Etat. Sans les guerres et les incursions de l'ennemi ses richesses l'eussent corrompu, et sans ses richesses toutes agricoles il n'eut pas su faire la guerre. Dans cette seconde époque l'Italie se suffisoit à elle-même, et l'agriculture avoit atteint son plus haut période.

Les plus riches conquêtes des Romains se firent dans le siècle des Triumvirs, si funeste aux Romains mêmes. Dès cette troisième époque l'agriculture disparut dans le Latium avec les mœurs, avec la médiocrité des fortunes, avec les hommes mêmes; et les petites propriétés englouties dans les grandes terres, furent les premieres suites des proscriptions, et perdirent l'Italie.

La campagne de Rome dévastée par les Triumvirs, dépouillée des mains honorables qui en faisoient valoir le sol, (le cultivateur avoit été égorgé dans les guerres civiles) n'eut bientôt plus que des palais, des jardins et des esclaves. Aux Cincinnatus, aux Fabrices et aux Catons succédèrent des laboureurs esclaves ou malfaiteurs, qui sillonnoient la terre avec les fers aux pieds; et que chaque soir on renfermoit dans des prisons souterraines. Quel contraste de ces tems avec ceux où la terre se plaisoit, comme dit Pline, à se sentir l'objet des soins d'un héros cultivateur, conduisant lui-même une charrue couronnée de lauriers !

Les largesses des Empereurs qui faisoient vivre le peuple de Rome dans l'oisiveté et les jeux du cirque, tenoient le prix du blé si bas, qu'on cessa peu-à-peu d'en cultiver dans le Latium. On se fit du pillage des autres nations un système réglé, un mode établi d'administration. Le beau sol de la campagne de Rome n'avoit plus d'autre prix que celui qu'on vouloit lui donner en y bâtissant des jardins et des palais; et c'est encore Pline qui nous apprend que le terrain, aux environs de Rome, étoit à vil prix.

Qu'on se rappelle l'histoire; on verra succéder aux Luculles et aux Crassus, aux Narcisses et aux Pallas, les Aniciens; et aux Aniciens les églises et les couvens; puis, enfin, le népotisme de la Rome papale ; toujours de grands propriétaires qui succèdent à d'autres grands propriétaires.

Ainsi le luxe des Romains, les largesses des Empereurs, les invasions des Barbares, puis les petites guerres du moyen âge, enfin le népotisme, empêchèrent, durant près de deux mille ans, l'agriculture de renaître.

Depuis César jusqu'à ces derniers temps, Rome, par la supériorité de ses armes temporelles, puis spirituelles, n'avoit point cessé de vivre aux dépens des autres nations, et plus elle avoit de ressources au dehors et moins elle en trouvoit en elle-même. Cette troisième époque est celle des grandes terres, que Pline appelle *Latifundia*, et qui perdirent, dit-il, l'Italie.

La quatrième époque a commencé à la dernière paix du Pape avec la république Françoise. Cette immortelle capitale du monde, dépouillée de ses meilleures provinces et de ses meilleurs revenus, réduite désormais à ses propres ressources, est maintenant forcée de tirer parti des grandes richesses de son sol fertile, ou de vivre avilie et condamnée à une immortalité d'autant plus honteuse, que le nom qu'elle porte est majestueux et ineffaçable dans les annales de l'Histoire.

COMMENT L'AGRICULTURE
CHEZ LES ROMAINS ÉTOIT LIÉE AUX MŒURS ET A LA RELIGION.

J'ai dit que l'histoire de l'agriculture chez les anciens se réduisoit presque à l'histoire de leurs mœurs, et comme la religion en faisoit une partie essentielle, l'agriculture se trouvoit encore liée au culte. Ecoutons Pline (1) : « Un des premiers ordres qu'ins- » titua Romulus, fut, dit-il, celui de sa- » crificateur des champs. Ils étoient au nom- » bre de douze : Romulus en voulut être, » et il se nomma le douzième frère, car » les onze autres étoient fils d'Acca Lauren- » tia sa nourrice. Il leur donna pour marque » du Sacerdoce une couronne d'épis de » blé, liée avec une bandelette blanche, » et ce furent là les premières couronnes » dont on usa à Rome. » L'usage de porter des couronnes tenoit à la religion, et l'on vit, dans la première guerre punique, un banquier nommé Flavius, qui fut mis en prison pour avoir été aperçu avec une couronne de roses sur la tête, se promenant sous un berceau de vigne de sa maison, que l'on pouvoit voir depuis la place publique. Il y resta jusqu'à la fin de la guerre, ce qui pouvoit être long, puisqu'elle a duré plus de vingt ans.

« Dans ces premiers temps, deux arpens » de terre suffisoient à chaque citoyen Ro- » main ; et Romulus ne leur en assigna

---

(1) Je me sers ici de la traduction de Poinsinet de Sivry.

» pas davantage. Maintenant dit Pline, cer-
» tains hommes que l'on se souvient d'a-
» voir vus esclaves de Néron, ont, je ne
» dis pas des vergers, mais des viviers de deux
» arpens. Je n'oserois même assurer si quel-
» ques uns de ces nouveaux parvenus n'ont
» pas des cuisines d'une plus grande étendue.»

La vie domestique et agricole en deve-
nant presque un objet de culte sous Numa,
acquit peu à peu quelque chose de la dignité de
la Religion. « Il institua les fêtes *fornacales*,
» appelées de la sorte parce que dans ces jours
» là, chacun fesoit rotir son blé au four.
» Il institua les fêtes *terminales* à l'honneur
» des Dieux qui président aux limites des
» champs. Ces deux fêtes étoient religieu-
» sement conservées, car dans ce temps-
» là les Romains connoissoient principale-
» ment les Dieux champêtres ; témoin la
» Déesse *Seja*, qui présidoit aux semailles,
» et *Sejesta* qui présidoit aux moissons. Nous
» voyons encore dans le grand Cirque, les
» statues de ces Déesses. (1) Enfin on ne

___

(1) La veille des Ides d'Avril on célébroit les *céréales*.
Dès les premiers siècles de Rome le culte de Cérès
y fut établi ; Cicéron dit « qu'il avoit été adopté
« des Grecs, et que, pour l'observer fidèlement, on
« fesoit venir de Naples ou de Velies, colonies grec-

» goûtoit ni blé, ni vin nouveau, que les
» prêtres n'en eussent fait des libations et des
» offrandes aux Dieux. »

---

ques, des prêtresses pour exercer le sacerdoce de la Déesse ; Mais les *jeux en l'honneur de Cérès* ne remontoient pas à une si haute antiquité. Le Consul Memmius fit le premier célébrer les Céréales.

Il faut distinguer les Céréales des jeux du Cirque qui se célébroient alors. Les premières tenoient seules au culte religieux, c'étoient les mêmes cérémonies que les Thesmophories de la Grèce. Les prêtresses ne pouvoient approcher de l'autel si elles ne s'en étoient rendues dignes par la continence. On sacrifioit des truies, et l'on brûloit des renards. Il étoit défendu par les pontifes de faire des libations de vin à la Déesse.

Les jeux du Cirque duroient pendant huit jours. On commençoit, par y porter en pompe les statues des Dieux. Ovide, assis auprès de sa maîtresse, lui faisoit remarquer toutes les Divinités dont la procession passoit sous ses yeux.

« Voilà, dit-il, que la pompe approche, que l'on
» fasse un religieux silence ; le temps des applaudis-
» semens est venu, la pompe dorée s'avance. Voici la
» *Victoire* aux ailes étendues... Applaudissez à *Nep-*
» *tune,* vous qui vous fiez trop aux ondes. Soldats, ...
» saluez *Mars*. *Phébus* inspire les augures, *Phébé*
» suit les chasseurs, *Minerve* captive les artistes. Agri-
» culteurs levez-vous devant *Cérès* et devant le tendre
» *Bacchus*. Les lutteurs honorent *Pollux*, et les ca-
» valiers *Castor* ; pour moi, c'est à *Vénus* et à ses en-
» fans armés de l'arc que j'applaudis. »

« Le plus grand présent dont on récom-
» pensoit un général d'armée ou un vail-
» lant citoyen, c'étoit de lui donner au-
» tant de terres, qu'un homme en peut
» labourer en un jour. L'agriculture étoit
» si estimée à Rome, que les premières
» maisons de cette ville en ont tiré leurs
» noms ; témoin les *Pilumnus*, ainsi appe-
» lés à cause des pilons qu'un de leur race
» inventa pour piler le blé ; témoin les *Pi-*
» *sons*, ainsi nommés du nom latin *pisere*,
» piler. » Que d'honneurs prodigués à cet art
de piler qui nous paroît si simple ! Nous
avons deja vu dans des temps bien antérieurs un Dieu *Pilumnus*.

« Les Fabius, les Lentinus, les Cicerons
» furent appelés de la sorte à cause des
» différens légumes que leurs ancêtres cul-
» tivoient avec le plus de succès. Les *Ju-*
» *nius* prirent le nom de *Bubulcus*, bou-
» *viers*, à cause d'un de leurs ancêtres qui étoit
» un excellent bouvier. »

Il paroît, par un passage de Varron, que cette procession étoit précédée par un *œuf* porté sur un char. C'étoit sans doute l'*œuf-Orphique*, principe de la génération des êtres.
Voyez l'Ouvrage plein d'érudition et de recherches, de Bayeux, sur les Fastes d'Ovide. Tom. III.

« Dans les cérémonies de noces, il n'y avoit
» rien de si sacré que l'union qui se con-
» tractoit par l'offrande d'un gâteau de fa-
» rine de froment, cet acte public s'appe-
» loit *confarreatio*, et c'est pourquoi l'on
» portoit devant la nouvelle mariée un gâteau
» de farine. »

La culture des terres étoit comme un
devoir du citoyen. « Celui qui cultivoit mal
» son champ étoit puni par le Censeur,
» et, comme disoit Caton, on ne pouvoit
» pas mieux louer quelqu'un qu'en disant
» de lui qu'il étoit *un bon laboureur*. Un
» homme riche s'appeloit *locuples*, comme
» qui diroit *lociplenus*, riche en champs,
» car les anciens appeloient un champ
» *locus*. »

» Le mot *pecunia*, argent, vient de *pecus*
» petit bétail. Encore aujourd'hui dans les
» régistres des censeurs, toutes les choses
» dont le peuple Romain tire ses droits sont
» nommées *pâturages*, *pascua*, parce que
» des pâturages firent long-temps son seul
» revenu.

» Les amendes se payoient en moutons
» ou en bœufs. On célébroit en l'honneur
» des bœufs des jeux appelés *bubetiens*; »
car le respect pour l'agriculture s'étendoit
jusqu'aux animaux employés à ce premier
des arts.

Le roi Servius-Tullius fut le premier qui fit battre de la monnoie d'airain, sur laquelle étoit représenté un mouton ou un bœuf.

Les délits contre l'agriculture étoient considérés comme des espèces de sacriléges. Les lois des douze tables condamnoient à mort quiconque, en âge de puberté, auroit fait paître de nuit le bétail dans les blés, ou les auroit coupés ; et celui qui étoit convaincu d'un tel crime devoit, *pour satisfaire à la Déesse Cérès*, être pendu ou étranglé.

« Le rang et la dignité du citoyen se
» régloient suivant qu'il étoit laboureur ou
» non. Ainsi on tenoit pour les premiers
» de Rome ceux qui avoient des terres, et
» les tribus de la campagne étoient les plus
» estimées. Celles de la ville étoient au
» contraire méprisées, comme étant com-
» posées de gens oisifs, et c'étoit un déshon-
» neur d'y être transféré. » L'honneur de vivre à la campagne étoit presqu'un titre de noblesse et de mœurs ; comme on avoit fait deux fois des partages de terre, les familles les plus assidues au travail avoient conservé leur patrimoine ; les fainéants au contraire avoient perdu le leur. Au reste les fainéants dont parle Pline, pouvoient

bien être des artisans, dont les travaux étoient peu estimés à Rome, comme contraires au métier des armes, le seul honoré après celui de cultivateur. Il falloit bien dans ces quatre ou cinq premiers siècles avoit des artisans de profession, puisque selon Pline, les familles les plus riches n'avoient alors qu'un esclave, qu'on appeloit le garçon de telle famille ; *Marcipor*, *Lucipor* etc. ; comme qui diroit en langage de paysan, le garçon à Marcus, ou à Lucius ; car ces Romains paysans prononçoient *por* au lieu de *puer*. (1)

» Les citoyens ruraux venoient à la ville
» les jours de marché, c'est pourquoi il n'é-
» toit pas permis de tenir des assemblées
» ces jours-là, afin que le peuple de la cam-
» pagne ne fut pas détourné de son tra-

_____

(1) Il semble que les idées peu développées d'une nation simple, produisent un langage dont les sons sont aussi peu développés que les idées. Qu'on observe les progrès des langues, et l'on verra les syllabes et les sons sortir, pour ainsi dire, les uns des autres, et se développer avec les sentimens et les connoissances. Le langage des paysans, au contraire, tend toujours à retrancher des syllabes. Il seroit intéressant de rechercher les rapports qui se trouvent entre les sons et les idées, et de faire l'histoire des progrès et de la décadence des langues.

» vail. La paille fraiche servoit alors de lit pour
» dormir.

« On honoroit tellement le blé, que la gloire se nommoit *adorea*, du mot *ador* qui signifie une espèce distinguée de blé ». L'on voit encore par cet exemple, que les idées générales tiennent dans leur naissance aux idées sensibles, comme le fruit tient à la fleur.

Le développement du blé servoit comme de calendrier. » On lit dans les livres des
» Pontifes, que certains augures doivent se
» faire *avant que le blé sortit de terre*, ou
» *avant qu'il soit sorti de l'épi.*

« Après l'expulsion des Rois, on assigna
» à chacun des citoyens sept arpens. Le ter-
» rain de la république s'accrut encore ; mais
» la cupidité faisant des progrès bien plus
» rapides que les conquêtes, il fut défen-
» du par la loi de *Licinius Stolo* d'en pos-
» séder plus de cinq cents, et l'auteur de
» la loi fut le premier puni. »

Dans ces temps de la grande prospérité de l'agriculture, il y avoit aussi une grande abondance. « C'est qu'alors, dit Pline, les
» généraux d'armée cultivoient leurs champs
» de leurs propres mains, *et la terre même*
» *sembloit sensible à la gloire des héros*
» *qui de leurs mains triomphales condui-*

» soient eux-mêmes la charrue. *Gaudente*
» *terra vomere laureato, et triumphali ara-*
» *tore.* Et ces grands personnages ne s'appli-
» quoient pas moins à l'agriculture qu'à la guer-
» re, et n'étoient pas moins attentifs à préparer
» un fonds qu'à bien placer un camp. Lors-
» que *Seranus* reçut la nouvelle de sa no-
» mination au consulat, il étoit occupé à
» semer son champ. De là le nom de *Se-*
» *ranus le semeur. Quintus Cincinnatus*
» fut trouvé en pareille occasion, labou-
» rant quatre arpens de terre qu'il possé-
» doit au mont Vatican, et qu'on ap-
» peloit dit Pline encore aujourd'hui les
» *près, prata.* (1) On dit même qu'il avoit
» la tête nue, et le visage couvert de pous-
» sière, lorsque l'huissier du sénat vint lui
» annoncer qu'il étoit nommé Dictateur, de
» sorte qu'il fallut que l'huissier lui ordon-
» nât de mettre sa robe pour recevoir les
» ordres du Sénat et du peuple Romain.
» Tels étoient les huissiers appellés *viato-*
» *res*, parce qu'ils alloient par les champs
» chercher les sénateurs et les capitaines pour

---

(1) Ce nom leur est resté, et ce terrain porte encore le nom de *Prati* à Rome. Il est entre le Vatican et les jardins qui ont appartenus autrefois aux Médicis.

» les faire aller à la ville. Aujourd'hui, l'agri-
» culture est exercée par des esclaves, qui ont
» des marques au visage.

« Chez les étrangers, des hommes du plus
» haut rang ont donné des préceptes d'a-
» griculture; témoins les Rois Hiéron, Phi-
» lométor, Attale, Archélaüs, et les généraux
» Xénophon et Magon. Ce dernier étoit
» Carthaginois, et quant à ses écrits, le
» sénat romain les prit en telle estime que,
» lorsqu'il fit présent à divers princes afri-
» cains des bibliothèques trouvées à Car-
» thage, il réserva uniquement les vingt-
» huit Livres de Magon, et voulut qu'ils
» fussent traduits en latin, quoique Caton
» eut déja publié ses préceptes d'agricul-
» ture. »

La culture de la vigne ne paroît pas très
ancienne. J'en juge par la coutume où l'on
étoit au temps de Romulus, de faire des
libations avec du lait, « ce qui venoit, dit
» Pline, de la rareté du vin. Par la même
» raison Numa défendit, par la loi Postumia,
» d'asperger de vin les buchers des morts,
» et il déclara contre la Religion toute li-
» bation avec le jus d'une vigne non-taillée.
» Ce qu'il fit afin de forcer les Romains trop ex-
» clusivement attachés à la culture du blé, à
» ne pas craindre les dangers et les fatigues

» qu'exigent la culture de la vigne sur les
» arbres élevés. » J'ai vu quelquefois dans les
déserts du Latium, la vigne couvrir de grands
arbres. Sans doute qu'on la laissa long-temps
dans cet état sauvage, puisque même au
temps de Pline, les ouvriers se réservoient
d'être enterrés aux frais des propriétaires, s'ils
venoient à périr en la taillant.

« L'usage du vin étoit si sévérement dé-
» fendu aux femmes Romaines, qu'un cer-
» tain Egnatius Mécénius, ayant assommé sa
» femme pour être allée boire au tonneau
» de son vin, fut absous de ce meurtre par
» Romulus. Fabius Pictor raconte dans ses
» annales, qu'une dame Romaine ayant ou-
» vert un sac où étoient enfermées les clés
» de la cave, ses parens la firent mourir de
» faim (1). Caton dit que la raison pour
» laquelle les Romains baisoient leurs pa-
» rentes sur la bouche, étoit afin de con-
» noître par leur haleine si elles avoient bu

_____

(1) Ne diroit on pas que l'empire des hommes sur
les femmes est tyrannique en raison de la préférence
que l'on donne aux forces du corps sur les quali-
tés de l'esprit? Combien le sexe le plus foible n'est-il
pas intéressé aux progrès des lumières, puisque sans
ces progrès son esclavage dureroit encore?

» du *temet*, c'étoit alors le nom du vin à
» Rome, d'où nous vient le mot *temulentia*,
» yvresse. Papirius allant combattre les Sam-
» nites, fit vœu d'offrir à Jupiter une petite
» coupe de vin. » Tous ces faits prouvent
combien le vin étoit rare alors, et font
présumer que la culture n'en étoit pas très
ancienne.

Je dirai quelque chose des plus fameux
vignobles et des vins que nous connoissons
par Horace.

« Après le vin de *Setia*, le plus estimé
» au tems d'Auguste étoit celui de Falerne,
» surtout le Falerne du canton appelé *Faus-*
» *tien*, qui avoit acquis ce haut degré de
» bonté par la culture ; mais présentement il
» s'abâtardit, dit Pline, parce qu'on vise
» plutôt à la quantité qu'à la qualité. Le
» Falerne est le seul vin qui prenne feu.
» Il y en avoit de trois sortes, l'un rude,
» l'autre doux, et le troisième léger. Le rai-
» sin dont on faisoit ces vins si célébrés, ne
» valoit rien à manger. Les vignobles de
» Falerne, étoient à six milles de Sinuesse ;
» le bon âge de ce vin étoit quand il avoit
» quinze ans ».

Le fameux *Cécube* d'Horace croissoit sur
des peupliers dans des marais près de Fundi.

Du tems de Pline le plan en étoit perdu. Le *massique* étoit le vin de *Monté Gauro* (1).

DU CYTISE.

En parlant de l'agriculture des anciens, je crois utile de rendre les cultivateurs modernes attentifs à l'éloge qu'Aristote, Varron, Columelle et Pline ont fait de la culture absolument inconnue en Europe, d'une plante qui croît également en Suède comme en Italie, dans la plaine comme sur les montagnes. Cette plante c'est le cytise arbuste, (*cytisus laburnum.*)

Aristote (L. 3. C. 21, *de Animalibus*) en parlant de la beauté des bœufs, des chiens et des moutons de l'Epire, et de la prodigieuse quantité de lait qu'y donnent les vaches, ajoute : c'est qu'il y a des plantes qui augmentent le lait, comme le *cytise*, d'autres qui le diminuent, comme la *medica*. Mais il faut se garder de donner le cytise, lorsque l'arbuste est en fleurs, parcequ'alors sa feuille échauffe trop. Le cytise, ajoute Aristote, rend le lait plus caseux.

La culture du cytise, avoit probablement passé de la Grèce en Italie, puisque le nom de cet arbuste est Grec, et que du tems de Caton on ne le cultivoit point encore.

---
(1) Il scroit intéressant pour les amateurs de vigno-
Varron

Varron en recommande la culture, Columelle et Pline en font les plus grands éloges. Columelle dit: *plantez du cytise tant que vous pourrez, il convient également aux abeilles, à la basse-cour, aux chevaux, aux bœufs; et à tout le bétail qu'il engraisse rapidement, il fait surtout augmenter le lait.*

On sème le cytise en Octobre, dans une terre bien préparée, et on le transplante au printemps à quatre pieds, et selon Varron, à un pied et demi de distance; si l'on n'avoit pas de pluie, il faudroit l'arroser les premiers quinze jours. On le sarcle quand la feuille a poussé. On le coupe après la troisième année. Le cheval a suffisamment de nourriture avec quinze, et le bœuf avec vingt livres de feuilles par jour. Si on veut la donner sèche, il faut ne la laisser que peu d'heures au soleil, puis achever de la sécher à l'ombre: employée sèche il faut en donner moins, la tremper dans de l'eau, puis la mêler avec de la paille. Pline en fait les mêmes éloges.

---

bles, de faire des collections des plants de vignes sauvages que l'on trouve dans le Latium le long de la mer, dont plusieurs sans-doute sont les restes des anciens vignobles des Romains.

Y.

Ses commentateurs François (de l'édition de Poincinet de Syvri) au lieu de faire des essais sur cette culture, disent qu'ils ne savent ce que c'est que ce cytise si vanté. J'ai raison de croire que le cytise de Varron et de Pline est le même que le cytise des Alpes. Je l'ai trouvé près de Préneste, et sous Anticolli et Austa, dans les montagnes de la Sabine, où il sert d'appui à la vigne. Pline dit qu'il vient partout. Les environs de la ville d'Adrien, sont couverts de *Styrax* que l'on ne trouve que là. Pourquoi le cytise si recommandé, ce cytise qui vient partout, se seroit-il perdu en Italie ? son nom Italien est *citiso*. Forcellini le croit le cytise de Columelle. Cet arbuste charmant feroit l'ornement de ces côteaux stériles. Il y en a des milliers en Suisse, sur le Jura, non loin des frontières de France du côté des Rousses. J'en ai vu en Suède et en Danemarck. Son bois est très dur, il est employé par les charrons, sa fleur est excellente pour les abeilles, et il paroit que les anciens employoient les pois de ses cosses pour la basse-cour (1). Enfin, c'est un des plus magnifi-

---

(1) Col. L. 8. C. 4. Quand les poules sont à jeun, on leur donne des feuilles et des pois de cytise, qui leur sont très agréables.

ques ornemens de nos jardins Anglois, où cet arbuste est connu sous le nom de *pluie d'or*.

COUP-D'ŒIL SUR LE SOL
VOLCANIQUE DE LA CAMPAGNE DE ROME.

La ville de Rome est placée à environ six lieues des *montagnes* calcaires *de la Sabine*, qui forment une chaîne contiguë assez ressemblante au Jura vu depuis Genève. J'ignore la hauteur de cette chaîne, certainement plus basse que le Jura. Je la juge d'environ trois mille pieds : elle est à l'Est de Rome, et paroît depuis cette ville s'étendre du nord au Sud.

Le second point saillant dans le Latium, est le Mont-Albane, aujourd'hui *Monte-Cavo*, remarquable autrefois par le temple de Jupiter *Latialis* placé sur le sommet (1)

---

(1) Pline dit que depuis ce sommet, éloigné de Rome d'environ six lieues, on pouvoit distinguer sur le Capitole, la statue colossale de Jupiter, que Carvilius fit faire des casques et plastrons d'airain des Samnites vaincus dans un combat.

Je ne sais quelle hauteur cette statue pouvoit avoir, mais elle devoit être prodigieuse, puisque c'est elle que l'on remarquoit depuis le Mont-Albane, quoique placée non loin du colosse de Néron de cent dix pieds de haut, consacré au soleil après la mort de ce tyran!

de la montagne à 2920 pieds au-dessus de la mer.

Le Mont-Albane uni par sa base d'un côté à l'*Algidus* des anciens, et de l'autre au Mont-de-Velletri, forme une masse isolée, placée dans une grande plaine, presqu'à égale distance de la mer et des montagnes calcaires. Elle séparoit autrefois le pays des Latins de celui des Volsques et des Herniques. Une chaîne de collines couronne aujourd'hui le pied de cette grande montagne; elle a sur chaque élévation une petite ville qui par les charmes de son site semble destinée à être le centre d'un paradis (1). Frascati et Albane sont les points habités les plus rapprochés de Rome, dont ils ne sont éloignés que de quatre à cinq lieues. La grande plaine qu'il y a devant ces villes, et la montagne qui s'élève derrière elles, sont également inhabitées.

Le troisième point saillant dans le paysage est au Nord-Est de Rome, c'est le *Soracté* connu par Horace et Virgile, élevé de 2119 pieds,

---

(1) Ces villes sont : Compiti, Colonna, Monté-Porcia, Frascati, Rocca di Papa, Marino, Castel Gandolfo, Albano, Larriccia, Gensano, Città Lavigna (Lanuvium) etc. Toutes ces villes sont placées sur les collines qui ceignent la moitié septentrionale de la grande masse du Mont-Albane.

absolument isolé de la grande plaine ; sa distance de Rome est d'environ huit lieues.

Après le *Soracté* le point le plus élevé en passant au Nord-Ouest, c'est *Villa Millini*, placée sur le sommet de *Monte-Mario*, à une demi-lieue de Rome, à 440 pieds au-dessus de la mer. Ce point, le plus bas, en le comparant aux montagnes dont nous avons parlé, est le plus saillant dans la grande plaine dont il occupe le centre. Il y domine sur les sept collines de Rome, et sur toutes les autres élévations, qui, comme de grandes vagues à larges bases, remplissent ce que nous n'appelons que par comparaison la *plaine*.

Ces quatre points cardinaux, qui dominent dans le Latium, sont de nature tout-à-fait différente. Les montagnes de la Sabine sont calcaires; Mont-Albane, peut avoir un noyau calcaire, mais il est absolument recouvert d'éjections volcaniques, et *Rocca-di-Papa*, le rocher le plus élevé que j'y aie observé, est de *Peperino*.

Je ne connois point la nature du *Soracté*, mais je le soupçonne couvert de produits volcaniques, puisque la plaine des environs en est couverte. Sa forme allongée en dos d'âne, feroit soupçonner que son noyau est calcaire, ou du moins non volcanique.

Villa-Millini est une roche coquillière peu dure, dont le pied est plongé dans le terrain volcanique.

Avant de quitter l'encadrure de la plaine, je ferai quelques observations.

La grande plaine de Rome est entièrement dénuée de pierres. On y feroit cent milles sans en trouver une qui n'y ait été placée par les hommes, ou ne soit détachée de quelque roche volcanique très voisine. La ville de Rome, et tous les chemins antiques, sont pavés de lave dure. Ce n'est qu'en approchant des montagnes calcaires, surtout du côté de Palestrina, l'ancienne *Préneste*, que l'on commence à trouver des pierres calcaires parmi le sol volcanique. Il est probable que ce qui élève le sol du côté de Préneste, ce sont les débris de ces roches calcaires, que l'on retrouve quelquefois à découvert sur la pente de la montagne. Cette plus grande élévation du terrain, causée par une base de débris calcaires préexistante aux volcans, est cause de la fraîcheur du climat de Préneste, qu'Horace appelle *Frigidum Preneste*, et qui l'est en effet, en comparaison du climat de Rome, et surtout de celui de la côte beaucoup plus basse d'Ostie et de Laurente.

Ce qui me fait croire que le Mont-Albane a un noyau calcaire, c'est sa forme allongée, sa grande élévation au-dessus de la plaine volcanique, et surtout sa ressemblance avec le *Monte-Circello* qui n'en est éloigné que de quelques lieues, et qui, mis à nud par la mer, se trouve être calcaire, mais recouvert par les volcans.

Si le Soracté au Nord, l'Albane au Sud, et les montagnes de la Sabine à l'Est, étoient calcaires, on pourroit se permettre la conjecture que la base du sol volcanique de la campagne de Rome est aussi calcaire. J'ai vu dans quelques grottes, comme dans celle appellée *Del Mondo* sous *Tivoli*, des grosses pierres calcaires, enchassées dans les éjections volcaniques qui formoient la voûte de la caverne, ce qui prouve que les volcans ont travaillé sur des pierres de cette espèce.

Je n'ai aperçu aucun produit de montagnes primitives dans le Latium.

J'ai dit que *Villa-Millini* est un *grès* rempli de coquillages; toutes les collines voisines de Villa-Millini, comme le Janicule, et celles qui sont au Nord-Ouest de Rome du côté de la mer, paroissent plus hautes que les autres élévations de la plaine. Cette plus grande hauteur ne proviendroit-elle pas de ce que ces collines reposent sur des bancs à coquillages, pareils à ceux que l'on retrouve à Antium et à Nettuno au Sud, et à

Magliano au Nord, qui çà et là sortent du terrain volcanique, comme à Villa-Millini, et peut-être communiquent entr'eux sous la plaine ?

Si l'on parvenoit à distinguer le sable volcanique par des caractères constans, on seroit en état de décider si les sables de ces bancs à coquillages plus ou moins durcis, ne sont pas déjà des produits de volcans antérieurs à ceux qui ont formé et recouvert le Latium.

Venons à la grande plaine des environs de Rome. Vue depuis quelques hauteurs, comme depuis Albane, cette vaste étendue entre la mer et les montagnes paroît assez unie, et cependant ne l'est point.

Le cours du Tibre, qui, avec les quarante-deux ruisseaux et rivières qui le composent, coule de l'Est à l'Ouest, prouve la pente générale de la plaine vers la mer. — Le terrain a la même pente sous le Mont-Albane, comme on peut s'en convaincre par la direction des rivières qui le traversent vers Astura et Ardée.

Outre la pente générale de la grande plaine de l'Est à l'Ouest, chaque portion de terrain a un mouvement ondulatoire particulier, qui forme des hauts et des bas, c'est-à-dire des vallons et des collines à pente très douce, par-tout où les eaux ou bien les hommes n'en ont pas enlevé la surface terreuse, jusqu'à entamer le noyau pierreux qui en compose la charpente. Les sept collines de Rome sont sept ondulations de cette mer volcanique, mais nous ne voyons plus que les noyaux du Capitole et du mont Palatin.

J'ai vu sous Albane des crevasses de trente pieds de profondeur formées par les eaux, où le sol tout volcanique étoit parfaitement uniforme. C'étoit toujours une terre jaunâtre ou rouge, différemment nuancée entre ces deux couleurs, composée d'argile mêlée de sable, sur-tout de beaucoup de débris de pierre-*ponce* et de petits fragmens de *schorl*. Cette terre est poreuse et légère lorsqu'elle n'est pas humectée, et la grande étendue du sol volcanique se trouve partout plus ou moins recouverte de terre végétale noire, souvent profonde de plusieurs pieds.

Les éjections volcaniques semblent avoir eu leur direction principale du Nord au Sud, puisque le Mont-Albane élevé de 2920 pieds en est entièrement recouvert, tandis qu'au Nord-Ouest de Rome, Villa-Millini qui n'est qu'à 440 pieds d'élévation ne paroît pas l'être entièrement, et qu'à l'Est, sur la pente des monts calcaires, le sol volcanique finit à 30 ou 40 toises au-dessus de la plaine.

Parallèlement à la mer, à une petite lieue

de son rivage, s'élève une suite de collines, qui s'étend depuis le Tibre jusqu'au-delà d'Ardée, du côté d'Antium. Ces collines encore volcaniques, sont le premier rivage de la mer, et l'ancienne limite entre l'empire du feu et celui de l'eau. Élevées de trois ou quatre cents pieds au-dessus du niveau des eaux, elles semblent être la coupe de la base volcanique qui supporte l'immense campagne de Rome, presque toute entière du domaine des volcans.

La langue de terre parfaitement unie et basse, qui s'étend entre ces collines et le rivage de la mer, est entièrement formée par les alluvions du Tibre et de la mer, qui reporte à la terre les sables de ce fleuve. Ce pays d'alluvion est la scène des six derniers livres de l'Énéide, et mérite par cette considération qu'on s'y arrête un moment.

L'histoire de la formation de cette langue de terre, suppose l'histoire du Tibre, dont je dirai quelque chose.

LE TIBRE.

Nos poëtes modernes placent quelquefois leurs épithètes au hasard. Il n'en est pas de même des anciens, leurs bons auteurs les choisissent toujours à propos. J'ai singulièrement appris dans ce voyage à respecter celles de Virgile et d'Horace. L'épithète de *jaune*, *Flavus*, est celle qui convient le mieux au Tibre constamment bourbeux. Quand il a plu il l'est à un tel point, qu'il auroit peine à couler, si la rapidité de son cours n'étoit pas augmentée par les mêmes pluies qui rendent ses eaux si épaisses. Celle de *Flexuosus* que lui donne Virgile, ne lui convient pas moins.

Quand on réfléchit à l'incalculable quantité de terre et de sable que ce fleuve charrie depuis tant de milliers d'années, on se demande ce que sont devenus tous ses dépôts.

J'observerai d'abord qu'il charrie constamment une matière volcanique, uniforme, rouge ou jaune tant qu'elle coule, et grisâtre dans ses dépôts. J'ai suivi ce fleuve jusqu'à Magliano, et je crois que depuis la mer jusqu'à ce village, il ne sort jamais du domaine des volcans ; quand il n'est pas grossi par les pluies, il coule dans un encaissement naturel de dix à quinze pieds d'élévation, qu'il s'est formé peu-à-peu. Près de Rome on voit des débris, de briques, et du charbon de bois, dans le talus de ses bords, qui attestent qu'il a relevé lui-même son rivage.

On ne voit jamais aucun caillou ni aucune pierre non volcanique dens son lit, ni sur ses bords; sa pente paroît partout assez uniforme, et les matières qui la composent semblables entr'elles.

Il paroît en quelques endroits relever le fond de son lit, et les bords dans lesquels il s'est encaissé. On est effrayé de voir à chaque pluye un peu forte le niveau du Tibre aussi haut que la vallée du capitole, qui cependant est de dix-sept palmes plus élevée qu'autrefois, puisque le pavé de l'ancien forum, (qu'un Suédois a fait découvrir,) se trouve de dix-sept palmes plus bas que le niveau moderne de ce lieu fameux. Si donc au temps de Romulus le Tibre avoit eu le niveau qu'il a de nos jours, la vallée du Capitole eut été un marais, et peut-être qu'alors Rome n'eut pas existé.

L'histoire très-ancienne est encore ici d'accord avec la nature de la scène où elle s'est passée. Une partie du vallon du Capitole où les eaux débordoient, appelé jadis *Velabrum*, (parce qu'on le passoit en bateau) est encore aujourd'hui peu au dessus du niveau du fleuve; et s'il est vrai que Romulus et Remus ont été exposés dans le Tibre, ils devoient naturellement être portés où la tradition l'indique.

Le second ouvrage des dépôts du Tibre, c'est la terre d'alluvion formée le long de l'ancien rivage de la mer, depuis Ostie à

Antium, que j'appelle *côte de Laurente*. Toute cette côte sablonneuse est de même nature que les alluvions nouvelles, qui se font journellement sous *l'Isola Sacra*, et sous Ostie, et que nous savons bien certainement être l'ouvrage du Tibre.

Ces alluvions ont dû commencer le long de l'ancien rivage de la mer, c'est-à-dire, le long des collines que les volcans avoient fait sortir des eaux. On voit par les dépôts modernes du fleuve, que les courans déposent au Sud plutôt qu'au Nord, car les bas fonds, formés par le bras droit du fleuve, sont au Sud de son embouchure, et le bras gauche dépose dans la même direction. Tant que les dépôts ont pu suivre cette direction, ils ont travaillé à élever la côte de Laurente située au Midi du Tibre. Cette côte une fois formée telle que nous la voyons, les courans ont commencé à travailler dans la direction qu'ils ont aujourd'hui, ce qui a produit le terrain d'Ostie, qui n'est point achevé encore, puisque le marais n'est point entièrement comblé.

On peut raisonnablement supposer que la lieue quarrée de terrain formée sous la ville d'Ostie a été l'ouvrage de trois mille années, puisque nous savons qu'elle a commencé sous

Ancus Martius, et que nous pouvons conjecturer où étoit le rivage de la mer du tems d'Enée. La côte de Laurente, qui peut avoir neuf à dix lieues de longueur sur trois quarts de large, toute composée de semblables dépôts, sera donc (en admettant une proportion semblable) l'ouvrage de vingt à trente mille ans.

J'observerai, de plus, que toute cette côte ne décèle aucune trace volcanique. J'en conclus que l'antiquité des volcans dépassant le tems de la formation de la côte de Laurente, doit être placée comme dans un autre monde, et reculée bien au delà des vestiges même fabuleux de l'histoire.

Les dépôts du Tibre composés d'argille et de sable se séparent dans la mer, où chaque partie va suivre les lois de sa pesanteur spécifique. J'ai remarqué dans les environs de Nettuno des bancs d'argille le long du rivage, qui pourroient bien être des dépôts du Tibre.

A l'égard des sables, rien de plus singulier que leur marche; les palais, les *moles regiæ* d'Horace, que l'on voit distinctement sous l'eau, le long de la côte d'Antium et d'Astura, au point que l'œil peut passer d'un appartement à l'autre, ces palais sous-marins, en sont quelquefois couverts, et quelquefois les courans les en débarrassent, au point que des bateliers m'ont assuré avoir aperçu des statues dans les lieux le plus souvent comblés de sable. Sous Nettuno ces mêmes sables sortent de la mer, et recouvrent la côte élevée d'Astura, avec toutes les ruines que l'on y rencontre si fréquemment le long du rivage, et dans l'eau et sur la terre. L'on voit évidemment que la direction de ces sables mouvans est du Nord au Sud. Leur masse toujours croissante a élevé les dunes le long de la côte de Laurentum, qui ne paroissent pas avoir existé au tems de Pline le jeune.

La marche des sables sous-marins est un phénomène, qui n'a point assez attiré l'attention des physiciens. Il y a un autre phénomène qui mérite encore plus leurs recherches, s'il est tel que les habitans de Nettuno me l'ont raconté : c'est que dans les mois d'Août et de Septembre la mer se retire des côtes de Nettuno et d'Antium, au point que l'on va faire des parties de plaisir sur des rochers, par dessus lesquels on passe en bateau le reste de l'année. D'où peut venir cet étrange phénomène ?

Les dépôts du Tibre qui n'ont point été agités par la mer, sont de l'argile mêlée de sable. Ceci explique le puits dont Pline dit :

que quoique très près de la mer, l'eau en est néanmoins douce.

Il est naturel que toute la terre d'alluvion formée par le Tibre, soit parfaitement unie et sans cailloux, telle que nous voyons la côte de Laurente. Ce parfait niveau du sol rend plus sensibles les ruines qui couvrent cette belle côte, et qui forment ces nombreuses élévations que l'on prendroit quelquefois pour l'ouvrage de la nature, si l'expérience ne nous apprenoit pas que ce ne sont que des tas de ruines recouverts de gazons. Ces collines sont le commentaire de la lettre où Pline peint la magnificence de cette côte toute couverte de palais, qui en quelques endroits se touchoient, et sembloient former des villes entières.

Cette terre basse et fertile a un climat singulièrement doux, où Horace se plaisoit en hiver. *Descendre à la mer*, c'étoit aller à Ostie ou dans les environs. Quelques cent pieds d'élévations semblent suffire pour changer le climat du Latium; Préneste placée au pied de la montagne est encore aujourd'hui très froid : j'y ai passé deux jours au mois d'Avril le matin et le soir auprès du feu ; on y a souvent de la neige, que l'on ne voit jamais à Ostie.

La scène des six derniers Livres de Virgile
ne

ne comprend qu'une lieue de terrain. Le camp d'Ostie, la ville de Laurente, le lieu de l'embuscade de Turnus, celui du débarquement d'Énée et de Tarchon, la forêt où périrent Nisus et Euriale, enfin, tous les lieux où les événemens, devenus si fameux sous les pinceaux de Virgile se sont passés, n'excèdent pas une petite lieue quarrée.

LE LATIUM A ÉTÉ UN GOLFE DE LA MER.

Si la côte de Laurente est une alluvion du Tibre, les collines volcaniques qui la bordent, ont donc été une fois le rivage de la mer. Mais avant les volcans, ces mêmes collines n'existoient pas, et le pays qu'elles occupent maintenant, se trouvant plus bas que le niveau de la mer, a dû en être submergé. Le Latium formoit donc alors un golfe, qui s'étendoit sans doute jusqu'aux montagnes de la Sabine; le Soracté et le Mont Albane étoient des îles, comme celle de Circé l'étoit encore au tems d'Homère.

Au delà de Rome, non loin du fameux ruisseau de la Créméra, le tombeau des Nasons a été mis à découvert par un éboulement. Près de ce tombeau l'on voit des cavernes d'une composition singulière,

Z

que l'on ne peut expliquer que par l'hypothèse que les volcans étoient en activité au tems où la mer couvroit encore la campagne de Rome. L'on y voit des couches de petites pierres calcaires applaties, posées par bancs entre des produits volcaniques. Toutes les collines des environs sont percées par des grottes d'une structure semblable, dont quelques unes ont servi de prisons, appelées *Ergastula*, où l'on enfermoit les esclaves, d'autres ont été employées à faire des tombeaux. Toutes ces cavernes prouvent, que les eaux qui ont stratifié ces galets, ont fait leur ouvrage dans le tems des volcans, qui, mêlant leurs éjections parmi les dépôts des fleuves, ont enfin fait sortir de la mer le sol de cette Rome, destinée comme les volcans dont elle est issue, à devenir le foyer d'autres bouleversemens.

Antérieurement aux volcans existoient sans doute les bancs à coquillages de Villa Millini, formant de petits îlots vis-à-vis des îles d'Albane, de Circé, et du Soracte.

Il y a un fait qui permet de remonter à des tems antérieurs à cette époque. Sous Villa Millini, près de la villa des Médicis, appelée *Villa Madama*, est une grotte artificielle, aujourd'hui couverte de ronces et de broussailles, où s'est dit-on tramé le complot de

la St. Barthelemi. Non loin de cette grotte
l'on voit des blocs de brêche formés de
pierres calcaires applaties, posées sur la pente
de la colline comme sur un rivage étranger.
Ces blocs sont certainement la plus ancienne
ruine de ce sol classique qui semble conserver
l'empreinte de tous les âges.

Revenons à la grande plaine des environs
de Rome.

J'observerai d'abord, que le terrain volcanique de Rome a peu de rapports avec le sol
des environs du Vésuve, composé de décombres et de laves posées les unes sur les autres
et croisées en tout sens. La matière qui
compose les élévations volcaniques de la campagne de Rome, est d'une plus grande uniformité que celle des pays où les volcans ont
fait leur jeu dans un autre élément que l'eau.
Dans le Latium c'est par-tout la même terre,
formée par ce qu'on appelle à Naples les
Cendres du Vésuve, ou bien ce sont de grandes coulées de laves, dures, brunes, partout uniformes, qui probablement occupent
plusieurs lieues d'étendue. Il y en a à *Capo
di Bove* à une demi-lieue de Rome ; cette
même lave se trouve à une grande lieue plus
loin au delà de Ponté Buttero, et se retrouve encore d'un côté opposé, formant le
cratère du petit lac Régille, à trois à quatre

lieues à l'Est de *Capo di Bove*, et les cratères de Némi et d'Albane à quatre et cinq lieues au Sud de ce même lieu. Cette grande étendue de lave dure et compacte est par-tout recouverte de terre.

Les collines volcaniques qui forment les ondulations de la plaine, (parmi lesquelles sont comprises les sept collines de Rome,) ont toutes un noyau de pierre dure appellée *peperino* ou *tuffo*. Ce grès ou noyau volcanique ne paroit point d'une composition essentiellement différente de la terre qui l'enveloppe, il semble n'y avoir d'autre différence entr'eux que dans le degré de durcissement de ce composé, durcissement qui va en augmentant à mesure qu'on approche du Pépérino, qui n'est encore que cette même matière devenue assez compacte pour être employée dans les bâtimens.

Il y a cependant une observation à faire : La terre volcanique paroît être composée en grande partie de détritus de pierres ponces, sans doute plus léger que le sable qui est allé former le noyau de la colline, avec des particules plus pesantes que celles qui avoient subi l'action du feu.

Une autre singularité de ces collines volcaniques est celle d'être percées dans tous les sens par des cavernes. Peu d'étrangers ont parcouru les déserts de la campagne de Rome autant que je l'ai fait, et je puis affirmer que je n'ai pas vu un rocher sans cavernes. Un grand nombre de ces antres sont bouchés par la police qui a peur des voleurs, ou sont couverts par des éboulemens qui tantôt couvrent et tantôt découvrent leur entrée. Je suis persuadé que beaucoup de tombeaux sont encore à trouver, que le hasard déterrera un jour.

Ces cavernes n'ont aucun rapport avec celles que j'ai vues dans les environs du Vésuve. L'on n'y voit jamais aucune trace de fusion, ce sont des voûtes presque toujours très sèches percées dans une terre plus ou moins durcie. L'absence de toute trace de fusion, leur forme presque toujours ronde, perçant quelquefois cylindriquement les rochers, font soupçonner qu'elles sont l'ouvrage des eaux, peut-être mises en mouvement par le feu d'une manière tout à fait inconnue.

Ces cavernes sont un phénomène qui n'a point assez attiré les regards des observateurs. Elles donnent l'explication de quelques faits historiques, et d'un grand nombre de passages des poëtes.

Juvenal avoit certainement dans l'esprit d'anciennes traditions sur la manière de vivre des sauvages du Latium, quand il a dit:

> Credo pudicitiam Saturno rege moratam
> In terris, visamque diu, cum frigida parvas
> Præberet spelunca domos, ignemque, Laremque
> Et pecus, et dominos communi clauderet umbra.
> Sylvestrem montana torum cum sterneret uxor
> Frondibus et culmo, vicinarumque ferarum
> Pellibus.

Je ne doute pas qu'un grand nombre des premiers habitans du Latium n'ait logé dans ces cavernes. C'étoient des abris assez sains à cause de leur sécheresse, et j'ai vu moi-même quelques habitations dans ces souterrains volcaniques. Je ne doute nullement que l'histoire de Cacus n'ait un fondement très réel. Si sa caverne ou celle de Faunus ont véritablement existé sur l'Aventin, il ne seroit pas surprenant qu'on ne les y trouvât plus; car les collines de Rome ont été taillées et murées de tant de manières depuis deux à trois mille ans, qu'il seroit plus étonnant d'y trouver quelque chose de leur forme primitive, que de ne plus rien voir de ce qui a pu y exister au tems d'Hercule.

Le *Lupercal* est une caverne du Mont-Palatin consacrée au Dieu Pan par Evandre, dont il n'y a plus de trace. Evandre la fait remarquer à Enée. — *Et gelida monstrat sub rupe Lupercal.*

Je me suis quelquefois avancé dans les souterrains du Mont-Palatin, et j'y ai retrouvé des vestiges de cavernes naturelles. Dans le Latium la nature est partout d'accord avec l'histoire, et avec la poësie qui chez les anciens n'étoit encore que l'histoire vue à grande distance.

Ce que j'ai dit de la nature des collines volcaniques, donne l'explication d'un fait historique que nous avons tous appris dans notre enfance. Nous lisons dans l'histoire Romaine, que plusieurs villes placées comme Rome sur des collines volcaniques, ont été prises par le moyen de chemins souterrains creusés jusques dans l'intérieur de la ville assiégée. C'est ainsi que Fidène fut prise, et le siége de Véies, si fameux dans l'histoire de l'enfance de Rome, fut terminé par des mines que Camille fit creuser, et que l'on croit avoir retrouvées. La friabilité du sol volcanique jointe à sa solidité, et le grand nombre de cavernes que l'on étoit sûr de rencontrer, rendoient le travail des mines très aisé.

L'émissaire du lac d'Albe, entrepris au temps du siége de Vejes, a sans doute été favorisé par le terrain, et Rome naissante s'instruisoit alors à percer la terre et les montagnes, pour produire au temps de sa splendeur ces aquéducs souterrains, plus merveilleux que ceux qui, jettés d'une montagne à l'autre, nous étonnent encore dans leurs ruines.

Enfin, ce même sol caverneux a produit ces souterrains inextricables appellés *Catacombes*. L'on pourroit faire soixante milles dans ce labyrinthe mystérieux, commencé par les volcans, et continué, peut-être, par ces sauvages du Latium, dont parle Juvenal dans sa sixième satyre. Ces contrées ténébreuses, qui font l'objet des recherches du savant *Dazincourt*, ont servi pendant trois mille ans tantôt d'habitation, et tantôt de cimetière et d'asile, ou de cave, ou de carrière de Pouzzolane et de Peperino.

La forme extérieure des collines volcaniques présente quelques traits qui leur sont propres. Celles de la grande plaine, (surtout du côté méridional du Tibre) ont, comme je l'ai dit, la forme de grandes vagues dont les sommets seroient très éloignés les uns des autres. L'entre-deux de ces élévations forme des vallons qui ont leur écoulement vers le Tibre, ou la mer. Il est intéressant de se familiariser avec les formes de ces collines, parce qu'on peut, d'après cette connoissance, se faire une idée nette des sept fameuses collines de Rome, telles qu'elles étoient avant Romulus, ou si l'on veut avant Saturne, qui avoit un château sur le capitole, dont les ruines se voyoient encore au temps d'Evandre, déja quatre ou cinq siècles avant Romulus. Toutes ces collines arrosées par des sources d'eau-vive, formoient de riches prairies, surtout dans la petite plaine qu'il y a entre les Esquilins, le Capitole et le Palatin, appelée les *Carines*.

L'on voit évidemment que le mont Capitolin, appellé d'abord *Saturnia*, n'est plus que le noyau de cette colline dont le talus septentrional fut emporté par Trajan, lorsqu'il fit enlever une partie du mont Capitolin, égale à la hauteur de sa fameuse colonne, que l'on voit sous le Capitole. Il n'y a que la pente douce de cette colline, du côté de l'ancienne porte *Carmentale*, qui soit restée telle que la nature l'avoit faite, apparemment parce que c'étoit le chemin le plus aisé pour arriver du Tibre au sommet de ce lieu célèbre. Du côté du *forum* la roche Tarpeienne, (c'est-à-dire, le noyau de la petite montagne du Capitole) fut entamée probablement pour y prendre de la pierre à bâtir. « Une forêt » couvroit la roche tarpéienne, dit Properce, » en racontant l'histoire de Tarpeia ; on y » voyoit une caverne tapissée de lierre, et

» des sources d'eau-vive arrosoient le pied
» des arbres sous lesquels les bergers me-
» noient paître leurs troupeaux au son de
» la flûte. »

Il y a encore de nos jours une source d'eau-vive au centre du Capitole, dans la prison souterraine où périt Jugurtha, et où Cicéron fit mourir les chefs de la conspiration de Catilina. Il est à croire que cette caverne a existé, sans doute dans le lieu même de cette prison.

Le sommet du Capitole étoit couvert de broussailles.

Hinc ad Capitolia ducit,
Aurea nunc, olim sylvestribus horrida dumis.

Il en est de même du mont Palatin ; nous n'en voyons plus que le noyau. Evandre y avoit son palais de chaûme, honoré par la présence du grand Alcide, où Enée passa la nuit sur une peau d'ours étendue sur des feuilles. Sans doute que cette colline, couverte alors de troupeaux, n'étoit pas comme de nos jours un rocher escarpé, mais une pente douce liée d'un côté au Cœlius, et au Capitole de l'autre. Entre le Palatin et les Esquilins il y avoit de riches pâturages, où Enée en arrivant chez son hôte, entendoit mugir les troupeaux d'Evandre sur ces mêmes collines qui, du tems de Virgile composoient le quartier brillant de Rome, *la voie sacrée*, et cette *suburra* où logeoient les plus grands seigneurs de la capitale du monde.

Passimque armenta videbant
Romanoque foro et lautis mugire carinis.

La partie de la petite vallée entre le Capitole et le Palatin, qui avoisine le Tibre, étoit un peu inondée par le fleuve, l'on y voyoit des roseaux dans le *Velabrum*. Le reste de la vallée étoit aussi vert que le haut des collines; à droite l'on apercevoit la grotte de Pan appelée *Lupercal*, à gauche le Capitole couvert de bois et de broussailles, d'où découloient quelques sources d'eau fraiche, près de l'entrée d'une grotte tapissée de lierre; sur le sommet s'élevoient des ruines. Telle étoit Rome au tems d'Enée. La description qu'en fait Virgile est parfaitement conforme à la nature du terrain tel qu'il devoit être alors, à en juger d'après ce que l'on en voit aujourd'hui.

Outre la caverne de Cacus, le mont Aventin en avoit une autre, où les Dieux champêtres aimoient à se reposer.

Cumque suis *antro conditus* ipse (Numa) latet.

Ad solitos veniunt sylvestria (1) Numina fontes.
Fast. Liv. III.

DES CRATÈRES DU LATIUM.

Je ne connois que trois *cratères* dans la campagne de Rome, qu'il soit impossible de ne pas reconnoître comme cratères de volcans. Le premier se trouve du côté de Gabies, c'est le fameux *lac Regille* ; ce petit lac, d'environ un quart de lieue de diamètre, est placé au fond d'un cône renversé de lave dure, d'environ quarante à soixante pieds d'élévation. Cet ouvrage singulier, de lave noire, formant des roches escarpées et nues, est entièrement ouvert du côté du chemin, où le lac est au niveau de la plaine. Ce cratère échancré n'est point comme ceux d'Albane et de Némi, recouvert d'éjections volcaniques, qui en relèvent la forme régulière de cône renversé; mais la lave du lac Regille est presque à découvert dans sa partie supérieure, ce qui

---

(1) Ligorius dit que l'on a trouvé dans cette même caverne une pierre avec cette inscription :

Sylvano sancto Fauno et Pico etc.

Tous ces faits sont parfaitement concordans avec la nature des lieux, qui est partout d'accord avec les descriptions des poëtes.

permet de soupçonner que les eaux ont enlevé le dessus de son cône.

Les deux autres cratères de Némi et d'Albane, placés sur le premier gradin de la montagne, à quatre ou cinq cents pieds plus haut que le lac Régille, sont couverts d'éjections volcaniques de plusieurs centaines de pieds d'élévation, qui prolongent le cône à lave dure qui fait le fond du bassin. La forme conique de ces deux cratères est d'une singulière régularité, et d'une telle élévation que l'on met presque une demi-heure à remonter à son aise depuis le lac d'Albane, qui est au fond de la jatte, jusques tout au haut du cône supérieur. Le fameux *émissaire* fait au tems du siège de Véjes, est percé précisément entre les éjections volcaniques, faciles à entamer, et la lave dure, qui contient les restes des belles et profondes eaux de ce grand lac, à forme circulaire. Dans le temps qu'il occupoit la partie supérieure de son immense bassin, il contenoit une masse d'eau bien menaçante pour la plaine. (1).

---

(1) Les propriétaires de la plaine de Rome, c'est-à-dire une grande partie des plus riches citoyens de cette ville, devoient craindre que le bassin du lac venant à se rompre, l'immense masse des eaux ne dé-

Le cratère de Némi, un peu plus petit que celui d'Albane, n'est pas moins régulier, ni moins pittoresque. Il paroit que son cône n'a jamais été, comme celui d'Albane, rempli en entier par les eaux de son lac.

L'uniformité de la lave dure, compacte, pesante, que j'ai retrouvée la même dans tout le Latium, est un phénomène remarquable. Cette lave coulée est partout recouverte d'éjections volcaniques, et ce n'est quelquefois qu'un hasard qui la met au jour, comme sous *Monte-Mégliori* où le ruisseau d'Albane a enlevé la terre qui la masquoit. Il seroit intéressant d'avoir la topographie du sol volcanique et de connoître les limites des différens produits du feu. Je ne serois point surpris d'apprendre que tout le terrain entre Albane, Némi et Rome forme une seule masse de lave dure et coulée. Quel magnifique tableau pour la pensée que cette vaste étendue de roches fondues, bouillonnant sous les eaux de la mer, et élevant peu-à-peu hors de la surface liquide le théâtre

---

truisit leurs possessions. Ils se servirent du prétexte du siége de Veies pour engager le peuple ou une partie de l'armée, à percer ce qu'on appelle l'*émissaire* ou canal de décharge, tel qu'on le voit aujourd'hui.

Cet Ouvrage a été fait l'an 358 de Rome.

des plus grands événemens de l'histoire du monde!

J'observerai en passant que les voyageurs, surtout ceux qui arrivent de Naples, se hâtent trop de trouver des cratères dans chaque enfoncement et dans chaque petit lac. On a sans aucune raison placé un cratère sur le mont Palatin près de la fontaine de Curtius. (1) De-

---

(1) Hoc, ubi nunc fora sunt udæ tenuere paludes :
   Amne redundatis fossa madebat aquis.
Curtius ille lacus. Siccas qui sustinet aras
   Nunc solida est tellus, sed lacus ante fuit.

Le Tibre fait un coude sous l'Aventin, ce qui en fait *refluer* les eaux dans la vallée du forum.

Quà velabra solent in circum ducere pompas,
   Nil præter salices cassaque canna fuit.
Sæpe suburbanas rediens conviva per undas
   Cantat, et ad nautas ebria verba facit,
Hîc quoque lucus erat juncis et arundine densus,
   Et pede velato non adeunda palus.
Stagna recesserunt et aquas sua ripa coercet.

Les décombres de tant de bâtimens entassés les uns sur les autres par le tems, les incendies et les barbares de tout âge et de tout état, ont continuellement rehaussé le terrain de cette vallée fameuse. On peut voir dans les souterrains du temple, dit de Romulus et Remus, combien le forum moderne s'est élevé. J'y ai observé une eau de source peu profonde, qui, au tems de Romulus pouvoit bien être au niveau du forum d'alors.

nys d'Halicarnasse dit que le gouffre de Curtius étoit une *mare d'eau*, formée peut-être par le Tibre un peu enflé, ou par la fontaine qui descend du Capitole, comme il paroît probable d'après la nature des lieux.

Pour achever le tableau du sol volcanique de la campagne de Rome, je dirai deux mots des nombreuses sources sulfureuses que l'on y rencontre en tant d'endroits. Il y en a plusieurs dans la moitié occidentale du Latium, qui sont blanchâtres, âpres et très acides au goût. Près de Rome il y a quelques eaux acidulées non-souffrées, très bonnes à boire, comme à *Aqua Acetosa*, non loin derrière la villa Borghese. La plus abondante des sources souffrées est celle, entre Tivoli et Rome, que l'on voit s'engouffrer en partie dans la plaine. Où couleroit-elle, si ce n'est dans quelque abyme souterrain, dont les pays volcaniques sont remplis ? Plusieurs rivières, dont le lit existe encore, ont disparu sous Préneste. Sans doute que leurs eaux se perdent dans quelque bouche à feu des antiques volcans, qui, dans le Latium semblent être percées plus bas qu'aux environs de Naples, où le sol paroît partout creux et prêt à s'écrouler, apparence que présente rarement le sol du Latium.

après

Apres avoir parlé de l'ouvrage du feu, je dirai un mot du travail des eaux sur le sol de la campagne de Rome.

Nous avons vu le long de la mer une côte large d'une petite lieue formée par les alluvions du Tibre. Cette côte, l'ouvrage des eaux, est à l'Ouest de Rome.

A l'Est de la ville le petit fleuve de l'*Anio*, aujourd'hui *Teveroné*, a tracé une ligne de dépôts tout à travers du sol volcanique, depuis Tivoli jusqu'au Tibre au dessus d'AquaAcetosa. On retrouve la continuation de cette ligne dans les montagnes de la Sabine jusqu'au *Sublaqueum* de Néron, dont Tacite a parlé.

Les belles eaux de l'*Anio* ont la propriété de former des dépôts calcaires de toutes les nuances entre la cristallisation brillante de ce qu'on appele *Confetti di Tivoli*, et le tuf qui a incrusté une forêt tout près de la ville de Rome. Ce petit fleuve qui n'a que quarante à cinquante pieds de largeur, s'est fait par ses dépôts comme un domaine tout à l'entour de ses bords. Près de *Subiaco* on distingue dans ses incrustations jusqu'à des insectes, et jusqu'à des feuilles de vigne, ce qui prouve l'antiquité des vignes dans les montagnes de la Sabine, et semble confirmer ce que dit Virgile de ce Sabinus planteur de vignes, *Vitisator*, dont on voyoit la statue dans le temple de Picus avec une serpe à ses pieds.

> Quin etiam veterum effigies ex ordine avorum
> Antiqua è cedro, Italusque, paterque Sabinus
> Vitisator, curvam servans sub imagine falcem.

Il est peut-être l'inventeur de cet instrument, qui valoit bien ce pilon de Pilumne qui l'avoit élevé au rang des Dieux, pour avoir inventé l'art de piler le blé, tant l'honneur d'être déifié est souvent à bon marché !

Ce petit fleuve de l'Anio (souvent très enflé,) après avoir fait les belles cascades de Tivoli, forme dans la grande plaine ces immenses dépôts de *Travertino*, dont St. Pierre, une partie du Collisée, et tous les plus nobles monumens d'architecture de Rome ancienne et moderne sont bâtis. Cette pierre d'un jaune clair, très dure à l'air, un peu brillante dans sa cassure, n'a d'autre défaut, selon Pline, que d'éclater au feu. Ces bancs de Travertino, dont l'étendue m'est inconnue, traversent dans la grande plaine, le vaste domaine des volcans.

L'Anio entre dans le Tibre à une lieue au dessus de Rome, par un petit coude qu'il fait pour arriver à ce fleuve au-dessus d'*Aqua Acetosa*. Mais la ligne droite de son cours indiqueroit une autre embouchure, dont la direction le feroit entrer dans le Tibre à une lieue plus bas, entre *Ponté Mollé* et la *Porta del Popolo*. Cette dernière direction, il l'a eue une fois, car on retrouve par-tout ses traces dans les belles incrustations qu'il a laissées. Une forêt entière, renversée par je ne sais quelle révolution, porte l'empreinte de ce fleuve, qui y a mis pour ainsi dire son cachet en l'incrustant presqu'en entier.

La colline sur laquelle les murs de la ville de Rome sont bâtis, entre Villa Borghese et la porte del Popolo, est moitié volcanique et moitié dépôt du fleuve. Je ne fais qu'indiquer cette observation que je n'ai point suivie, on peut la vérifier dans les immenses souterrains qui traversent cette colline.

J'ai eu peu d'occasions de parcourir la partie de la campagne de Rome qui est au Nord du Tibre. J'y ai vu au-dessus de Ponte Molle, le long du chemin que l'on trouve entre une suite de collines et le fleuve, l'entrée de ces nombreuses cavernes à galets stratifiés avec des éjections de volcans dont j'ai parlé. En allant de Rome à Ancone, on remarque ça et là des traces de bancs de coquillages. Au-delà de Magliano en montant vers Otricoli, (qui est le commencement des Apennins,) le sol volcanique disparoît entièrement, et je ne crois pas que l'on en ait jamais trouvé aucune trace le long de l'Adriatique, tandis que la côte occidentale de l'Italie en fait voir très fréquemment, jusques dans le golfe même de la *Spezia*.

OBSERVATIONS

Faites à Rome, en 1803, avec le Thermomètre de Farenheit, exposé au Nord.

Mars.	Avant Midi.	À Midi.	A 8 heures du Soir.	
10	—	58	52	
11	50	55	51	
12	48	58	46	
13	54	57	47	
14	46	54	52	
15	55	52	47	
16	48	56	48	
17	51	59	48	
18	52	57	49	
19	53	56	—	
20	—	63	—	
21	52	63	51	
22	52	63	51	
23	51	65	50	
24	49	60	50	
25	—	—	—	
26	51	62	48	
27	52	64	49	
28	54	66	52	
29	57	71	53	Très nébul.
30	62	67	55	
31	57	67	55	

Avril.	Avant Midi.	A Midi.	A 8 heures du Soir.
1	60	67	56 ½
2	63	71	58
3	60	60	65
4	58	68	58
5	59	68	—
6	58	—	55
7	61	70	55
8	—	—	—
9	59	69	53
10	59	70	—
11	54	70	55
12	57	74	53
13	62	75	52
14	60	73	55
15	60	72	53
16	62	72	52
17	—	—	—
18	61	72	55
19	60	70	55
20	58	67	58
21	59	71	58
22	65	72	57
23	68	73	64
24	67	60	55
25	63	70	54
26	61	70	54
27	61	75	65

Avril.	Avant Midi.	A Midi.	A 8 heures du Soir.
28	69	67	60
29	59	69	55
30	60	63	52
May.			
1	53	65	50
2	57	65	54
3	57	67	—
4	58	69	55
5	59	75	—
6	60	55	—
7	61	70	55
8	—	66	58
9	66	69	57
10	65	71	60
11	63	54	48 ½
12	66	—	54
13	—	—	56
14	60	75	58
15	—	—	—
16	—	—	—
17	—	—	—
18	59	68	—
19	61	64	56
20	62	68	59
21	62	68	59
22	64	72	57 ½

May.	A Midi.	Après Midi.	à 8 heures du Soir.
23	65	71	57
24	61	—	—

F I N.

TABLE DES MATIÈRES.

INTRODUCTION. Le Latium, aujourd'hui campagne de Rome.	*Page* 1
Virgile.	4
De la vérité poétique.	8
Véracité de Virgile.	11
Sol de la côte de Laurente.	17
PREMIÈRE PARTIE. *Voyage sur la scène des six derniers Livres de l'Enéide.*	
Départ de Rome pour Ostie.	18
Caverne de Cacus.	31
St. Paul.	32
Rocher de St. Paul.	35
Commencement du desert.	36
Les aquéducs.	40
Passion des Romains pour les villas ou maisons de campagne. — Tombeau de Socrate Astomachus.	45
Coup d'œil sur l'antiquité de cette côte.	49
Tableau du pays, tel qu'il étoit du tems d'Enée.	51
L'Hespérie moderne.	55
L'Ostie des anciens.	58
Ostie moderne.	60
Les galériens.	63
Histoire d'Ostie et de ses environs	69
Vue du pays près d'Ostie.	77

Bb

Troja ou le camp d'Enée.	*Pages* 78
Le Numicus de Virgile.	82
Promenade aux ruines de l'ancienne Ostie.	85
Le débarquement de Tarchon.	95
L'Ile sacrée d'Apollon.	99
L'architecture du siècle d'or de Saturne.	102
La laiterie de l'île d'Apollon.	105
Des capucins prédicateurs.	109
Voyage d'Ostie à Laurente.	115
Belvédère de Torre-Paterno.	131
Premiers habitans du Latium.	139
Vérité des tableaux de Virgile.	149
Le Laurentum de Hortensius.	151
Le Laurentum de Pline.	153
Promenade dans le désert.	161
Voyage à Lavinie.	165
Conversation avec mes guides.	170
Lavinie.	173
Histoire de Lavinie.	176
Marche de l'esprit humain.	183
Lavinie moderne.	185
Voyage de Lavinie à Rome.	194
L'Albunea de Virgile.	205
Fin du Voyage.	217
SECONDE PARTIE. *Observations sur le Latium moderne.* Dépopulation de la campagne de Rome.	227
De l'insalubrité de l'air dans la campagne de Rome.	230

De la pauvreté.	**Pages** 235
Autres causes de maladies.	251
L'air de la campagne de Rome n'a point été mal-sain autrefois.	263
Culture de la campagne de Rome, appelée Agro-Romano.	269
Culture de la vigne.	278
Du vin.	282
Des jardins potagers.	284
Des différentes races de gros bétail que l'on rencontre en Italie.	290
Liaison intime de l'agriculture avec les mœurs.	296
Tableau de la population de la ville de Rome.	304
Des fermiers romains.	310
Coup d'œil sur l'histoire de l'agriculture du Latium.	315
Comment l'agriculture chez les Romains étoit liée aux mœurs et à la religion.	323
Du Cytise.	336
Coup d'œil sur le sol volcanique de la campagne de Rome.	339
Le Tibre.	346
Le Latium a été un golfe de la mer.	353
Les cratères.	355

Fin de la Table.

ERRATA.

Pages	lignes	au lieu de	lisez
8	15	leur	lui ;
12	2 *de la note*,	*effacez* ce	
22	2	ça la	ça et là
45	8	*effacez* réelles,	
60	4	pontians	pontins
79	17	*effacez* qui	
97	8	inimicem	inimicum
101	2 *de la note*,	hôtes	notes,
116	26	lævo flectantes	flectentes,
118	2	tout l'éclat	dans tout l'éclat
149	19	émigrations	immigrations,
152	*avant-dernière*	discineti ludare	discincti ludere,
165	*dernière*	recusantem	recusantum
175	19	polichinet	polichinelle
198	2	ces	ses
201	2	osé	osée,
218	3	ramena	ramené,
266	6 *de la note*,	de	des
289	2	qu'en défaut	qu'au défaut
306	7	60 au degré	70 au degré
338	17	de ces	des
361	15	de la hauteur de sa	en hauteur à sa
370	9	*effacez* souvent,	

www.ingramcontent.com/pod-product-compliance
Lightning Source LLC
Chambersburg PA
CBHW070449170426
43201CB00010B/1270